学前教育专业（新课程标准）系列精品教材
"互联网+"新形态立体化教学资源特色教材

学前儿童
社会教育与活动指导

主　编◎周　平　邹　玲
副主编◎彭莉萍　冯哲毓　汪慧蕙
编　委◎李艳霞　张思雁　刘　迎
　　　　刘雅慧　黄　娜

中国轻工业出版社

图书在版编目（CIP）数据

学前儿童社会教育与活动指导 / 周平，邹玲主编. —北京：中国轻工业出版社，2025.7

学前教育专业（新课程标准）系列精品教材"互联网+"新形态立体化教学资源特色教材

ISBN 978-7-5184-3980-5

Ⅰ.①学… Ⅱ.①周… ②邹… Ⅲ.①学前儿童—社会教育—幼儿师范学校—教材 Ⅳ.①G611

中国版本图书馆CIP数据核字（2022）第071766号

责任编辑：崔丽娜　　责任终审：劳国强　　设计制作：锋尚设计
策划编辑：崔丽娜　　责任校对：吴大朋　　责任监印：张　可

出版发行：中国轻工业出版社（北京鲁谷东街5号，邮编：100040）
印　　刷：三河市国英印务有限公司
经　　销：各地新华书店
版　　次：2025年7月第1版第3次印刷
开　　本：787×1092　1/16　印张：12.5
字　　数：296千字
书　　号：ISBN 978-7-5184-3980-5　定价：45.00元
邮购电话：010-85119873
发行电话：010-85119832　010-85119912
网　　址：http://www.chlip.com.cn
Email：club@chlip.com.cn
版权所有　侵权必究
如发现图书残缺请与我社邮购联系调换
251180J1C103ZBW

前　言

幼儿期是人一生社会化的关键期，幼儿通过社会化，学习社会生活技能，了解人际关系，初步掌握社会行为规范，为其获得社会成员资格、适应社会生活奠定坚实的基础。因此，促进幼儿从自然人向社会人的转化是学前教育的重要使命，而作为幼儿园五大领域课程的学前儿童社会教育就凸显得至关重要。无论是已经在幼儿园工作的一线教师，还是正就读于学前教育专业的准幼儿园教师，都需要对幼儿社会教育课程进行系统的学习，为幼儿成为未来合格的社会公民进行正确的引领。

本书在借鉴前人相关研究成果的同时，结合《幼儿园教育指导纲要（试行）》《幼儿园工作规程》（2016）以及《3—6岁儿童学习与发展指南》（以下简称《指南》）等政策文件精神，在遵循幼儿社会性发展规律和教育教学原则的基础上，对课程内容进行了编排。全书共七个单元，其中第一单元、第二单元为学前儿童社会教育基本理论；第三单元至第六单元为学前儿童社会教育实施（自我意识教育、人际交往教育、社会行为规范教育、归属感教育）；第七单元为学前儿童社会教育评价。

本书在编写过程中，力求突出以下特点：

1. 内容编排突出实用性。教材中每一单元都有清晰的学习导图和明确的学习目标，便于学习者了解系统的知识体系，而掌握系统的知识体系有利于学习者形成系统学习的思维和习惯。本书采用"案例导入—理论阐释—课后练习"的编排方式，其中案例导入便于引导学习者从实践出发，调动学习者学习理论知识的兴趣；理论阐释有利于学习者学习系统的理论知识，体会理论知识的重要性和实用性；课后练习能检验学习者理论知识的掌握程度，以及理论联系实践的能力，从而提高学习效果。

2. 实践篇体例新颖自然。学术界普遍认可学前儿童社会教育教材体例分为理论篇、实践篇和评价篇，但实践篇部分学术界仁者见仁，未达成一致意见。本教材根据《指南》社会领域"人际交往"和"社会适应"子目标，把实践篇分为四个单元，分别是幼儿自我意识教育、幼儿人际交往教育、幼儿社会行为规范教育以及幼儿归属感教育，充分结合了《指南》社会领域精神。

3. 充分利用"互联网+"，体现理实一体化。为了帮助学习者掌握学前儿童社会教育的基本理论，本书就该课程的重要内容和难点制作了配套的知识点视频资源；为了帮助学习者深入了解幼儿园社会教育活动的理念和要点，本书还制作了配套的幼儿园社会活动视频资源和活动教案，这两类资源的配备不仅有利于学习者系统学习该课程的重要理论，还有利于提高学习者理论运用实际的能力。所有资源均以二维码的形式在书中出现，学习者可以通过手机扫描学习。因此，本书不仅适合学前教育专业的在校生，也适合幼儿园一线教师使用。

本书编写分工如下：第一单元（邹玲、李艳霞），第二单元（周平），第三单元（周平、张思雁、汪慧慧），第四单元（周平）、第五单元（彭莉萍）、第六单元（冯哲毓）、第七单元（周平）。本书的知识点视频由长沙师范学院学前儿童社会教育课程团队周平、彭莉萍、冯哲毓老师合作录制完成。全书由周平统稿。

本书在编写过程中，湖南农业大学幼儿园、湖南省人民政府机关幼儿园为本书录制了大量优质的幼儿园活动视频；长沙师范附属幼儿园、湖南大学幼儿园等为本书提供了丰富的案例素材。本书凝聚了以上单位的大量心血，在此表示衷心的感谢！本书还引用了国内外同行的一些研究成果，在此一并表示感谢！本书为2020年湖南省普通高等学校教学改革研究项目"专业认证背景下幼儿园领域教育类课程目标达成度评价研究"的研究成果。

由于编写人员学识水平和能力有限，如有疏漏和不妥之处，恳请各位同行与读者批评指正！

周平

2022年4月

目 录

第一单元
幼儿社会教育概述　001

003　项目一　幼儿社会教育的核心概念
006　项目二　幼儿社会教育的价值及发展历史
015　项目三　幼儿社会性发展的理论基础与影响因素

第二单元
幼儿社会教育的目标、内容与方法　034

036　项目一　幼儿社会教育的目标与内容
040　项目二　幼儿社会教育的原则、途径与方法

▶ 微课视频

🔊 知识点视频
社会性相关概念辨析/004
幼儿社会教育的内涵/013
皮亚杰道德认知发展理论对
幼儿社会教育的启示/020
幼儿社会性发展的影响因素/022

🔊 知识点视频
幼儿社会教育目标制定的依据/036
幼儿社会教育目标结构分析/037
移情训练法/048
角色扮演法/049
行为练习法/050

第三单元

幼儿自我意识教育
052

054　项目一　幼儿自我意识概述
060　项目二　幼儿自我意识教育与
　　　　　　活动指导

第四单元

幼儿人际交往教育
086

088　项目一　幼儿人际交往概述
092　项目二　幼儿人际交往教育与
　　　　　　活动指导

微课视频

🔊 **知识点视频**

自我认识的概念及发展特点/056
自我体验的概念及发展特点/057
自我调控的概念及发展特点/058

🚩 **活动视频**

我是谁/062
我就喜欢我自己/067
上小学 别担心/073
一分钟/074

🔊 **知识点视频**

幼儿人际交往发展特点/089
如何培养幼儿的分享行为/098
如何培养幼儿的合作能力/099
如何培养幼儿的助人行为/099
如何培养幼儿解决冲突的能力/100

🚩 **活动视频**

小熊，你好/101
粗鲁的小老鼠/102
大熊的拥抱节/103
团结力量大/104
合作真快乐/105

第五单元

幼儿社会行为规范教育

119

121　项目一　幼儿社会行为规范概述

125　项目二　幼儿社会行为规范教育与活动指导

第六单元

幼儿归属感教育

148

150　项目一　幼儿归属感概述

153　项目二　幼儿归属感培养与活动指导

第七单元

幼儿社会教育评价

175

177　项目一　幼儿社会性发展评价

181　项目二　幼儿社会教育活动评价

186　附录

191　参考文献

微课视频

知识点视频

幼儿社会行为规范概念及内容划分/122

幼儿社会规范学习的特点/125

活动视频

小老鼠进城/136

知识点视频

幼儿归属感的概念及意义/151

幼儿归属感发展的特点/152

如何培养幼儿对家庭的归属感/154

如何培养幼儿的集体归属感/157

如何培养幼儿对家乡和祖国的归属感/168

活动视频

百家姓/169

了不起的中国制造/170

第一单元　幼儿社会教育概述

学习目标

1. 理解幼儿社会教育的相关概念。

2. 明确幼儿社会教育的价值,理顺五大领域中幼儿社会教育与其他领域课程的相互关系。

3. 了解幼儿社会教育发展的历程。

4. 掌握幼儿社会性发展的主要理论,了解诸多因素对幼儿社会性发展的影响。

学习导图

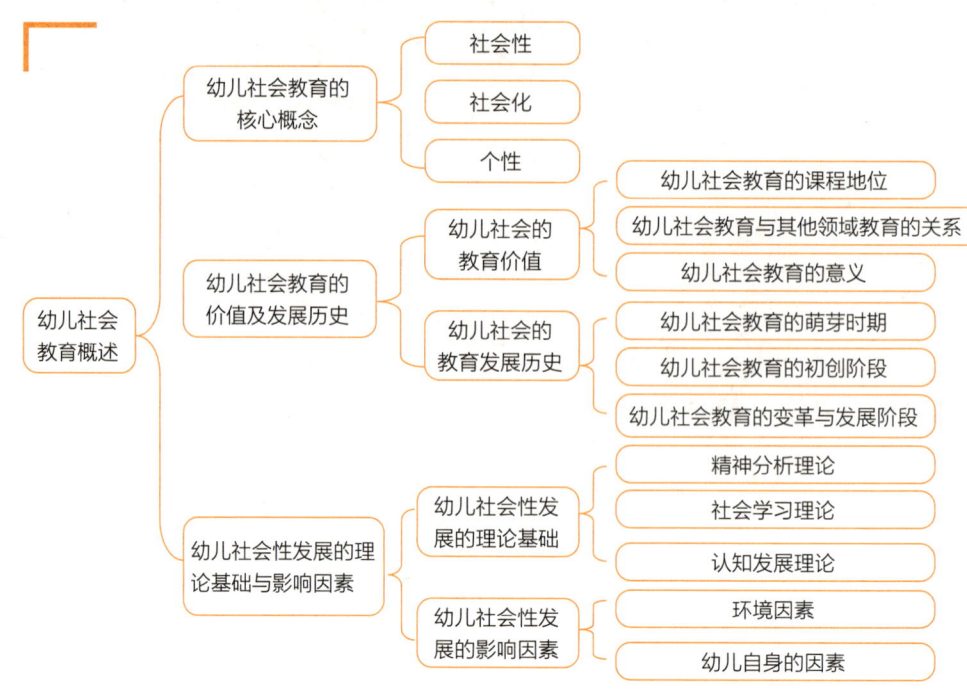

案例导入

东方"神童"魏永康的遭遇

2021年11月，魏永康去世，他背后的故事再次引发人们的热议。

魏永康，2岁掌握了1000多个汉字；4岁时，学完了初中课程；8岁连跳几级进入县属重点高中；13岁以高分考入大学物理系；17岁大学毕业后考入了中科院高能物理研究所硕博连读研究生。就是这样一个有着光鲜履历的人在读了3年研究生后，没有拿到硕士学位，被学校劝退了。

魏永康从"神童""天才"到"泯然众人"，原因在于母亲对他从小全方位的"悉心"教育：代劳他生活上的一切，除了学习，家里任何事情都不让他插手。她给儿子洗衣服、端饭、洗澡、洗脸，甚至连牙膏都要挤好。为了让魏永康在吃饭时不耽误看书，直至读高中时，母亲还给他喂饭。

考进中科院、脱离母亲的照顾后，极度缺乏生活自理能力的魏永康迅速"失控"了，他无法安排自己的学习和生活，热了不知道脱衣服，冷了不知道加衣服，冬天穿着单衣、趿着拖鞋就往外跑；他经常一个人窝在寝室里看书，却忘了还要参加考试和撰写毕业论文，为此有一门功课记零分，没写毕业论文，最终失去了继续攻读博士的机会……

理论阐释

魏永康的故事诠释了一个人要在社会上有所成就和发展，仅有高的智商、优异的成绩是远远不够的，他首先必须是一个接受了社会教育、完成社会化的人。社会教育是关乎做人的教育，是一个人能够立足社会，了解社会文化，掌握社会规则，习得社会技能，完成自我管理的前提条件。魏永康的案例中，天冷了加衣、天热了脱衣、自己吃饭、自己安排自己的生活，这些内容从一个人的幼儿园阶段就已经开始了……

项目一　幼儿社会教育的核心概念

幼儿社会教育是指以幼儿的社会生活事务及相关的人文社会知识为基本内容，以社会及人类文明的积极价值为引导，在尊重幼儿生活，遵循幼儿社会性与品格发展的规律与特点的基础上，由教师、家长及相关教育者通过多种途径，创设有教育意义的环境和活动，陶冶幼儿性情，培养幼儿初步的社会生活能力与良好品格、习性，促进幼儿健康、完整发展的教育。幼儿社会教育作为一门学科，是研究幼儿社会性发展过程中的现象、揭示幼儿社会发展的规律，指导教育者对幼儿进行社会教育实践和训练的课程。要真正理解和把握这门课程的精髓，必须掌握社会性、社会化、个性三个核心概念及其相互之间的关系。

一、社会性

社会学家认为，所谓社会性是指生物作为集体活动的个体，或作为社会一员活动时所表现出的有利于集体和社会发展的特征。人不是唯一具有社会性的动物，但是社会性却是人不能脱离社会而孤立生存的属性。人类的社会性表现为符合人类整体运行发展要求的社会属性。人的社会性能力不是与生俱来的，而是在其成长过程中通过与环境的相互作用而慢慢习得的。

根据国内外众多学者的研究，人们从发展心理学角度来看社会性，可以这样来认识：社会性是指个体在掌握社会规范，形成社会技能、学习社会角色，发展社会行为，适应周围社会环境的社会化过程中所产生的一种心理特征。作为一种心理特征，其结构要素包括社会性认知、社会性情感和社会性行为三个方面，其中社会性认知又包括自我认知和社会认知；社会性情感包括自我体验和社会情感；社会性行为包括自我控制与社会行为。社会性认知、社会性情感、社会性行为之间既相互独立又相互联系，其中社会性认知是社会性情感和社会性行为产生的基础，社会性情感为社会性认知和社会性行为提供了动力，社会性行为又是社会性认知和社会性情感产生和发展的起点。

根据《幼儿园教育指导纲要（试行）》（以下简称《纲要》）和《3—6岁儿童学习与发展指南》（以下简称《指南》）的精神，幼儿社会性发展的心理结构同样可以从这三个层面加以分析。

1. 社会性认知

社会性认知是指幼儿对自我与社会中的人、社会环境、社会规范等方面的认知，包括行为动机和结果的分辨能力，对他人的认知（对同伴意见的理解和采纳能力），对社会环境和现象的认知（家庭、幼儿园、社区机构、国家及民族、重大社会事件等），对性别角色、行为方式的认知和对社会规范的认知（文明礼貌、生活习惯、公共规则、集体规则、交往规则等）。

2. 社会性情感

社会性情感是指幼儿在社会生活、社会交往中对自己、他人、事物的情感体验，包括对自我的体验（如自豪感、满足感、愉快感），对他人产生的依恋感、同情心；对集体和社会的责任感、归属感等。

3. 社会性行为

社会性行为是指幼儿在与人交往、参加社会活动时表现得相对稳定的行为倾向和行为技能，包括交往的技能、倾听交谈的技能、辨别和表达自己情感的技能，合作、轮流、遵守规则、解决冲突等亲社会行为和性别行为。

> **拓展资源**
>
> 我国学者杨丽珠等（1994）的一项研究表明，我国幼儿的社会性主要由以下7个因素构成：①社会技能，包括遵守群体规则、侵犯性行为的自我控制、诚实、行为坚持性、竞争与合作等；②自我概念，包括独立性、自我归因、自我评价、自我形象、自尊心和自信心、独立解决问题的能力等；③意志品质，包括自控能力、面临两难情境时的果断性、克服困难的能力、自我服务能力等；④道德品质，包括移情、利他心、同情和怜悯、互惠和分享、遵守社会规则、同情和依恋父母等；⑤社会认知，包括对行为动机和后果的分辨能力、对同伴意见的理解和采纳能力、角色承担能力、对成人要求的理解和采纳能力、对社会和道德规则的理解能力等；⑥社会适应，包括对新环境的适应能力、对陌生人的适应能力、对同伴交往的适应能力等；⑦社会情绪，包括特殊情况下的情绪状态及与同伴交往时的情绪状态等。

二、社会化

社会化是指个体在特定的社会和文化环境中，通过与环境的交互作用，逐渐形成适应于该社会所公认的行为方式，由自然人转化为社会人的过程。

[知识点视频]
社会性相关概念辨析

个体的社会化具有一系列特点，其表现为：①个体的社会化有其遗传素质基础。人类的遗传素质是由上代人为下代人提供的、有利于人类从事社会活动的特殊素质。它是通过人类长期社会实践而不断受到社会影响的，为适应人的活动而逐渐形成与发展起来的一种特殊功能。因此，这种素质本身也就包含了人类实践活动的社会因素，并且以生物体内的物化形式遗传给后代。人类这些特殊遗传素质体现了对环境因素的内化作用，从而为人的社会化奠定了生物学基础。②个体的社会化通过个体同与之有关系的其他个体及团体的相互作用而实现。儿童从呱呱坠地就开始与社会上的人发生联系，进行交往，接受影响。③个体的社会化是共同性与个别性的统一。同一国家、同一民族、同一地区，其社会成员有一些共同的心理倾向，比如东方人比较注重情感，家庭观念较重；西方人则富有进取心和冒险性，家庭观念比较淡薄。又如我国南方人为人比较精明，情感比较细腻；而北方人则为人比较豪爽，情感比较粗犷。但是，个体的社会化又有其独特的一面，因为社会化是随着每个人所具备的遗传特性、生理需要和状态而有选择地形成的。人们即使生长在相同的环境中，他们的社会行为和社会意识也不尽相同。④个体的社会化贯穿其一生。个体自出生时，就开始在接受社会对其施加的影响。在人生的每一个时期，从婴儿期、幼儿期、儿童期、青少年期、成年期，一直到老年期，无时无刻不在接受社会影响，不断进行社会化。在不同时期，社会化的内容、要求以及进程等是不同的。

个体在一生中所经历的社会化有许多不同的类型，有早期社会化、预期社会化、发展社会化、反向社会化和再社会化等。早期社会化是发生在生命早期的基本的社会化，主要使儿童掌握语言、学习本领，使儿童将社会规范与价值标准内化，与周围人建立一定的感情，了解他人的思想与观点；预期社会化是引导人们学习今后将要扮演的角色，如各级各类的职业技术学校制定的培养目标、课程设置、开展的活动等，都是对学生进行职前培训，使他们将来能担当相应的角色；发展社会化是在早期社会化的基础上进行的，不断地提出新的社会规范和新的社会要求，承担新的任务，扮演新的角色，对已有的社会规范、社会要求等加以补充、改组和替换等；反向社会化是指年轻一代将新的社会文化知识和社会经验传递给年长一代，现代社会这种现象十分普遍；再社会化是指个体舍弃过去接受的某些社会规范和价值标准，重新学习社会所要求的社会规范与行为方式的过程。再社会化经常在人们部分或全部脱离了他们以前的社会生活环境的情况下出现。可见，社会化贯穿于人的一生。

总之，社会化与个性化相辅相成，由于每个人都具有自己独特的活动、经验和不同的遗传基础，因此每一个儿童都以自身的认知结构和经验系统去接受社会化，都以自己特有的风格、速率和程度进行社会化。儿童的社会化使其个性良好地适应社会生活，个体的社会化程度越高，对社会生活的适应性也就越强。因此，儿童社会化本质上是儿童内部心理感知的扩大化、反映复杂化和表现间接化的过程。

三、个性

从某种意义上说，幼儿个性发展过程也是社会化的过程，个性和社会性是对立统一的。如果说个性是多样的，那么社会化的过程就给这个社会中每个成员的多样性赋予一层区别于其他社会文化的色彩。

个性是指一个人的整体心理面貌，即具有一定倾向性的各种心理特征的总和。

个性结构是多层次、多侧面的，由复杂的心理特征的独特结合构成的整体。幼儿个性发展的心理结构主要包括自我调控、个性倾向性和个性心理特征三个系统。

自我调控系统是个性形成和发展的前提，是个性发展和成熟的动力基础。这主要是指自我意识（即人对自己以及自己与客观世界关系的一种意识）对个体心理和行为的调节、控制作用，使人的活动具有目的性、自觉性、计划性和能动性。自我意识包括自我认知、自我情感体验和自我调控三个方面。自我认知包括自我观察、自我觉知、自我概念和自我评价等，其中自我概念和自我评价是自我认知最主要的方面，可以反映个体自我认知的发展水平。自我情感体验是指个体对自己所持有的一种态度。它包括自尊、自信、自卑、自豪感、内疚感和自我欣赏等。其中，自尊是自我情感体验的重要体现，也影响到自我认识和自我调控两个方面。自我调控属于自我意识的意志成分，是指个体对自己思想、情感和行为的调节和控制。它包括自制、自立、自主、自我监督和自我控制等。自我意识对人的个性发展具有重要的调节作用。

个性倾向性系统是个性中的动力结构，是个性结构中最活跃的因素，是决定社会个体发展方向的潜在力量，是人们进行活动的基本动力，也是个性结构中的核心因素。它主要包括需要、动机、兴趣、理想、信念、价值观、人生观和世界观。在个性倾向性中，需要是个性积极的源泉；信念、世界观居于最高层次，决定着一个人总的思想倾向。

个性心理特征系统是个性中的特征结构，是个体心理差异性的集中表征，它表明一个人的典型心理活动和行为，包括性格、气质和能力。比如，有的人疾恶如仇，有的人优柔寡断等，这都是性格方面的不同。性格反映了个体对现实的稳定性和行为方式上的差异。有的人活泼好动，有的人安静，有的人敏感，这都是气质上的不同；有的人聪明，有的人愚笨，有的人语文好，有的人数学好等，这都是能力上的差异；幼儿期是个性形成与发展的关键期。在日常生活中会发现，每个人都是独特的。世界上绝对没有两个完全相同的人，即使是孪生兄弟和姐妹，可能从相貌上分不清谁是谁，但一旦熟悉他们，就会从其言谈举止上把他们区分开来。即使初次见面，只要和他们接触一会儿，注意观察其神态、动作、语言以及待人接物的态度，就可以把他们区别开了。他们之间的这种不同，不是表现在相貌上，而是存在于行为的各个方面，其实就是人与人之间个性的差异。

> 📖 **拓展资源**

> 苏联心理学家达维多娃曾用一个故事形象地描述了在同一情境中不同气质个性的人会有不同的表现。比如4个人去剧院看戏，但是都迟到了。胆汁质的人会和检票员争吵，企图闯入剧院，他辩解说，剧院里的钟快了，他不会影响别人，并企图推开检票员进入剧院；多血质的人立刻明白了，检票员不会放他进入剧场，但楼梯很容易通过，就跑到楼上剧场去了；黏液质的人看到检票员不让他进入剧场，就想第一场不会太精彩，我在小卖部再等一会，幕间休息再进去；忧郁质的人会说："我运气不好，偶尔看一次戏，就那样倒霉。"接着就回家了。

从上述概念分析可见，幼儿社会性的发展是幼儿社会化的产物，而个性是个体生物因素和社会化的综合结果，也就是说，个性和社会性的形成都离不开社会化的过程，而个性和社会性只有两者协调发展，才能有益于幼儿的健康发展，更好地助力幼儿终身的社会化。

项目二　幼儿社会教育的价值及发展历史

幼儿社会教育作为幼儿园五大领域教育的一部分，它在幼儿的全面发展过程中起着什么样的作用？应该如何处理好社会教育与其他领域之间的关系？社会教育到底对于儿童的健康发展意味着什么？为什么要提倡对幼儿进行社会教育？社会教育在我国幼儿园教育发展中有什么样的历史渊源？本部分将着力对以上问题做出详细的分析。

一、幼儿社会教育在幼儿园课程体系中的地位

《纲要》中指出："幼儿园的教育内容是全面的、启蒙性的，可以相对地划分为健康、语言、社会、科学、艺术五个领域……各领域的内容互相渗透，从不同的角度促进幼儿情感、态度、能力、知识、技能等方面的发展。"另外，《指南》也强调："关注幼儿学习与发展的整体性。儿童的发展是一个整体，要注重领域之间、目标之间的相互渗透与整合，促进幼儿身心全面协调发展，而不应片面追求某一方面或几个方面的发展。"这些表述向人们传递着一个信息——幼儿园五大领域是一个统一的整体，不可绝对的分割。

陈鹤琴先生将幼儿园课程的五大领域比喻为人的五指，息息相关，并指出："五指，是活的，可以伸缩，互相联系……课程是整个的、连贯的。依据儿童身心发展的特征，五指活动在儿童生活中结成一张教育的网，它们有组织、有系统、合理地编织在儿童的生活中"。相对于陈鹤琴先生提出的"五指课程"的比喻，我国学者甘剑梅主张用身处无意识环境影响的完整的人来表达五大领域的关系（图1-1），为学前教育的最终目标是培养完整的儿童，并为其一生的发展奠基。儿童的完整发展既受到有意识教育的影响，也受到无意识的环境的影响。

幼儿园五大领域的教育共同作用于幼儿的整体发展，但其中幼儿社会教育起着导向性作用，处于核心的地位，为其他领域提供方向与价值的指引，以避免幼儿五育的盲目性。

在图1-1中，人体与圆圈中的空白处标示着影响幼儿发展的无意识环境，它渗透在幼儿所处

的所有环境中。整个人体部分代表有意识的五大领域的教育，其中"头部"标示的是社会教育，它为学前教育提供价值的指引。没有价值指引的学前教育是盲目的，无助于人类进步的教育价值指引则是无益的。因此，学前教育的第一步是根据儿童的身心发展规律以及社会健康发展的需要，去思考要培养什么样的儿童。"身体躯干"是健康教育，它是学前教育的主体，学前阶段所有的教育都要考量它是否有益于幼儿的身体健康，违背幼儿身体健康发展的价值、知识与能力都是不具有教育性的。左臂是科学教育，右臂是语言教育，它们是帮助幼儿认识与表达对世界的理解与体验的两种途径。左腿是音乐教育，右腿是艺术教育，它们是帮助幼儿体验世界之美的两种途径。这五个部分对于幼儿的完整发展来说都是不可或缺的。

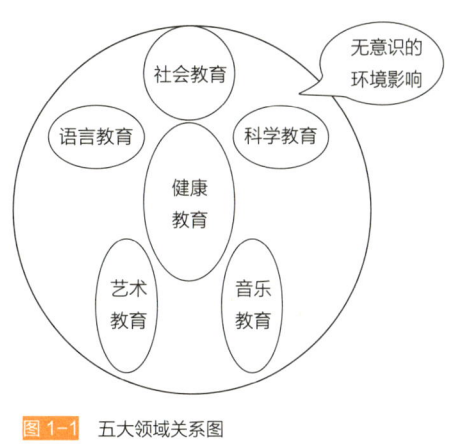

图1-1　五大领域关系图

二、幼儿社会教育与其他领域课程的关系

作为领域课程的幼儿社会教育，是在变革与综合以前的幼儿园社会常识教育与幼儿德育内容的基础上出现的一个新的课程领域。它指的不是一个具体的学科，而是一个学习领域，在这一领域中，幼儿学习的内容主要是如何协调自我、人与人、人与环境之间的互动关系，习得与人和环境互动所需要的知识、能力、态度与行为技能。这一课程领域主要关注幼儿的社会性发展，这种发展主要表现为自我意识、社会认知、社会情感、社会行为技能以及道德品质的发展，是帮助幼儿学会建立一种参与社会生活的基本能力与善待世界的基本态度。

幼儿社会教育与其他领域有着非常密切的联系。《纲要》和《指南》向人们传递了一个共同的信息——幼儿园五大领域的内容互相渗透，从不同角度促进幼儿情感、态度、能力、知识、技能等方面的发展。

（一）幼儿社会教育与健康教育的关系

健康教育包括身体的健康、情绪与心理的健康以及道德的健全，在《指南》中，健康的学习与发展包括身心健康、运动发展、生活习惯和生活能力三个维度。这三个维度中，幼儿情绪与心理健康也是社会领域关注的问题，当幼儿有良好的师生关系与同伴关系时，就能获得安定、愉快的情绪，并形成安全感与信赖感，这是良好社会情感形成的基础。同时，体育运动也是培养幼儿坚强、勇敢、不怕困难的意志品质和主动、乐观、积极合作的一个重要途径。可见社会教育与健康教育是互相渗透、互相促进的。

社会教育在关注情绪与心理健康时，更注重它的社会适应性。即社会教育要引导幼儿在身心健康的基础上，体验和创造美好生活，追求幸福人生。社会教育的责任是倡导先进的文化价值观与态度行为，这是一种社会意义上的健康。

（二）幼儿社会教育与语言教育的关系

语言是沟通的桥梁，通过语言儿童才能与他人进行有效沟通，语言领域也是贯穿其他各领域的。语言教育是社会教育的重要基础。

一方面，在语言教育中不仅要教幼儿说话，掌握语言使用的方法，还要教他们讲礼貌的话、善意的话、鼓励的话、安慰的话、赞美的话、公正的话。同时，也要教他们在语言交流中如何倾听他人和尊重他人。另一方面，当幼儿接触优秀的儿童文学作品时，他们感受到的不只是语言的丰富和优美，还有作品中人物的丰富心灵，让幼儿从作品中体会到善与恶的争战、美与丑的较量。孩子对故事的钟爱，使故事成了一种天然的、有力的心灵滋养的方式。社会教育无法离开文学故事，文学故事是进行社会教育非常重要的资源与途径。所以，语言的内容以及运用语言的方式都在塑造着幼儿的社会性品格。

（三）幼儿社会教育与科学教育的关系

引导幼儿科学地探索与认识世界是科学教育的重要任务，但在科学领域中，不仅要引导幼儿探索和认识周围的世界，还要培养他们热爱世界的意识；不仅要引导幼儿认识自然环境和物质资源，还要培养他们合理利用资源和保护环境的意识；不仅要引导幼儿认识科学，还要培养他们为人类幸福而学习科学知识的精神；引导儿童学会认识与探索世界的最终目的是让儿童学会对待世界变化的仁爱之心，让他们在亲近大自然的时候学会爱护动植物，关心周围的环境，珍惜自然资源，形成初步的环保意识。

（四）幼儿社会教育与艺术教育的关系

艺术教育的目的在于培养能够运用艺术的语言表达丰富美好的情感和进行心灵交流的健康个体。当幼儿学会用画笔或音乐表达出他内心美好的体会和感受时，艺术就产生了。艺术对心灵的陶冶有特别的作用，艺术教育的价值也正在于它展示生命的美、弘扬生命的价值、维护生命的尊严和张扬生命的个性。当幼儿感受到美与善，并用艺术的方式进行表达时，就已经接受了社会教育。由此，教育要尽可能用艺术化的方式让幼儿体会到各种美与善，这些美与善会随着年龄的增长滋养其心灵，这正是艺术教育对幼儿社会性发展的重要意义所在。幼儿社会教育需要艺术教育，更需要艺术化的教育。

虽然五大领域的教育工作作用在于促进儿童全面整体的发展，但幼儿社会教育在幼儿园的教育中起着导向作用，它既指向个人又和他人、社会密切相关，而教育的最终目的在于帮助孩子与世界建立一种恰当的关系，成为一个具有健全人格、有益于人类的人。可见社会教育决定着所有课程领域的价值方向。

幼儿社会教育作为一个独立的课程领域提出，既有研究上的意义，也有实践上的意义。从研究上看，有助于研究者厘清社会教育的特点和规律，帮助教育者形成更科学与恰当的教育意识；从实践上看，课程领域的相对区分有助于教育者根据不同发展领域的特点对幼儿进行针对性的教育，领域区分可以帮助教育者更好地关照儿童的发展细节，但是这种领域区分不是孤立的，而是与其他细节有整体联系的区分。因此，课程在实施中也需要建立一种整体教育的观念。

三、幼儿社会教育的意义

幼儿期是社会性发展的一个重要时期，在这一时期开展社会教育，其意义不仅体现在促进幼儿发展上，同时也体现在促进社会的发展上。

（一）促进幼儿的发展

幼儿社会教育的直接作用是促进幼儿社会化和幼儿完整人格的发展。

1. 促进幼儿的社会化，提高幼儿社会性的发展水平

社会化是从"自然人"向"社会人"的转化过程，虽然幼儿不是纯"自然人"，但其社会性

的发展水平较低，也面临着诸多适应社会生活的问题。例如，幼儿园日常生活适应，学习与游戏活动适应，与同伴、教师的交往适应等。这就需要幼儿对幼儿园的生活和活动规则进行学习和内化，要学会与同伴和教师交往的方法等。幼儿需要不断地进行社会化来提高自己的社会性发展水平，以此来适应当前的社会生活，并为将来适应小学生活做积极的准备。

幼儿社会化需要教育的积极引导，他们对环境的影响处于不自觉的被动接受状态，环境的品质对儿童社会化的影响是巨大的。如果缺乏了有效的教育引导，会引发幼儿产生消极的社会化过程：社会化过度和社会化不足，对幼儿未来的社会生活造成影响。所以，需要研究幼儿社会性发展的规律及特点，据此创设适合幼儿社会化的教育环境，安排有利于幼儿社会化的教育活动，排除不利因素，综合运用多种教育资源、途径和方法，对幼儿施加积极的教育影响，促进其社会化发展的过程，使其社会性发展水平不断提高，从而能更积极地适应社会生活。

2. 培育健全人格，促进幼儿完整发展

幼儿社会教育是培养其完整人格的教育，是引导其立身做人的教育，是引导其做一个健康的、和谐的、服务于社会的人的教育。

幼儿社会化的过程是一个由生物人转变为社会人的过程。这一转变过程，是幼儿健全人格的养成，个性与社会性和谐发展，认知、情感与意志的完整发展过程。完整发展是指幼儿在发展的内容、结构方面的和谐与平衡。从内容看，是幼儿个性与社会性的和谐发展；从结构看，是幼儿认知、情感与意志的平衡发展。

（1）促进幼儿个性与社会性的和谐发展

健全人格是幼儿一生持续发展的重要基础，它往往是由个性与社会性的和谐发展来支撑的，幼儿社会教育共同促进这两者的发展。

幼儿个性的发展主要是个性倾向性、个性心理特征和自我意识这三个子系统的发展。个性倾向性是推动人进行活动的动力系统，是个性结构中最活跃的，决定着人对周围世界的认识和态度的选择和倾向。个性心理特征主要是指人的能力、气质和性格。幼儿社会教育既基于个体的气质，也积极地塑造和影响着幼儿的气质与性格，并培养幼儿的能力。自我意识是指幼儿对自我以及自我与周围关系的一种认识和态度，它是整合、统一个性各个部分的核心力量，是个性系统的自动调节结构，学前期是幼儿个性形成与发展的关键期。

从幼儿一生的发展来看，幼儿早期的社会性发展对其以后的人生有着基础性的影响。如果幼儿早期得到成人的积极关注与照料，就容易形成温和、友爱的性格，形成对世界的信任感。反之则容易出现恐惧、不合群、攻击性强等特点。同时幼儿早期也是幼儿社会性发展开始形成的关键期。有研究表明，2~4岁是幼儿秩序性发展的关键期，3~5岁是幼儿自我控制发展的关键期，4岁是同伴交往发展的关键期，5岁是幼儿由生理性需要向社会性需要发展的关键期。幼儿利他品格的形成也和幼儿的早期经验有关。因此，在幼儿发展的早期给予恰当的帮助，能够促进其社会性的健康发展，为其一生的幸福奠基。

个性与社会性紧密地交织在一起。幼儿社会化的过程就是幼儿个性形成和社会性发展的过程。在个性与社会性发展的过程中，如果忽视个人的独特性，只强调对社会共性的遵从，会使个体的精神个性无法很好地展现，导致个体精神自我的衰弱，从而影响其创造性的发挥。同样，如果只是一味强调个体个性的展现，忽视对集体与社会的共性的关注，则会导致与社会的分裂和冲突，从而影响社会的和谐。个体的创造性是社会进步的源泉，社会的和谐是个体幸福生活的保障。因此，需要通过合理地引导与教育，保持幼儿个性与社会性发展的平衡，促进其健康发展。

（2）促进幼儿认知、情感与意志的完整发展

我国学前教育的总目标是促进幼儿德智体美的全面发展，即幼儿生命各方面的完整发展。

加德纳的多元智能理论丰富了人们对智力的理解，同时也证明了儿童的智力发展与情意发展

是密切相连的。如果学前教育唯智力是从，就会使幼儿的身心处于一种发展不平衡的状态，对幼儿的健康带来伤害。因此，发展智力的同时，必须同时关注情意与德行的教育。

发生社会心理学的代表人物多伊思提出了智力社会性建构的观点。他指出，幼儿首先是社会性的，针对来源于他人行动与他人的判断而反应，因此，个体间的相互作用参与了认知建构。个体的智力首先在与他人的交往中发展，然后独立化到其他情境中。国内学者杨丽珠的研究也发现幼儿的社交水平与认知水平的发展是相互影响的。另外，兴趣是智力的起点，人们的任何智力活动都与自我情感体验、社会责任感密切联系，成人是为了追问意义而思考，幼儿往往是因为情感的渴望而好奇、发问。

（二）促进社会的发展

幼儿社会教育的间接作用是培养合格公民，促进社会和谐稳定以及弘扬社会文化，推动人类社会发展。

1. 培育社会合格公民，促进社会的和谐稳定

现代社会，社会教育担负着培养合格公民的重任。将社会教育的核心任务定位于公民的培养，也是国内外教育界的一种共识。在美国，社会课被认为"是一门提升公民能力的社会科学与人文科学的整合课程"，新西兰则倡导通过社会课程教育"帮助幼儿掌握有关人类的知识和学习过程，以成为新西兰社会有文化、自信、有责任感的公民"。

在我国，根据《中华人民共和国宪法》规定，合格公民应当遵纪守法，正确使用法律赋予的权利，严格履行法律规定的义务，具有平等意识和爱国意识。幼儿社会教育就是让幼儿学习和内化社会行为规范，在社会生活中学会与人、事、物和谐相处。

2. 促进文化认同，实现社会文化的传承与发展

文化认同是人们在一个民族共同体中长期共同生活所形成的对本民族最有意义的事物的肯定性体认，其核心是对一个民族的基本价值的认同；文化认同是凝聚这个民族共同体的精神纽带，是这个民族共同体生命延续的精神基础。对于幼儿来说，这是幼儿建立价值归属感的深层次基础。

同时，文化认同是一个建构生活意义的过程。人们的思想、价值、行动，甚至人们的感情，都是文化的产物。根据文化的意义系统，将形式、秩序、意义方向赋予人们的生活。因此，文化就是生活的内容，它也是个体不断发现自己，并建立其与世界的联系，建构自己生活意义的过程。文化认同还是一种意向性反应，它发生在与不同的文化接触、碰撞与相互比较之中，是个体面对另一种异于自身的存在所产生的保持自我同一性的反应。从这个意义上说，文化认同是一种自我认同。促进儿童的文化认同还需要引导幼儿了解不同的文化，在比较与接触中不断加深文化的体验与认同。

幼儿社会教育在促进文化认同的同时，还实现了文化的传承与发展。

首先，幼儿社会教育通过引导幼儿掌握我国优秀的传统文化内容来实现文化传承。这些内容包括文字、语言、艺术、各种风俗习惯与各类蕴含丰富传统文化内容的教育材料。例如，把端午节、清明节等传统文化节日引入幼儿园课程，促进儿童对传统民俗的兴趣和情感。

其次，幼儿社会教育还通过引导幼儿了解多元文化、创造新文化来实现文化的发展。了解多元文化主要是通过不同途径的多元文化教育来实现的。有不少幼儿园在实践中通过校园环境、一日生活、领域教学与重大节日等多种途径将不同文化的要素与内容渗透于教育之中。加深幼儿对民族文化与其他民族文化的了解，提升幼儿与不同文化的人的交往与沟通能力。文化的创造主要表现在引导幼儿根据当下与未来社会健康发展的需要，确立积极健康的文化意识，如环境保护意识，就是新文化的内容之一。不少幼儿园也将这一内容作为教育的重要组成部分，渗透于各年龄段的教育中，这对我国环境保护文化的建立发挥着重要的推动作用。

> 拓展资源

大班社会活动：快乐的端午节

活动目标

1. 了解端午节的名称、来历和有关习俗，知道端午节是中国的传统节日之一。
2. 通过编彩带、做香囊、画彩蛋等有趣的活动，体验端午节的习俗。
3. 感受中国民间节日的韵味。

活动准备

1. Flash故事《端午节的传说》《端午节的习俗》。
2. 编彩带、做香囊、画彩蛋等活动的相关材料。

活动过程

1. 了解端午节的名称及时间。

出示粽子实物，引发幼儿兴趣。

师：看，老师今天给你们带来了什么？你们吃过粽子吗？什么节日的时候我们会吃粽子呢？

教师小结：五月五，是端午。端午节是我们中国的传统节日。

2. 引导幼儿了解端午节的来历。

（1）观看端午节的故事。

师：你们知道端午节的故事吗？

（2）提问帮助理解。

师：刚才故事里说了什么？

教师小结：端午节是为了纪念伟大的爱国诗人屈原，还要吃粽子呢。吃粽子，忆屈原。

3. 集体感知端午节吃粽子和划龙舟这两种主要习俗。

（1）从幼儿自身经验来感知吃粽子的风俗。

从粽子的味道、形状、粽叶等方面让幼儿体验端午节吃粽子的风俗。

教师小结：看来粽子不仅味道不同，形状和颜色也有很多种呢。

（2）玩赛龙舟游戏，体验端午赛龙舟的快乐。

师：端午节除了吃粽子，人们还要进行一项很热闹的活动。

幼儿玩赛龙舟游戏，并分享游戏的感受。

教师小结：看来赛龙舟不仅能锻炼身体，还能给大家带来快乐呢！

4. 自主探索，通过编彩带、做香囊、画彩蛋等有趣的活动，了解端午节的其他一些习俗。

（1）提供实物、视频等，幼儿分组探索端午节的常见习俗。

（2）幼儿交流探索结果。

教师小结：这些活动不仅是为了纪念屈原，还有着人们希望一家团聚、生活美满的心愿呢！

5. 结束活动，儿歌总结。

（1）教师念儿歌总结。

（2）去教室里继续寻找端午节的其他活动。

> **活动延伸**
> 1. 美工区：用彩色纸折粽子，尝试编蛋网兜。
> 2. 生活区：继续学习包粽子，开展编彩带、做香囊、画彩蛋等有趣的活动。
> 3. 语言区：讲讲端午节的一些风俗习惯与传统故事。
>
> **活动评析**
> 这个活动通过编彩绳、做香囊、画彩蛋、吃粽子等有趣好玩的实践，让幼儿初步感知端午节的民俗文化，激起幼儿对民族文化的兴趣，同时通过听故事了解屈原等历史人物故事，感受中华文化的源远流长，接受爱国主义教育，激发其内在的爱国情感。

四、我国幼儿社会教育的发展历史

纵观我国幼儿教育的发展历史，幼儿社会教育从最初只有片段的、缺乏系统的思想，发展到逐步形成完整的、较为系统的观念，并出现在幼儿园课程之中，经历了漫长而又曲折的过程。幼儿社会教育的发展主要经历了以下三个阶段。

（一）幼儿社会教育的萌芽时期

虽然幼儿社会教育作为一个独立的概念提出来是20世纪的事，但幼儿社会教育的思想和相关活动却是自古就有的。主要体现在以德养性的慈幼传统和注重礼仪伦常的童蒙教育上。

1. 重视以德养性的慈幼传统

对幼儿的慈爱体现在对其身体的悉心养育与照顾和对幼儿良好品德行仪的熏陶，更注重养育者的德行。《周礼》就记载有"保六息，养万民"的思想。所谓六息：一曰慈幼，二曰养老，三曰振穷，四曰恤贫，五曰宽疾，六曰安富。可见，中国自古就将慈幼放在治国之首。爱护幼小可以说是人类的天性，并且非常重视"以德养性"——由此非常重视养育者（主要是乳母）的德行，要求养育者必须具有宽容、冷静、仁爱、智慧、温和、善良、谦恭、诚敬、谨言、慎行这十种美德。由此可见，在古代人们就十分重视幼儿的道德教育了。

2. 注重礼仪伦常的童蒙教育

行之礼仪，即各种洒扫应对进退之节，这是幼儿德育的基础。人伦之常，即仁、义、礼、智、信五大常道，对幼儿来说伦常的基础是孝悌。古人注重从日常生活中培养孩子的德行。《易经》曰："蒙以养正，圣功也"，又曰："君子以果行有德""有德者，养正之功""古者教设庠序，必先之以养蒙。养蒙既正，则进德修业，日就月将，得力快而入门易"。即在古代，学校的设立要以教养童蒙为基础，因为童蒙时期的孩子本性纯洁善良，如果教养得当则可以让儿童的善良本性得到好的滋养，从而为日后道德的进一步完善打下一个好的基础。

（二）幼儿社会教育的初创阶段

1. 幼儿修身教育的延续与发展

1904年1月，清政府出台了我国第一部幼儿教育法规——《奏定蒙养院章程及家庭教育法章程》（以下简称《章程》）。其中第一章第一节"保育教导要旨"中有四条要求，第一、第三条提出了培养幼儿身心健康、个性良好、行为端正的目标和要求，第二、第四条则提出了量力适宜、正面教育、运用榜样和环境的原则和方法。这一"保育教导要旨"凸显了蒙养院要实施做人教育的目标和方法。第一章第二节则规定应设置幼儿易懂的、有趣的、与小学迥然不同的条目，如游戏、歌谣、谈话、手技等，这些活动均应围绕学前儿童爱众乐群、涵养德行的宗旨进行，尤其应以游戏和谈话为主。由此可见，《章程》对幼儿社会教育的重视程度。之后创办的蒙养院和幼稚园基本上遵循《章程》的要求，在幼儿园设置的有关科目中，直接呈现或间接地蕴含《章程》的目标、内容与方法等。

2. 幼儿社会生活教育成为幼儿园课程的重要内容

"五四"时期的思想解放运动带动了教育战线的改革，涌现出一批学前教育革新家，其主要代表人物是陈鹤琴、张宗麟等人。他们开辟了学前教育中国化、科学化的道路，并开始创建我国学前儿童的社会教育。陈鹤琴先生非常关注幼儿的社会教育，他把"社会"和"生活"作为组织幼儿园课程的两大中心。他提出了著名的"五指活动"课程，即健康、社会、科学、艺术和语言五个方面，其中社会包括朝夕会、周会、纪念日集会、每天的谈话、记忆政治常识等。在他的"活教育"理论体系中，更是把"做人"作为三大纲领之一，即做人，做中国人，做现代中国人。他认为：做一个真正的人，必须热爱人类，热爱真理，以"世界一家"的思想为人类最终目标；做一个中国人，必须热爱自己的国家，热爱自己的同胞，为自己国家的兴旺发达而努力；做一个现代中国人，必须考虑中国现代社会对人的要求，勤奋学习，掌握知识，为祖国的繁荣富强而努力。

张宗麟先生在20世纪30年代初出版了《幼稚园的社会》一书，这是我国幼教史上最早全面、深入地论述幼儿社会教育课程及其实施的著作。该书详细论述了幼儿社会生活的思想，十分强调幼儿生活的社会倾向。

总之，这一阶段幼儿社会教育、社会课程作为幼儿园教育、幼儿园课程的有机组成部分逐渐得到确立，社会课程的结构、体系以及实践都得到较大的发展。

（三）幼儿社会教育的变革与发展阶段

1. 新中国成立至20世纪80年代：幼儿社会教育是环境认识与爱国主义思想教育

新中国成立后颁布实行的第一个幼儿园课程文件是《幼儿园暂行教学纲要（草案）》（1951年7月）（以下简称《暂行纲要》）。《暂行纲要》提出通过爱国主义和国民公德等教育培养幼儿的道德品质是幼儿园的一项重要任务，并特别提出了完成这一任务的教师必须注意的基本条件。第一个条件是培养幼儿的集体主义精神，让幼儿适应集体生活，遵守规则，热爱父母，团结同学，彼此互助。第二个条件是培养幼儿的爱国主义思想，让幼儿爱国旗、国歌、首都、人民领袖、人民解放军和志愿军、兄弟民族等。第三个条件是培养幼儿以劳动为中心的爱劳动、爱人民、爱科学、爱护公共财物的国民公德。德育的诸多内容主要分散在认识环境中的日常生活环境与社会环境部分以及语言领域的学习中。

[知识点视频] 幼儿社会教育的内涵

1956年《幼儿园教育工作指南》对德育任务做了一些调整，明确提出"幼儿园培养儿童有组织的行为是全部幼儿园教育工作的基础"。同时还要注意培养幼儿互助友好的关系、热爱劳动的意识以各种教育活动培养儿童愉快、诚实、勇敢、自信、顽强等良好意志品质，德育目标与《暂行纲要》相比有较大的进步，德育目标的政治色彩有所减弱，对儿童道德行为和良好性格培养的重视都在很大程度上突破原有德育框架，符合幼儿品德发展的要求。

2. 20世纪80年代至90年代中期：幼儿社会教育等同于德育

1981年10月，教育部制定并发布了《幼儿园教育纲要（议行草案）》。该文件在分析了幼儿的情感意志、个性等方面的特点之后，提出了德育的具体任务——向幼儿进行初步的"五爱教育"：爱祖国、爱人民、爱劳动、爱科学、爱护公共财物。培养他们团结友爱、诚实、勇敢、克服困难、有礼貌、守纪律等品德和活泼开朗的性格。

为了保证德育目标的落实，该文件特别将"思想品德"独立为一个科目，并对各年龄阶段的教学内容和要求做出了比较详细的规定，德育内容主要包括积极健康的情绪、人际关系、文明礼貌、"五爱教育"、遵守规则、自我服务等。此外，在语言、常识等科目上还有少量的德育内容。德育领域的独立是学前教育发展的需要，是德育课程系统化的体现。但是，由于当时要统编幼儿园教材，该文件未对德育的具体内容作出规定，只是将目标和内容融合在一起进行表述；并且当时广大教师对德育课程的认识水平有限，这种目标和内容不分的状况造成了教师将德育目标等同于德育内容，因此使德育过程丧失了灵活性。

3. 20世纪90年代中期以来：从德育向社会教育的转移

随着改革开放的深入，我国学前教育的指导思想发生了根本的变化。1996年正式实行《幼儿园工作规程》，确定了德育的总体目标为："萌发幼儿爱家乡、爱祖国、爱集体、爱劳动、爱科学的情感，培养诚实、自信好问、友爱、勇敢、爱护公物、克服困难、讲礼貌、守纪律等良好的品德行为和习惯，以及活泼开朗的性格。"途径与方法为："应以情感教育和培养良好行为习惯为主，注重潜移默化的影响，并贯穿幼儿生活以及各项活动之中。"这些规定以"遵循幼儿品德心理发展规律"为依据，纠正了幼儿德育服务于政治形势的错误导向，是新中国幼儿德育发展过程的一个重大进步。

20世纪90年代初，在我国心理学工作者开始关注儿童个性和社会性研究的背景下，幼教界的德育理念开始突破原有的框架，德育的内涵向社会性方向缓慢延伸。经过10年的学习和研究，幼教界认同了个性、社会性等概念在幼儿德育领域的地位，以及个性发展、社会性发展与品德发展的基本渊源和关系。20世纪90年代中后期，在人民教育出版社出版的《幼儿园教育活动》和南京师范大学编写的幼儿园五大领域课程中，率先用"社会"领域代替了"品德"领域。可以说，整个90年代幼教界和心理学界的共同努力，为社会领域课程在新世纪幼儿园课程标准中的诞生做了充分的理论和实践上的准备。

2001年7月，教育部制定并颁布了《幼儿园教育指导纲要（试行）》，把幼儿园的教育内容划分为健康、语言、社会、科学、艺术五大领域。社会领域的目标、内容与要求、指导要点进一步具体化，使幼儿园社会教育课程的设计与实施有了更加明确的原则和方向。至此，"社会领域"成为幼儿园教育中的正式内容，"社会"的概念第一次出现在幼儿园的法规文件中。

为了深入贯彻教育规划纲要，落实《国务院关于当前发展学前教育的若干意见》，帮助广大幼儿园教师和家长了解3～6岁儿童学习与发展的基本规律与特点，全面提高科学保教水平，2012年10月9日国家教育部印发了《3—6岁儿童学习与发展指南》（以下简称《指南》），这是在《纲要》的基础上，细化各领域的具体教育目标与教育指导建议的一份文件。

《指南》明确指出，幼儿社会领域的学习与发展过程是幼儿社会性不断完善并奠基健全人格基础的过程，主要包括人际交往和社会适应。幼儿阶段是社会性发展的关键时期，良好的人际关系和社会适应能力对幼儿身心健康发展以及知识、能力和智慧作用的发挥具有重要影响。幼儿在与成人和同伴交往的过程中，不仅学习如何与人友好相处，也在学习如何看待自己、对待他人，不断发展适应社会生活的能力。

家庭、幼儿园和社会应共同努力，为幼儿创设温暖关爱的家庭和集体生活氛围，建立良好的亲子关系和师生关系，让幼儿在积极健康的人际关系中建立安全感和信任感，发展自信和自尊，在良好的社会环境及文化的熏陶中学会遵守规则，建立基本的认同感和归属感。幼儿社会性是在日常生活和游戏中通过观察和模仿学习发展起来的，成人应注重自己的言行对幼儿产生的潜移默化的影响。

《指南》的印发对于有效转变公众的教育观念，提高广大幼儿园教师的专业素质和家长的科学育儿能力，防止和克服幼儿园教育"小学化"倾向，全面提高幼儿教育质量具有重要意义。

伴随着幼儿教育的快速发展，教育部对1996年3月9日由原国家教委颁布的《幼儿园工作规程》（以下简称《规程》），这一纲领性文件进行了重新修订，并于2016年3月1日起开始实施。新《规程》不但增加了"幼儿园的安全"一章内容，还突出了德育的重要性，强调关注幼儿的心理健康，保持幼儿积极的情绪状态，增加了发展幼儿个性与社会性的内容。

新《规程》强调"立德树人"，第三条"幼儿园的教育任务"和第二十五条"幼儿园的教育原则和要求"中都把教育内容由原文件中的"体、智、德、美"改为了"德、智、体、美"，即幼儿园的教育要把"德"放在首位，足见其立德树人的改革方向。

新《规程》第二十九条中提到"幼儿园应当将游戏作为对幼儿进行全面发展教育的重要形式"，并且指出"鼓励幼儿根据自身兴趣、需要和经验水平，自主选择游戏内容、游戏材料和伙伴，使幼儿在游戏过程中获得积极的情绪情感，促进幼儿能力和个性的全面发展"。第三十条指出"幼儿园应当将环境作为重要的教育资源……，支持幼儿自主选择和主动学习，激发幼儿学习的兴趣与探究的愿望。幼儿园应当营造尊重、接纳和关爱的氛围，建立良好的同伴和师生关系"。足见其对幼儿社会性和个性发展的重视。

新《规程》的颁布，为加强幼儿园的科学管理，规范办园行为，提高保育和教育质量，促进幼儿身心健康提供了依据和保障。

项目三　幼儿社会性发展的理论基础与影响因素

幼儿的社会性是如何发展的？幼儿的社会性发展受到哪些因素的影响？这些问题吸引了无数研究者的目光，本项目将着重介绍与之相关的理论和影响到幼儿社会性发展的因素，为幼儿园进行社会教育提供理论和现实依据。

一、幼儿社会性发展的理论基础

幼儿社会性发展的研究起源于20世纪初期，截止到20世纪70年代末期，心理学家提出的关于幼儿社会性发展的理论学说主要有三种：精神分析理论、社会学习理论和认知发展理论。

（一）精神分析理论

精神分析理论是西方心理学的主要流派之一，这一流派的代表性人物是弗洛伊德和埃里克森。

1. 弗洛伊德的精神分析理论

弗洛伊德创始的精神分析理论是儿童心理发展史上第一个关于个体发展的理论学派。弗洛伊德在对他的患者进行治疗的过程中发现，这些成年病人都不可避免地回忆起童年期发生的一些事件。这一现象使弗洛伊德确信，个体童年期的生活事件在成年期的人格发展中起着十分重要的作用。弗洛伊德理论有五大支柱，分别如下。

（1）人格结构的三部分：本我、自我和超我

本我（Id）是人格结构中最原始的部分，从出生日起算即已存在。构成本我的成分是人类的基本需求，如饥、渴、性三者均属之。本我的需求产生时，个体要求立即满足，因为它遵循"快乐原则"。例如，小婴儿感到饥饿时要求立刻喂奶，决不考虑母亲有无困难。

自我（Ego）是个体出生后，在现实环境中由本我中分化发展而产生，由本我而来的各种需

求，如不能在现实中立即获得满足，他就必须迁就现实的限制，并学习如何在现实中获得需求的满足，它遵循"现实原则"。此外，自我介于本我与超我之间，对本我的冲动与超我的管制具有缓冲与调节的功能。

超我（Superego）是人格结构中居于管制地位的最高部分，是由于个体在生活中，接受社会文化道德规范的教养而逐渐形成的。超我有两个重要部分：一是自我理想，要求自己的行为符合自己理想的标准；二是良心，规定自己的行为免于犯错的限制。因此，超我是人格结构中的道德部分，遵循"至善原则"。

人格的三个部分在正常情况下是相对平衡的，如果这种平衡遭到破坏，就会产生病态。"自我"和"超我"都是人格的控制系统，"自我"控制的是"本我"的原始冲动；"超我"根据一定的标准，力图延迟满足"本我"的需要，并且不完全满足"本我"的需要。可见，"本我"和"超我"存在对立面。

（2）儿童心理发展的阶段论

在心理发展阶段上，弗洛伊德根据力比多集中投放身体部位的不同，将儿童心理的发展分为五个阶段。

口唇期（0~1岁），力比多的发展是从嘴开始的，吸吮本能使儿童体验到快感。例如，以吸取母乳来得到口唇的快感，或是小孩拿到什么东西就咬。此时期的口腔活动若受限制，可能会留下后遗性等不良影响。成人中有所谓的口腔性格，可能就是口腔期发展不顺利所致。在行为上表现为贪吃、酗酒、吸烟、咬指甲等，甚至在性格上悲观、依赖，都被认为是口腔性格的特征。

肛门期（1~3岁），儿童的性兴趣集中到肛门区域，以排泄为快乐。这一阶段的主要任务是按时大小便的训练，儿童必须学会控制生理排泄，使之符合社会的要求，也就是说儿童必须形成卫生习惯。在肛门期，除了粪块摩擦直肠肛门黏膜产生快感之外，快感更来自对粪便的排出与克制，如果这一时期出现停滞现象，可使人格朝着慷慨、放纵、生活秩序混乱、不拘小节或循规蹈矩、谨小慎微、吝啬、整洁两个方向发展，形成"肛门排泄型"或"肛门滞留型"人格。

前生殖期（3~6岁），儿童开始出现恋母情结或恋父情结，依恋异性父母。处于这一阶段的儿童表现为对异性父母发生了兴趣。开始关注性，认识男女的差异。当孩子对同性父母产生竞争和嫉妒时，不要斥责压制，但也不让他们觉得他们赢了。发展较好的孩子，会形成这样的感觉：我可以尽情展现我的力量，也输得起。我可以接受我的失败，我还可以认同对方的强大。

潜伏期（6~11岁），儿童性的发展处于停滞或退化的状态，是一个相当平静的时期。一个人对异性的强烈欲望好像突然消失，反而表现得对同性更有兴趣。

青春期（11~13岁），儿童开始产生摆脱父母束缚的愿望，性冲动强烈，容易与成人发生冲突。这个阶段最好的应对方式是提供一个"抱持性环境"，即在孩子遇到挫折的时候要给予足够的理解和关怀，从而使孩子能展现力量，也能懂得尊重别人；使其能竞争，也能合作。

上述每个阶段，父母对儿童的关注和社会性的训练都非常重要，会影响儿童健康人格的发展。

（3）恋母情结

弗洛伊德认为，儿童早期行为表现为自恋，发展到一定阶段，男孩表现为对母亲的依恋，女孩则表现为对父亲的依恋。因此，儿童早期教养方式的建立尤为重要。

（4）压抑理论

弗洛伊德认为，人在现实中无法满足的欲望受到现实原则的制约压抑会进入潜意识，通过梦境重现和释放。

（5）转移理论

弗洛伊德将移情训练运用到临床的精神治疗中，此理论的提出对在幼儿社会性发展中促进其移情能力的培养具有较强的理论借鉴意义。

弗洛伊德对本我、自我和超我的描述，以及个体心理发展阶段学说，是心理学史上对人的社会性发展过程的最早的描述。他扩大了潜意识的作用，提出存在潜意识中的性本能是人心理的基本动力，是决定个人和社会发展的永恒力量，这种泛性论显然是不恰当的。但是，他提出人由本我分化为自我，再由自我分化为超我的思想，以及强调早期经验对人一生发展的作用，对后来社会性发展研究有重要的启示作用。

2. 埃里克森的心理社会发展阶段理论

埃里克森在承袭精神分析理论主要观点的同时，重视社会因素在人格发展中的作用，根据不同时期自我与社会环境冲突的不同，提出了人格发展八阶段理论。

第一阶段是婴儿期（0～1.5岁），主要任务是满足生理上的需要，心理冲突表现为信任对不信任，对儿童有重要影响的人是母亲，这个阶段发展得好，儿童就会对周围的世界产生信任感。

第二阶段是童年早期（1.5～4岁），主要任务是获得自主感而克服羞怯和疑虑，冲突表现为自主对羞怯、疑虑，对儿童有重要影响的人是父母，该阶段的顺利通过，会影响其以后对社会组织和社会理想的态度，使其对未来的秩序和法制生活做好准备。

第三阶段是学龄前期或游戏期（4～7岁），发展的任务是获得自主感和克服内疚感，矛盾冲突也就来自自主与内疚的对立，家庭对此阶段儿童的发展影响力最大，该阶段矛盾冲突的顺利解决，对儿童将来适应社会、取得工作上的成功有重要的影响。

第四阶段是学龄期（7～12岁），该阶段的任务是获得勤奋感和克服自卑感，矛盾冲突是勤奋对自卑，邻里和学校对儿童的影响力最大，这一阶段的顺利发展，会影响到儿童将来学习和工作的态度、习惯。

第五阶段是青少年期（12～18岁），任务是建立同一感和防止同一感混乱，矛盾冲突是同一性对角色混乱，对儿童有重要影响的人是同伴群体和所崇拜的英雄人物，这一阶段的顺利发展有助于将来的社会创新。

第六阶段是成年早期（18～25岁），任务是获得亲密感以避免孤独，矛盾冲突是亲密对孤独，对发展有影响的人是朋友和异性伙伴，该时期的发展对其能否满意进入社会有影响。

第七阶段是成年中期（25～50岁），主要任务是获得繁殖感、避免停滞感，主要矛盾是生殖对停滞，对他们有影响的人是配偶和子女。

第八阶段是老年期（直到死亡），主要任务是获得完善感和避免失望和厌倦感，矛盾是自我整合对绝望，对该阶段有影响的因素是自我与他人的对比。

埃里克森认为人格是一个逐渐发展的过程，要经过几个固定不变的阶段。每一个阶段都有自己的主要任务，这些任务是个体成熟与社会文化环境、社会期望间不断产生的冲突或矛盾所决定的。每个阶段矛盾冲突的解决，就完成了该阶段的任务，形成了积极的个性品质，为顺利地发展到下一个阶段做好了准备；如果矛盾没有得到很好的解决，则会形成消极的个性品质。每个阶段儿童所完成的任务，一般都介于积极和消极之间。如果某一阶段的任务完成得不好，在以后的阶段中还有补偿的机会。在不同的阶段对发展起影响作用的人（因素）是不完全相同的。

（二）社会学习理论

由华生创立的行为主义，是对西方心理学影响较大的流派之一。该学派主张心理学要研究人的行为而不是意识，强调环境在人发展中的重要性，否认有机体内部过程对心理产生发展的作用。这种极端化和简单化倾向遭到了心理学界的强烈批判，于是行为主义者们开始反省行为主义的不足。与此同时，认知心理学逐渐强大，影响着心理学的发展，行为主义开始重视内部心理过程，班杜拉的思想观点开始向认知方面转变，提出了社会学习理论，该理论将研究的范围缩小至社会性行为，研究如何教育儿童掌握社会规范，为儿童的社会行为发展提供了更直接的解释。

1. 观察学习的概念

观察学习在班杜拉的理论中具有核心地位，观察学习又称为替代学习，是指对他人的行为及其强化结果的观察。

观察学习的特点表现为：首先，观察学习并不具有必然的外显反应。班杜拉区别了学习和操作，认为学习者由观察而获得的行为反应并不需要外显的操作。其次，强化在学习中不是关键的因素，因为观察者没有表现出外在的操作，也就不可能获得强化，但学习依然可以发生。最后，强调认知过程在观察学习中起重要作用。观察本身就是认知过程的一部分，观察到的事件以表象或语言反应得以表征。

在班杜拉看来，观察不同于模仿，模仿是指学习者对榜样行为的简单复制，而观察学习是指从他人的行为及其后果中获得信息，它既可能包含模仿，也可能不包含模仿，观察学习是比模仿更为复杂的学习过程。

在观察学习中，观察学习的对象称为榜样或示范者，观察学习的主体称为观察者。班杜拉认为榜样或示范者不一定是人，也可以是以其他形式（艺术作品中）存在的人、事件等。榜样的基本类型有：活的榜样——现实生活中观察者所接触到的具体的、活生生的人；符号性榜样——通过语言或影视的图像而呈现的榜样；诫例性榜样——以语言描绘或形象化表现的某个带有典型特点的榜样，用于告诫幼儿学习或借鉴某个榜样的行为方式。民族英雄、邻居的孩子都可以成为观察学习的榜样。

与前两种榜样相比，诫例性榜样反映了社会规范的要求，是父母有意识地、主动地对儿童实施的社会化教育；而对前两种榜样的观察，是儿童在无意识中接受社会影响而产生的社会化过程。

班杜拉认为观察学习的基本类型有3种：

①直接的观察学习，也称为行为的观察学习，是指对行为示范者的简单模仿，日常生活中的大部分观察学习都属于这一类。

②抽象的观察学习，观察者从他人的行为中获得的一定行为准则或原理，观察者在以后的行为中体现出来。如因先前观察别人的攻击行为，在日后的冲突情景中表现出攻击行为。

③创造性观察学习，观察者将各个不同榜样行为的特点，组合成不同于榜样的新行为的学习。

2. 观察学习的过程

班杜拉受认知心理学的影响，强调心理的内部过程，他认为学习过程受以下四个子过程的影响：

①注意过程——对榜样的知觉；

②保持过程——示范信息的存储；

③再造过程——由记忆向行为的转换；

④动机过程——从观察到行为。

班杜拉认为，习得的行为并不会都表现出来，示范行为的获得和示范行为的操作是不同的，已经习得的行为在以下因素的作用下表现为操作行为：①直接的诱因，如果获得的行为能导致有价值的结果，人们倾向于操作所获得的示范行为；②替代诱因，看到他人成功能增加自己表现这种行为的倾向，而看到他人行为受到惩罚，则能降低自己表现出这种行为倾向；③行为的个人标准，人们愿意表现那些令自己满意的行为。

除了对观察学习做了深入的研究之外，班杜拉还对儿童社会性行为做了专题研究，包括攻击性行为、性别作用、自我强化和亲社会行为。在其亲社会行为（如分享、帮助、合作和利他行为等）的研究中，班杜拉得出了这样的结论：①成人范型的分享行为对儿童的同类行为具有相当长久的效应；②范型的影响在诸如帮助、合作和关心等亲社会行为方面也具同样的效应；③双亲的行为与孩子的利他主义有着相关性。总之，班杜拉的研究表明在儿童形成社会性行为的过程中，"榜样的力量是无穷的"以及"身教大于言传"，这为幼儿社会性领域的学习途径指明了方向。

> **拓展资源**
>
> 班杜拉曾经做过一个儿童模仿攻击充气波比娃娃的实验。在这项实验中，实验者先要求儿童观看成人攻击充气波比娃娃的视频。
>
> 第一组儿童看到的是这个成人得到了奖赏，即实验者称赞他是英雄。而第二组儿童则看到的是成人得到了惩罚，即实验者批评了他。
>
> 之后，将第一组儿童带入了有波比娃娃的房间，告诉儿童，可以自由玩耍，而实验者则出来躲在单向玻璃后面。
>
> 实验结果表明，儿童在实验过程中学会了模仿。即模仿成人的行为，在模仿的过程中，儿童也学会了对结果进行相应的评估。
>
> 第二组儿童在进入房间后，攻击波比娃娃的倾向明显地少于第一组的儿童。
>
> 由此得出：儿童社会行为的习得主要是通过观察、模仿现实生活中重要人物的行为来完成的。任何有机体观察学习的过程都是在个体、环境和行为三者相互作用下发生的，行为和环境是可以通过特定的组织而加以改变的，三者对于儿童行为塑造产生的影响取决于当时的环境和行为的性质。
>
> （资料来源：摘自：https://zhuanlan.zhihu.com/p/33510260）

3. 自我效能原理

20世纪70年代末期以后，班杜拉的研究兴趣开始转移到个体自我效能感。所谓自我效能感，是指个人对影响其生活的事件能够施加控制的信念。他进一步将预期分为结果预期和效能预期，前者是对某种行为导致某种结果的个人预测，后者是指个人对自己能否顺利地进行某种行为以产生一定结果的预测，被知觉到的效能感越强，越倾向于做更大程度的努力。他认为自我效能是自我生成的能力，是人最根本的能力。

个体的自我效能感来源于两个方面：一是迄今在某领域他所取得的成就。班杜拉认为，即使是儿童，也会形成关于自己能力的知觉。如果他能够成功地作用于环境，那么，这些成功便会导致他更加密切地关注自己的行为及其效果。因此，父母过分的保护会损害儿童的自我效能感，因为父母的这些行为会剥夺儿童的成功机会，从而也剥夺了儿童体验成功的机会；二是对他人活动效能的观察。在这方面，儿童同伴间比较对儿童自我效能感的发展有着重要的影响。儿童通过对同伴所能够完成的活动的观察，可以为自我评价提供参照。

（三）认知发展理论

广义的认知就是指人的认识活动，由于心理是作为一个整体而存在的，认识活动对人的社会行为必然产生影响，所以对儿童认知的研究、对儿童社会认知的研究是儿童社会性发展的一个重要研究领域。在这个研究领域中，认知发展理论为研究者提供解读学前儿童社会性发展的钥匙。认知发展理论关于儿童社会性发展的观点，主要体现在皮亚杰和柯尔伯格等人关于儿童道德认知发展的论述中。

1. 皮亚杰的儿童道德认知发展理论

瑞士心理学家皮亚杰是第一位有计划、有系统地研究道德判断问题的心理学家，他的著作《儿童的道德判断》是发展心理学研究儿童道德发展的里程碑，为研究儿童道德认知发展奠定了坚实的基础。

（1）皮亚杰关于儿童社会性发展的主要观点

儿童的社会性发展和认知发展不是彼此分离的过程，而是相互依存的，但是相对而言，认知发展是一个更为基本的过程。儿童的某些特定社会机能只有在相应的认知机能形成之后才能出现，某一年龄阶段儿童社会性发展的特点都可以从相应的认知发展阶段中找到根源。例如，亲子关系发展中儿童的"分离焦虑"的产生，是以认知发展中的"客体永久性"的形成为基础的，儿童道德判断中的他律特征和自律特征，分别与认知发展中的前运算阶段和形式运算阶段的思维发展水平直接相联系。同样，儿童在自我—他人关系方面的发展也是与认知发展相平行的。由于学前期"中心化"的存在，儿童在对物理客体的认知中只能注意物体最显著的一些特征或主要的维度，而不能协调不同维度之间的关系，因而在认知发展中表现为无法达到的"守恒"。同样，在社会性发展领域由于"中心化"的存在，儿童在自我—他人认知中往往只能注意自己的观点，而不能理解他人与自己不同的观点，表现为自我—他人关系认知过程中的"自我中心主义"。只有在儿童获得了"去中心化"机能之后，儿童才能克服社会认知中的"自我中心主义"，达到对他人观点的采纳。

（2）学前儿童道德判断的发展

皮亚杰通过与儿童交谈进行研究，研究者向儿童提出一些事先设计好的问题，然后分析儿童所做的回答，特别是错误的回答，从中找出规律性的东西。由此提出了儿童道德判断发展的阶段说，他认为儿童的道德判断发展可以分为3个阶段。

①前道德判断阶段（1.5～5岁）。这不是一个真正的道德判断时期，儿童只能专注于自己的感受，或遵从权威的观点。例如，小明和小军两个小朋友打架，问一个旁观的小朋友谁对谁错时，他回答：是小军不对，再追问为什么，他回答：因为小明跟我好。对权威的遵从，常体现在儿童以"老师说的"或"妈妈说的"为依据来论证自己的观点或行为。

②他律道德阶段（5～8岁）。这一时期儿童的道德判断是简化的、僵硬的。通常从行为的结果做出道德判断，如他们认为一个无意摔坏4个杯子的幼儿，比一个有意摔坏1只杯子的幼儿，应该受到更大的惩罚。认为规则是权威人物制定的，是不能改变的。人的行为只有对与错两种情况。

③自律道德阶段（8～12岁）。这一阶段的儿童已经认识到规则不是万能的、不变的，而是可以依据人们的愿望而改变的。儿童能跳出自我中心的限制，从他人的立场思考问题；以行为的动机而不是行为的结果进行判断。对于惩罚，能提出与所犯错误更相符的办法，并且把惩罚看作对过失行为者的一种教训。皮亚杰认为，只有到达了这个水平，儿童才算有了真正的道德。

依据皮亚杰的研究，3～6岁儿童的道德判断处于他律道德或者称道德实在论阶段，属于比较低层级的道德思维阶段，具有如下的特征：①儿童认为规则是万能的、不变的，不理解规则是人自己创造的，因此学前儿童认为规则是必须遵守的，不能违反的。②学前儿童在评判行为时，总是遵循"全或无"原则，即要么是好的，要么就是坏的。③行为的好坏根据后果的大小，而不是依据主观动机来判断。④这个阶段的儿童往往把惩罚看成是一种"天意"，即把惩罚看成是一种负面行为必然导致的结果，而不是把惩罚看成是改变儿童行为的一种手段。

［知识点视频］
皮亚杰道德认知发展理论对幼儿社会教育的启示

2. 柯尔伯格的儿童道德认知发展理论

柯尔伯格在继承皮亚杰理论的基础上，又对皮亚杰的理论做了进一步的修改、提炼和扩充，提出了儿童道德认知发展的新理论。柯尔伯格的道德发展理论为人们勾画出：道德发展是连续的、按照不变的顺序由低到高逐步展开的过程，更高层次和阶段的道德推理方式兼容较低层次的道德推理方式，反之，则不能；各阶段的时间长短不一，个体间的发展水平也有较大差异，有些人可能只停留在前习俗和习俗水平，而永远达不到后习俗水平的阶段。

在研究的过程中，柯尔伯格采用道德两难故事法，让儿童在两难推理中做出选择并说明理由，最典型的是"海因茨偷药"的故事。

欧洲有个妇人患了癌症，生命垂危。医生认为只有一种药才能救她，就是本城一个药剂师发明的镭。制造这种药要花很多钱，药剂师索价还要高过成本的十倍，他花了200元制造镭，而这点药他竟然索价2000元。病妇的丈夫海因茨到处向熟人借钱，一共才借到1000元，只够药费的一半。海因茨不得已，只好告诉药剂师，他的妻子快要死了，请求药剂师便宜一点卖给他，或者允许他赊欠。但药剂师说"不成，我发明此药就是为了赚钱"。海因茨走投无路于是撬开了商店的门，为妻子偷来了药。

讲完这个故事，主试向被试提出了一系列的问题：这个丈夫应该这样做吗？为什么应该？为什么不应该？法官该不该判他的刑？为什么？等等。儿童既可做肯定的回答，也可做否定的回答。柯尔伯格真正关心的是儿童回答问题的理由，根据儿童提出的理由判断其道德发展的水平。通过这种方法柯尔伯格提出了道德发展三个水平六个阶段的模式。

（1）一级水平：前习俗道德水平（9岁以前）

第一阶段：惩罚与服从定向阶段。该阶段的儿童认为规则是由权威制定的，必须无条件服从，服从规则是为了避免惩罚。行为的好坏是根据行为的结果来衡量的，受表扬的行为是好的，受批评的行为是坏的。儿童认为海因茨偷药是坏的，原因是"偷药会受到惩罚"。

第二阶段：相对论者的快乐阶段。儿童不再把规则看成是绝对的、固定不变的东西，能从不同的角度看待同一个问题。儿童认为海因茨和药剂师对偷药的看法是不同的，海因茨可以认为他偷药是对的，而药剂师可以认为那是错的。他们还认为一个人最终总要根据自己的需要和快乐做出决定，正确的行动包含着能够满足个人需要的行动，个体服从规则是为了得到更好的待遇。因此，海因茨若爱他的妻子就可以偷，若想跟另一个女子结合就不必去偷。

（2）二级水平：习俗道德水平（9~15岁）。处于这一水平上的儿童都能顺从现有的社会秩序，而且有维护这种秩序内在的愿望；规则已被内化，即自己感到是正确的。因此，行为价值是根据遵守那些维持社会秩序规则所达到的程度确定的。

第三阶段：好幼儿定向。个体希望保持人与人之间良好、和谐的关系，希望自己被别人看作好人，不辜负他人的期望，好的行为就是使别人高兴、受到表扬。在谈到海因茨偷药的故事时该阶段的儿童强调"海因茨想挽救一个人的生命""爱他的妻子""已经走投无路了才去偷的"，所以是"对的"；而对药剂师的评价则是"一心想赚钱""只关心自己的利益而不管别人的生命"，所以是"坏的""贪婪的"。

第四阶段：维护社会制度与权威的道德。儿童注意维护社会秩序，认为每一个人都应该承担社会的义务和职责。正确的行为就是尽到个人的职责，尊重权威，维护普遍的社会秩序，否则就会感到内疚。该阶段的儿童同情海因茨，认为他应当去偷，因为他爱妻子，但同时又认为他触犯了法律，必须偿还药剂师的钱并去坐牢。

（3）三级水平：后习俗道德水平（15岁以后）

第五阶段：民主的承认法律（社会契约的定向）。本阶段儿童能比较灵活地看待法律，认为法律是为了使人们能够和睦相处，如果法律不符合人们的需要，可以通过共同协商和民主的程序加以改变。该阶段的儿童认为一个人必须对法律有一个深刻的理性承诺，又模糊地意识到似乎还有一个比法律更高的原则——维护生命的权利。所以，他们在回答海因茨问题时感到很混乱。

第六阶段：普遍的原则。儿童不仅能认识到社会秩序的重要性，也能领悟到不是所有的社会都能实现完美的原则，有了超越法律的普遍原则，即对人类的正义和个人的尊重。儿童认为虽然海因茨没有为救妻子而偷药的法律权利，但他有一个更高的、道德的权利，那就是每个人都有一种绝对的价值——生命，而且这个原则是普遍的。

柯尔伯格认为，道德发展都是按照顺序由一个阶段向下一个阶段过渡，是固定的，但并不是每一个人都在同样的年龄达到相同的发展水平，事实上有许多人永远无法达到道德判断的最高水平，有些成人仍在前习俗水平上思考问题。

柯尔伯格与皮亚杰一样，承认道德发展有一个固定不变的顺序，都是从特殊到一般，从自我中心看待事物到用一般的抽象原则关联他人的利益。承认道德判断要以一般的认知发展为基础，强调社会互动在道德发展中的作用。两者不同的是，皮亚杰认为儿童的早期服从是依赖、尊重权威的缘故，而柯尔伯格认为是为了避免惩罚获得奖励；柯尔伯格认为在同一个阶段可以存在几种道德判断类型，而皮亚杰不这样认为。

认知发展理论在对道德问题的研究上，是以理智至上为原则的，而在现实生活中存在着人文取向的伦理道德观，这是认知发展理论研究忽视的地方。在道德认知与道德行为关系的认识上存在偏差，强调认知对行为的决定作用。事实上在实际生活中，人的认知与行为有时是不一致的。但总的来说，认知发展理论为道德研究开辟了新领域，揭示了儿童道德认知发展的基本历程具有一定的普遍性；关于道德发展阶段的理论，为理解儿童道德行为提供了一个参考框架；柯尔伯格与皮亚杰根据他们对儿童道德认知发展的研究提出了一些有关道德教育的设想，为教育实践注入了活力。

总的来说，对于学前儿童社会性发展而言，无论哪种心理学理论都不能解决所有与发展相关的问题，每种理论的视角不同，所能解决的问题也不尽相同，但他们共同推动了学前儿童社会性发展理论的不断丰富和完善。

二、幼儿社会性发展的影响因素

儿童从一个生物个体到一个社会成员的转化，是由多种因素促成的，哪些因素在影响着儿童的发展，哪些因素在起着主要的作用，一直是人们关注的问题。一般认为，影响儿童社会化的因素主要有以下方面。

［知识点视频］
幼儿社会性发展
的影响因素

（一）环境

任何人都是在一定的环境中生长的，幼儿社会性的发展离不开其所生活的环境。环境不仅影响着社会性发展的各个方面，而且影响着幼儿社会性发展的整个过程。对幼儿的社会性发展有影响的环境主要是自然环境和社会环境。

1. 自然环境

俗话说，一方水土养一方人。人的性格、习惯以及地域风俗等，与当地的气候、地理等自然环境有着密切的联系。研究表明，生活在热带的人和生活在寒带的人具有不同的性格特征：北方气候干燥寒冷、土地辽阔、天空高远、植被贫乏，在这种环境中生活的人大都粗犷、豪爽、强悍、敦厚、淳朴；南方气候温暖湿润、江河纵横、山清水秀、植被丰富，在这种环境中生活的人们的性情也多温柔、委婉、细腻、精明、灵巧。

幼儿从出生即生活在一定的自然环境中，时时受到大自然的熏陶和影响，在社会性的发展过程中，也就很自然地受到自然环境的影响，形成自己特殊的社会性特征。

2. 社会环境

影响幼儿社会性发展的主要因素是社会环境，主要包括家庭环境、幼儿园环境、社区环境和大众传媒等因素。

（1）家庭环境

家庭是幼儿社会化的最初场所，也是一个重要场所。家庭对幼儿社会化的影响是潜移默化的，就像一个无声的老师，时时刻刻在发挥着特殊的影响作用。弗洛姆曾说："家庭是社会的精神媒介，通过使自己适应家庭，儿童获得了后来在社会生活中适应其所必须履行的职责的性格。"社会和时代的要求，都会通过家庭在幼儿的心灵上打上烙印。学前儿童基本上都在家庭中生活，在家长的抚育下长大。因此，家庭物质条件、家庭结构、家长的教育观念和教养方式以及亲子关系等都会直接影响幼儿社会能力的形成和发展。

①家庭物质条件的影响。家庭物质条件是满足孩子生存的基本条件，家庭物质条件的好坏，直接影响儿童的社会性发展。实践证明，优越的物质条件可以使幼儿拥有充裕的学习用品和社会学习机会，孩子各方面的兴趣和爱好容易得到满足，因而产生积极情感的可能性就越大，这对于幼儿的自我意识、独立性以及创造性的发展十分有益。

比如说，农村孩子的物质资源相对匮乏，但居住场所较为广阔，玩耍的空间较大，同村的很多幼儿在一起玩耍，这样可以促进同伴间的交往。相比较而言，城市的孩子接触事物多，视野广阔，丰富多彩的物质生活和各种各样的传媒文化促进着孩子的社会性发展；但现在城市居住条件拥挤，独门独户自成一统的格局，限制了儿童的户外活动交往和邻里之间的交往，影响了幼儿与同龄伙伴的交往。而幼儿正是在与同龄伙伴平等、密切的交往中，学会遵守规则、合作、团结、理解、体谅他人等，这些都是将来必不可少的品质和能力。所以，教育工作者必须因地制宜，根据具体情况开展幼儿的社会性教育。

②亲子关系的影响。对于亲子关系研究较早的是美国心理学家赛门斯。他提出亲子关系中的两个维度，即"接收—拒绝"和"支配—服从"，以此说明亲子关系对幼儿的影响。其他的代表人物还有布姆林德以及爱斯沃兹。近年来我国心理学家围绕儿童社会化和心理发展也进行了一系列研究，如桑标和日本横滨国立大学合作进行的课题"亲子关系和儿童性格发展的中日跨文化比较研究"。

父母和幼儿之间的亲子关系是幼儿最早建立的人际关系，亲子关系的好坏直接影响到幼儿对社会的认知，影响幼儿将来的各种人际关系，影响幼儿的社会行为。研究表明，亲子关系良好的幼儿容易受到同伴的欢迎，而亲子关系不好的幼儿常常不受同伴欢迎。

家长和孩子的关系及其所营造的家庭精神环境对幼儿的社会性发展影响较大。实践证明，如果孩子生活在和谐、民主、温馨、和睦的家庭环境中，会具有友好、关心、分享、同情、谦让等品行；如果生活在冷漠、仇视、敌对、妒忌等家庭环境中，会具有谴责、撒谎、固执、暴躁、争斗等特点；如果生活在宁静愉快的家庭环境中，孩子就会有安全感，乐观、信心十足、待人友善；如果生活在气氛紧张、冲突不断的家庭环境中，孩子就会缺乏安全感，总是担心家庭纷争的出现，害怕父母迁怒于自己而紧张、焦虑、忧心忡忡，对人不信任。

在亲子关系中，父母对孩子的关爱显得尤其重要。第二次世界大战以后，日本学者牛岛义友、森重敏对孤儿院的婴儿和家庭中的婴儿进行了比较研究，发现孤儿院的孩子不仅在体能、智能、情绪上的发展不如家庭中的婴儿，而且在性格上也表现出了固执、暴躁、撒谎、易冲动、没有同情心、对外界反应冷淡等特点。另外，沙袋育儿、船舱育儿等也都由于父母对孩子的忽视、孩子缺乏爱护等原因使孩子的各方面发展迟缓。

在亲子关系中，母亲对孩子的社会性发展会产生特殊的影响，可以说是影响幼儿社会性发展的关键因素。母婴关系是幼儿社会交往的基础，是幼儿接触社会的媒介。苏联教育学家克鲁普斯卡娅指出，母亲是天然的老师，缺乏母爱的幼儿容易形成不合群、孤僻、任性、冷漠等特点。日本心理学家也指出，母爱是幼儿性格健康发展的必要条件。

父亲对幼儿性别角色的形成起着重要作用。父亲不仅给男孩提供了模仿的榜样，也为女孩提供了与异性交往的机会。缺乏父爱的幼儿在性别的社会化方面可能会产生缺陷。同时，父亲把男性的勇敢、豁达、进取等特征传递给孩子，使孩子获得更多的体会。还有研究表明，父亲和孩子的交往质量越高，孩子越聪明。

正常的亲子关系是幼儿社会性发展的前提，所以父母应了解亲子关系的特点和作用，努力建立正常、理想的亲子关系，避免和矫正不良的亲子关系，使幼儿的身心得到健康的发展。建立良好的亲子关系要做到以下几点：①要建立正常的亲子依恋。抚养婴幼儿的责任通常由母亲承担，母亲必须和孩子建立亲密的关系，避免对孩子冷漠、不关心，努力和孩子形成积极的依恋关系，这是将来形成良好亲子关系的前提。②要把握住对孩子的爱。现在多为核心家庭，而且独生子女家庭居多，这种家庭结构往往导致父母对孩子关怀过度，溺爱有加，对孩子的学业期望过高等，这些都不利于幼儿的社会性发展。因此，父母有必要对子女理智地施爱，合理地提出教育要求。③经常与孩子进行沟通。理想的亲子关系是以两代人之间正常的心理沟通为基础的。然而，调查显示，在多数家庭中亲子之间的沟通存在障碍。父母必须认识到亲子沟通的重要性，多花时间倾听孩子的心声，以坦诚、民主的态度对待孩子，成为孩子的良师益友。

如今，由于生活节奏的加快，家长的工作越来越忙，和孩子在一起的时间也越来越少。传媒与科技的发达，也使得孩子的大部分时间都消耗在电视、电脑、电动玩具上。幼儿从幼儿园回家后，大部分时间是在家里摆弄这个、摆弄那个，而家长或者还没下班回家，或者忙于家务，无暇顾及与孩子的沟通。吃完晚饭又需要让孩子早点睡觉，以至于亲子间互相交流的时间很少，亲子关系受到了一定的影响。

③家庭其他成员之间的关系对儿童社会性发展的影响。

首先，家庭中的祖孙关系是影响幼儿社会化的重要因素。如果祖辈的文化层次较高，会理智地管教孙辈，宽严适度，这样自然对幼儿社会性发展起促进作用。如果祖父母对孙辈娇惯、溺爱，教育无方，甚至与孩子父母的教育态度不一致，形成分力，就无法使幼儿形成正确的是非判断能力，缺乏独立性、自控性和良好的行为习惯等。其次，家庭中的同胞关系也是影响幼儿社会化的重要因素。同胞之间存在着示范与模仿、爱护与尊重、攻击与顺从、交流与沟通、教育与游戏等关系。通常情况下，年长子女在与年幼子女的互动过程中，会自觉不自觉地传递已有的价值观念和初步的生活能力，对弟妹起示范和教化的作用。此外，同胞之间经常会发生争抢物品、身体攻击、言语侮辱等，幼儿在此过程中可以习得自我保护能力，更好地适应将来的社会竞争。

④家庭教养方式的影响。家庭对幼儿社会性发展的影响主要是通过家庭的教养方式实现的。不同的家庭教养方式，对孩子社会性发展的影响也不同。教养方式主要有如下四种类型：

第一，民主型。在民主型教养方式下，父母把孩子当成一个独立的个体，尊重他们的意见，允许孩子表达、表现自己，给予孩子充分的交往机会。孩子既得到尊重，又得到保护，正当的需要可以得到满足，不适的行为会得到抑制和纠正，宽严有度、管放结合。孩子与父母的关系融洽，孩子的人际交往、独立性、主动性、自尊心、自信心等都发展较好。

第二，专制型。在专制型教养方式下，父母不允许孩子违背大人的意志，不容忍孩子有自己的想法，给予孩子的温暖、同情较少。教育孩子的方法简单、粗暴，强行压服，甚至经常打骂。孩子被父母过多地干预和禁止，合理的要求也不容易得到满足，稍有不顺从就会受到呵斥和责备。孩子害怕父母，亲子关系疏远，孩子也容易变得顺从、压抑、退缩、自卑、情绪不安、优柔寡断、喜怒无常、言行不一，其独立性、主动性、自信心、创造性等发展较差。

第三，溺爱型。在溺爱型教养方式下，父母对孩子百依百顺、宠爱娇惯、过度保护。对孩子的不当行为也不加管束，甚至袒护纵容。对孩子的要求一味地满足，无原则地迁就。孩子容易变得依赖性强，且任性蛮横、胆小怯懦、自私自利、为所欲为、意志薄弱，人际关系不佳，独立性、自主性等发展较差。

第四，忽视型。在忽视型教养方式下，父母对孩子不关心、不热情，忽视孩子的需求，和孩子缺乏交流和沟通。不了解孩子的状态，也不愿为孩子操心，采取任其发展的消极态度，致使孩子对父母采取回避或反抗的态度，亲子关系不佳。孩子的独立性、自主性较强，但自信心较差，对人际关系的认知易出现偏差，交往态度也会受到影响。也有些父母对孩子故意冷落、否定过多，言谈举止中表现出对孩子的失望，致使孩子不知所措、无所适从、自信心受挫，甚至产生自卑、孤独、自闭等心理倾向，自主性、创造性等发展较差。

总之，家庭教养方式对幼儿社会性的影响较大。民主型教养方式是最理想的一种教养方式，可以使幼儿较顺利地适应社会生活。专制型教养方式对孩子干预过多，会在一定程度上限制孩子的发展。溺爱型教养方式对孩子过度纵容，易使孩子变得幼稚、不成熟，社会认知、社会行为等都易出现问题。忽视型的教养方式采取听之任之的态度，对孩子缺乏有效的引导，易使孩子出现社会认知、社会适应方面的问题；但也有可能因为对孩子的限制较少、干涉较少，而使孩子比较自立，社会适应能力强。

⑤家庭结构的影响。家庭结构是指一个家庭中成员的构成和人数。家庭结构类型主要有以下几种：一是核心家庭，即父母与未婚子女一起居住；二是主干家庭，即由祖辈、父辈、孙辈三代人构成的家庭类型；三是单亲家庭或离异家庭，即父母一方或双方死亡，或者由于种种原因导致离异等造成的家庭结构缺损。家庭结构对幼儿的社会性也有较大的影响。波尔贝等人的研究表明，少年时期犯罪率最高的是出生至4岁之间丧父或丧母的人，犯罪率高出一般人的两倍以上，还有的甚至出现人格障碍和精神症状。

不同的家庭结构类型对幼儿的社会性发展起着不同的影响作用。在核心家庭中，由于只有两代家庭成员，家庭结构较为简单，所以家庭成员之间交往增多，容易形成亲密感情，这种亲密感情是父母对儿女实施教育的基础。在这种家庭中，父母对孩子的教育思想、教育认识容易达成一致。父母对孩子的社会化过程影响较大，但由于家庭成员少，孩子的交往对象单一，不利于形成较强的交往能力。在主干家庭中，由于祖辈、父辈、孙辈三代人生活在一起，人口较多，规模较大，层次较复杂，幼儿可以同时和几代人交往，学习长辈们的相处方式，锻炼各种适应社会生活的交往能力，促进个体社会化，但在这种家庭中，家长之间容易引起冲突从而影响孩子的成长。这两种家庭结构又被称为"完整家庭"。

单亲家庭或离异家庭被称为"缺损家庭"。生长在这类家庭中，幼儿的社会化所受的影响取决于其性别、年龄、失去父亲或母亲的原因以及父母的态度。有调查显示，父母离异对幼儿造成的伤害要大于自然死亡带来的伤害。这类幼儿在同伴关系、自控能力、亲子关系等社会性发展方面往往出现不良的现象。在单亲家庭中成长的孩子，有的父亲或母亲因为生活压力大而无暇教育孩子，造成对孩子的忽略；有的则把全部希望都寄托在孩子身上，造成对孩子过分的溺爱或过分的控制。这些都可能会使孩子变得蛮横无理、不懂礼貌、为所欲为，或者幼稚、胆小、神经质，造成社会适应上的困难。在单亲家庭中，也有可能因为缺乏父亲或母亲的影响，在性别行为方面出现问题。男女孩出生后，都会通过对同性别长者的模仿而逐渐形成自己的性别行为模式，而在父亲—女儿、母亲—儿子这样的单亲家庭中，孩子缺乏模仿的对象，长此以往，孩子就可能形成不正确的性别行为：女孩男性化，男孩女性化。还有一些研究表明，早年丧父的男孩依赖性强，缺乏果断性，言语攻击行为较多；而女孩则主要表现为青春期与异性的交往障碍。如果父母离异了,但在教育孩子问题上仍能进行沟通,双方能就孩子成长过程中的问题及时交流,这样对孩子的负面影响将会大大降低。

(2) 幼儿园环境

陈鹤琴先生曾这样定义幼儿园环境:幼儿园环境是儿童所接触的,能给他刺激的一切物质。在幼儿园环境中,对幼儿社会性发展产生影响的因素是多方面的,既有幼儿园物质环境带给幼儿的影响,也有教师、幼儿同伴等构成的精神环境的影响。

①幼儿园物质环境的影响。幼儿园园舍、活动室、幼儿活动材料等构成了幼儿园的物质环境,这些物质的选择、安排和布置等对幼儿的社会性发展起到了重要的辅助作用。

众多研究表明,幼儿园的物理环境和空间使用状况对幼儿的行为表现会有较大的影响。整洁、优雅的环境,恰当的空间组织方式会使幼儿情绪安定、亲社会行为增多,并有助于幼儿积极地认知和探索;肮脏、无序的环境,则会使幼儿浮躁,违规行为、攻击行为增多。活动空间的大小会影响幼儿的人际交往。如果活动空间过小,则幼儿发生争执、打闹的机会越多;活动空间过大,则幼儿的交往机会就会减少,不利于相互合作与交流。活动材料的性质和数量对幼儿的社会性行为也具有很大影响。例如,类似于枪、炮、棍状的玩具容易使幼儿的攻击行为增多,而积木、积塑等玩具则有利于幼儿的交流、合作、协商等行为的产生。

②幼儿园精神环境的影响。幼儿园的精神环境主要是指幼儿园的人际关系以及由此带来的心理气氛等,具体体现在教师与幼儿、幼儿与幼儿、教师与教师间的相互作用、交往方式等方面。它虽然是无形的,却直接影响着幼儿的情感、交往行为和个性的发展。对于幼儿的社会性发展而言,精神环境的影响更为重要,幼儿只有在支持性强、控制适度、温暖和睦、宽容友好的精神环境中,才能放松精神、心情愉快,交往积极、主动,容易产生合作、帮助等良好行为。而缺乏支持和关怀、苛刻、冷漠的精神环境则不仅抑制幼儿的主动认知,而且可能引发更多的人际冲突和不良的行为,如胆小、缺乏同情心、缺乏交流与合作等。因此,幼儿园的精神环境是影响幼儿社会性发展的主要因素。

③师幼互动对幼儿社会性发展的影响。师幼互动是指在幼儿园中,贯穿于幼儿一日活动中,教师与幼儿的相互作用、相互影响的行为及过程。《纲要》第三部分指出:"关注儿童在活动中的表现和反应,敏感地决策他们的需要,及时以适当的方式应答,形成合作探究式的师生互动。"师幼互动在幼儿社会性发展过程中有着积极的意义,主要表现在以下几个方面。

第一,有利于幼儿自我概念的发展。教师和幼儿之间良好、和谐的关系,是幼儿园精神环境的主要内容。良好的师幼关系,能使幼儿精神愉快,积极、主动、大胆、自信,自我意识发展良好,而且具有较强的社会适应能力;反之,则会使幼儿畏缩、怯懦、害怕,缺乏社交能力。

第二,有利于幼儿同伴交往能力的发展。良好的师幼互动可以增强幼儿的安全感和归属感,更利于幼儿的自信心、自尊心的发展。通过师幼之间的积极交往、互动,幼儿能够拓展社会认知,学习一定的社会行为规范和价值标准,习得分享、合作、谦让等社会行为。幼儿在师幼互动中,获得的知识与技能对于幼儿适应新环境以及与同伴交往能力的发展等有着积极的意义。研究表明,与教师互动良好的幼儿更爱交际,对同伴更为友好,也更为同伴所接受;反之,则容易使幼儿胆怯、消极、反抗等。

第三,有利于加快幼儿对新环境的适应能力。国外相关研究表明,师幼互动关系对幼儿社会适应性的发展有着重要的影响,甚至会影响他们在入小学后前三年的适应能力和行为。对幼儿而言,幼儿园是一个陌生的环境。幼儿一生中最大的"分离焦虑"是在幼儿园产生的。教师要给幼儿以亲切感和安全感,使他们尽快适应幼儿园环境,并心情愉快地游戏,乐于与教师接近,愿意接受教师的教导。反之,幼儿会无法适应幼儿园与家庭环境之间的巨大反差,会怕上幼儿园,怕见老师,整天哭闹,与同伴交往困难等。

④幼幼互动对幼儿社会性发展的影响。同伴交往对幼儿社会性发展的影响也很大。随着幼儿进入托儿所、幼儿园，他们的交往范围越来越大，与同龄伙伴交往的机会也越来越多。同伴的交往对幼儿社会性的影响作用更为重要。曾有实验表明，长大过程中没有同伴交往的灵长类动物往往存在适应能力上的缺陷，如不能摆正与其他动物的关系、对同伴的警觉性和攻击性都很明显，甚至会不顾及头领的教训而向头领发起攻击。人类如果没有同伴的交往，其负面影响更大，尤其是独生子女，更容易产生各种社会问题，如缺乏社交意识、缺乏交友能力和技巧、自尊感过强、自我中心比较严重等。有研究指出，同伴关系可以弥补亲子关系的缺失。哈里斯的群体社会化理论指出，同伴对幼儿社会化的影响甚至会大于家庭。可见，同伴交往和良好的同伴关系对幼儿的社会性的发展具有重要的影响。

同伴交往对幼儿社会化的影响主要表现在以下三个方面。

第一，满足幼儿的社会性需要。幼儿随着认识能力、语言表达能力的逐渐增强，产生了更高层次的社会性需要，幼儿希望得到认可和尊重，获得友谊和情感。而同伴交往则为他们提供了满足这些社会性需要的机会。幼儿与同伴一起玩耍、互相协商，从而体验友谊、体验尊重。同伴的认可、赞扬，会使幼儿感到满足和喜悦；反之，就会失望、恼怒。因此，同伴满足了幼儿对于情感、尊重等方面的需要。

第二，同伴交往影响幼儿的社会认知和社会行为。在社会化过程中，幼儿除了从成人那里学习和了解各种社会知识、经验以外，也从同伴那里学习到更多的经验。通过与同伴的交往，幼儿可以逐渐了解自己、认识他人，并学习如何与他人相处；逐渐改变自己的"自我中心"意识，克服自己的不当行为，学会自我控制；逐步学会与人合作，并站在他人的角度上思考问题等。尤其是独生子女，由于缺少同伴而容易形成"自我中心"倾向，表现为自私、任性、霸道等，社会性发展不佳。但是，同伴的交往可以使幼儿的这些行为得到一定的改变。例如，幼儿园的玩具是大家一起玩的，如果哪个幼儿还像在家里一样自己独自霸占玩具，就会招致同伴的反对，失去同伴的交往。在多次失去同伴的经历以后，幼儿就会知道其他孩子也有玩玩具的权利，如果自己不让别人玩，小朋友就不跟自己玩了。于是，为了得到同伴的友谊，他就会把玩具分给大家玩，并逐渐懂得与人分享、互相尊重等社会规则的含义，从而逐渐摆脱自我中心，融入同伴群体中。

幼儿在同伴交往中，为了某项活动的顺利进行，为了获得同伴的友谊，会不断地控制、调整自己的不当行为，学着和同伴互相交流、达成共识。如果发生了冲突，幼儿会学习自己处理，并不断地积累经验，通过同伴的影响也会容易接受一些社会规则。在同伴的鼓励下，幼儿的积极交往行为会不断增加，关心、合作、分享、协商等友好行为不断出现。

第三，同伴交往有利于幼儿重新协调与成人的关系。幼儿与成人交往时，总是处于服从地位，在成人面前，他们永远都是"小孩子"，事事听从大人的安排，自己很难有独立活动、独立表达的机会。但是，幼儿与同伴之间的交往是自由的、平等的，在这样的交往中，幼儿能够学会在平等的基础上协调各种关系，并且发挥自己的作用和优势，与同伴齐心协力完成任务。因此，这种交往有助于幼儿正确认识自己，提高自信心和自尊心。

幼儿与同伴的交往更有助于他们重新协调与成人的关系。一般情况下，父母和教师是幼儿心目中的权威，幼儿对父母、对教师的依恋、依赖和顺从非常突出。但是，随着与同伴的交往增多，他们对同伴的依从性增强了，他们更喜欢与同伴在一起，而对父母和教师的依赖减少了，对成人单方面的顺从态度也得到了改善。幼儿之间甚至会成为彼此的榜样，互相模仿、互相学习。他们对父母和其他成人的情感，也得到了重要的定位。

幼儿与幼儿以及幼儿与成人之间的交往都是幼儿社会性交往的一部分，都具有极为重要且不可替代的作用。因为成人（父母或教师）与同伴对幼儿的社会关系而言是不同的，具体区别见表1-1。

表 1-1 师幼互动与同伴互动的区别

成人（父母或教师）—儿童	儿童—儿童
权威、观察学习的对象	合作、平等
思考经验不同	思考经验类似
成人为主宰，儿童无能力改变	自由地表达自己的意见，因此对彼此的交往皆有贡献
互补的	对称的
儿童习惯于遵循成人的指挥	彼此
引导儿童了解社会中的限制与期望	滋养儿童创造性思考与社会敏感度

由此可见，幼儿在与同伴交往中可以学会责任，合作与分享，学会竞争，可以表现自我的才能。同伴由于身心特点的相似性，具有交往的平等性和体验的共鸣性，其相互模仿和支持可以促进幼儿社会性行为的发展。

⑤师师互动对幼儿社会性发展的影响。教师与教师之间的人际交往，也对幼儿社会性发展具有多重的影响。身教始终比言教来得更为直接有效。

首先，教师间的交往是幼儿同伴交往的重要榜样。教师教育幼儿要互相帮助、互相合作。如果教师自己做到了，幼儿就容易产生这种行为方式并且长期稳定下来；反之，教师只是口头强调爱心、互助，效果则不甚理想。

其次，教师间的交往涉及幼儿园、班级是否具有良好的心理气氛。教师间如果互相关心、互相帮助，就会带来一种温情的气氛，容易激发出更多积极的社会性行为。幼儿耳濡目染，不仅能学会体察别人的情绪情感，也能学会正确、适宜的行为方式。

影响幼儿社会性发展的因素并非孤立的，内因和外因在幼儿社会性发展的过程中是协同发挥作用的。幼儿的气质特点会影响到其亲子关系、师幼关系及同伴关系的发展。同样，幼儿在社会交往中的感受和体验，也对其气质的发展变化产生着影响。

（3）大众传媒

大众传媒就是传播信息的载体。在社会文化的各种传播媒介中，大众传媒的影响最为深广。幼儿一出生就处在大众传媒的包围之中，它作为一种社会环境，甚至作为生存环境的一部分，对幼儿的社会性发展具有独特的重要影响。

随着电影、电视、杂志、计算机、网络、电子游戏机的普及，传媒对幼儿的影响越来越大。其中，电视是最重要的一种传播媒介，也是最具争论性的一环。自从电视这一强势媒体问世之后，即以不可抗拒之势渗透到社会生活的方方面面，绝大多数的婴儿出生后两三个月就开始看电视，到了幼儿期，看电视的时间远远超过了成年人。有调查表明，幼儿每天看电视的时间平均为2～3小时，节假日会更多。在这相当长的时间里，电视节目内容对幼儿产生了巨大的影响。

幼儿看电视的过程也是认识事物的过程。通过看电视，幼儿开阔了视野，认识了社会角色，并学习相应的行为规范，和现代社会产生了更多的联系。良好的电视节目也有助于培养幼儿合作、友好、自制的行为，同时，电视还有利于幼儿掌握更多的词汇，提高自己的语言表达能力。但是，电视给幼儿带来正面影响的同时，也给幼儿带来了不利的影响。因为学前儿童还不能准确地分辨电视节目中的人和事哪些是正确的，哪些是错误的，因而大多数幼儿只会模仿他们在电视上所看到的现象和行为，一些暴力的、恐怖的、不适于幼儿接触的内容，也成为幼儿模仿的榜样。因此，电视给幼儿的社会化带来了双重的影响。一方面帮助他们更多地认识社会；另一方面则阻碍了儿童社会性的发展。

①电视有可能使儿童在认识上与现实产生距离。学前儿童心灵单纯、思想简单，对电视节目很容易信以为真，久而久之，他们的生活、思想、行为模式等，就容易不自觉地受到影响。尤其是一些不完整、离奇、曲折而又荒诞的内容和画面，易使幼儿分不清戏里、戏外，不清楚哪些是真实的、哪些是虚假的，以至于产生认识上的偏差和误解，加剧不安全感的产生。还有的幼儿由于过多地接触成人电视节目而出现"早熟"倾向，过早地失去童年的天真。

②电视可能使幼儿变得孤独、冷漠。孩子花在看电视上的时间越来越多，户外活动则相应减少，亲子间、与同龄人之间的接触也会减少，这样可能会造成"电视孤独症"或"电视儿童"等特殊人群。尤其是现代城市中的儿童，电视甚至成了唯一的伙伴。他们长时间地坐在电视机前，不串门、不交往、不去参加活动，只从电视中获得依赖和满足，这都极大地妨碍了其社会性的发展。还有研究表明，儿童看电视时间太久，也会影响情绪和心情，出现情绪不安或心情烦躁等情况，特别是看了恐怖的画面以后，可能会产生恐惧感、白天不敢独自行动、晚上做噩梦等。而过多的恐惧反应则会造成幼儿社会适应方面的心理障碍。

③看电视可能导致幼儿攻击行为增加。如果幼儿在电视上看到的是友善的、合作的行为，他们就容易学会友善与合作；如果看到的是暴力和血腥，幼儿学会的就可能是暴力和争斗。一些凶杀、枪战等成人节目不断地影响儿童，甚至一些儿童电视节目也在不合时宜地宣扬暴力、战争、称霸宇宙等，内容经常涉及打打杀杀，甚至和外星球的人也要打仗。这些都不利于幼儿良好社会性的形成。一些节目内容也可能会刺激幼儿已有的内心不良感受，加深不满情绪，使幼儿出现憎恨、反叛等心理，出现更多的攻击性行为。

另一种对幼儿影响较大的媒体就是计算机和网络。随着科学技术的进步，网络已成为人们获取信息的重要工具。作为社会生活的一部分，幼儿也在不断地受到网络带给他们的影响。网络上丰富的知识可以使幼儿轻松地了解各地的风土人情、民间习俗、地域文化，激发了幼儿热爱社会文化、参与社会生活的情感。网络也为幼儿提供了多媒体学习环境，使幼儿在看、听、说、做等方式中接近了社会。例如，在认识"春节"的活动中，幼儿可以通过一些声情并茂的Flash动画，了解中国这一传统节日，了解春节的由来和传说，了解各地的人们怎样过春节等。在认识"中国民乐"的活动中，幼儿可以从民乐曲，以及关于民乐的小知识、小故事、Flash动画等，更直观、更形象地了解中国民乐的乐曲风格，了解中国的传统文化、人文思想等。可以说，网络使幼儿进入了一个更新、更有趣的世界，对其社会化的影响也在逐渐扩大。

（4）社区环境

社区对幼儿社会性的发展有着不可忽视的影响。社区文化还通过社会氛围直接作用于幼儿。小到衣食住行、大到教育制度，无不体现出文化的影响。从某种意义上来看，幼儿生活的环境实际上是一个弥漫性的文化氛围。幼儿在与特定刺激相互作用的过程中，逐渐形成了自己对环境的认知与依恋反应模式，形成了相应的特定文化的行为习惯与生活态度。居住在不同社区环境中的儿童，身心发展也有所不同。例如，城市儿童与农村儿童在人际交往方面存在着很大的差异：农村儿童一般比较胆小、害羞、拘谨，与人交往时不够主动；而大部分城市儿童则比较大胆，敢于表达自己。这和儿童从小所生活的环境有关。一些农村的习俗是家里来了客人，孩子都要躲出去，以免在家里招来麻烦。于是，儿童接触陌生人的机会和时间都比较少；而城市家庭来了客人，往往首先把孩子推出来介绍一番，多数孩子有机会与客人打招呼、交谈。另外，城乡教育意识和教育条件的不同，也造成了城乡儿童的社会性发展的差异。

实践还表明，居住在学校附近的幼儿与居住在商业区附近的幼儿对读书、经商的理解不同，居住在火车站附近的幼儿对火车的认识就比其他人多，住在医院附近的幼儿对于生老病死的认识要比其他幼儿早得多。

另外，幼儿所在的社区人员素质、社区配套设施、教育机能、教育资源等，都对幼儿的社会性发展产生影响。

（二）幼儿自身的因素

环境的各种影响必须通过每个人已有的心理发展水平和心理活动才能发生作用。正如布特曼所说："每一个人都是他自己个性的工程师。"任何环境因素要被个人所接受和理解才能发挥其影响作用，产生效果。在幼儿社会性发展的过程中，幼儿自身的各种因素，如气质、认知水平、参与的积极性等都会影响其社会化的进程。

1. 气质对社会化的影响

气质是一个人所特有的心理活动的动力特征，是个性和社会性发展的生物基础，使人的整个心理活动带上个人独特的色彩，制约着心理活动发展的特点。气质和人的生理解剖特点直接相关，儿童生来就具有个人的气质特点。跟其他个性心理特征相比，气质具有更大的稳定性。儿童个体差异的最初表现是由气质所决定的，有的属于容易抚育的儿童，有的属于抚育困难的儿童，有的属于发育缓慢的儿童。这些差异会影响到儿童未来社会性的发展。

（1）气质影响儿童的社会认知

容易抚育的儿童喜欢探究新事物，容易适应环境的变化，对成人的反应性较强；抚育困难的儿童对新生活很难适应，在新事物、新环境面前容易退缩；发育缓慢的儿童比较温和，但适应新环境比较慢。进入幼儿园后，由于儿童的气质特征更加明显，由此所决定的思维的灵活性、注意的稳定性、情绪和情感的表现等都不同，因而在认识事物的过程中表现出了更加明显的差异：多血质和胆汁质的儿童，对社会认识、社会规则等认识的速度要快得多，但他们的自制力较差，执行规则时不能持久；黏液质和抑郁质的儿童认识速度较慢，但执行规则的效果要高于前两种儿童。

（2）气质影响儿童的社会交往

不同气质的儿童在社会交往方面表现出了一定的差异。例如，在亲子交往方面，容易抚育的儿童由于生活有规律、适应环境、哭闹少、易于教养等而容易给父母带来愉悦的情绪，父母也会给予儿童更多的关爱，因而亲子关系良好，儿童的情绪和行为也更加积极；抚育困难的儿童，由于经常哭闹，情绪不稳定，反抗行为较多，不易教养等给父母带来不愉悦的时间较多，容易使父母给予更多的禁止和警告，甚至会打骂孩子或者放弃管教，因而亲子之间的冲突较多。可以说，气质影响了儿童的行为表现，进而影响了亲子关系和父母的教养方式，又通过与父母的教养方式影响了儿童自身社会性的发展。

在幼儿园，胆汁质、多血质的儿童更喜欢参加各种活动，在人际交往上也多采取积极主动的态度，人际交往范围广，但交往对象易变，人际关系维持时间较短。黏液质儿童沉静、稳重，不善于主动与人交往，但交往中不易与同伴发生冲突，人际关系较好。抑郁质儿童性情孤僻、胆小怯懦、人际交往不易主动，而且交往范围小，攻击行为也不易出现。

2. 性格对社会化的影响

性格是个性中最重要的心理特征，表现在对客体现实的稳固态度和惯常的行为方式中。性格和气质有着密切的联系，两者相互渗透，相互制约。不同的气质类型可以形成相同的性格性征，相同的气质类型也可以形成不同的性格特征。性格主要受后天环境的影响而在出生头几年逐渐形成。气质对性格的形成起着有力的促进作用。不同的性格对儿童的社会化发展也有着不同程度的影响。比如，活泼开朗的儿童容易在幼儿园或其他场所得到大家的欢心，而沉默寡言的儿童则会遭到大家的忽视。

儿童的性格是在儿童与周围环境相互作用过程中形成的。在儿童的环境中，最主要的客体是照顾他的成人。一般来说，母子（女）关系在儿童性格的萌芽过程中起着最重要的作用。母亲的良好照顾，会使儿童从小得到安全感，形成对母亲的信任和依恋，为以后良好性格的形成打下基础。性子急的孩子饿了立刻大哭大闹，这使成人不得不马上放下一切其他事情，急忙给他喂奶。而对那些饿了只是细声哼哼唧唧的孩子，成人则可能把手头的事情做完，再去喂奶。日积月累，前一种儿童可能形成不能等待别人，要求别人必须立即满足他的态度和行为习惯，而后一种儿童则可以培养成自制的性格特征。

成人的抚养方式和教育在儿童性格的最初形成中有决定性意义。比如，成人总是把东西放得整整齐齐，把衣服扣子扣好，手脏了立刻去洗等，这会潜移默化地影响儿童，使之养成好整洁、爱劳动等行为习惯。又如，儿童看见糖就拿起来吃，甚至大把大把地抓到自己身边，这时如果不加以教育，反而报以赞赏的表情和语言，那么就会使"独占"的种子得以孕育。反之，如果经常注意引导儿童同众人分享，则可以为其良好的性格打下基础。

最初形成的性格特征对儿童的个性形成起着重要的作用。这时性格虽然还没有定型，但它是未来性格形成的基础。在一般情况下，性格比较容易沿着最初的倾向发展下去。例如，性格比较顺从的儿童，容易遵照成人的吩咐和集体规则行事，以后将仍然稳定成为与人和睦相处、遵守纪律的性格。而对最初具有任性的萌芽，要求别人处处依从其个人意愿的儿童，成人如果纵容这种性格的发展，任性的性格特征将日趋巩固而最终定型。性格是随外界环境和教育的影响而产生和变化的。因此，必须重视儿童性格的培养。

3. 能力对社会化的影响

能力是个性心理特征之一。它是复杂的心理结构，在不同的活动中表现出来的能力，是由多种成分结合而成的。学前儿童的能力结构主要有以下几种分类：①运动、操作能力和智力。运动和操作能力自儿童出生时起，就已经出现。半岁左右，儿童四肢和身体的运动能力逐渐发展，手的运动能力也开始发展成为操纵物体的能力。智力的发展则需要通过运动和操作来表现，运动和操作的发展水平越高，越是依靠智力的支配。②一般能力和特殊能力。一般能力是指在各种活动中都经常表现出来的能力，特殊能力是指从事某种专门活动所需要的能力。③主导能力和非主导能力。主导能力又称优势能力，非主导能力又称非优势能力。

学前儿童的能力与诸多非智力因素（如知识和性格等）有着密切的关系。能力（包括智力）和知识不可分割地彼此联系着，是相辅相成的。掌握知识可以促进能力的发展，而能力是通过掌握知识发展起来的。如果儿童显露出某种绘画能力，又有机会获得相应的知识和技能，他的绘画才能可以得到发展，而缺乏进一步掌握知识技能的机会，则最初的能力会被淹没。一个人对某个领域的知识技能掌握越多，他在这个领域内解决问题的能力就越强。反之，缺乏必要的知识技能，将妨碍相应能力的发挥。学前儿童处于掌握知识和智力发展的最初阶段。从掌握知识的角度看，人的知识可以分为直接知识和间接知识，两三岁是开始掌握间接知识的年龄。对学前儿童来说，知识和智力教育都是不可偏废的。

4. 认知水平对社会化的影响

一切外界影响，只有在儿童注意并认识了其意义之后，才有可能转化为自己的观念和行为。儿童的认知水平对于其了解社会知识、社会现象、遵守社会规则产生相应的社会行为等有着直接的影响。例如，教师对幼儿"与小朋友友好相处"的要求，只有在儿童理解了与小朋友友好相处的意义，并且知道了如何与小朋友友好相处的基础上，才能够逐渐克服自我中心，做到和小朋友友好相处。否则，儿童可能因为对这项要求不理解、不清楚而出现言行不一致的情况。守纪律、有责任心等社会行为也都是儿童接受与领会外部的社会要求，并逐渐转变为自己的内部要求的结果。

5. 参与的积极性对社会化的影响

环境对于儿童的影响，必须是在儿童与环境的相互作用中才能发挥出来。儿童只有与环境相互作用，主动适应环境，参与各种活动，才能接受来自环境的影响。如果不参与或参与较少，对环境回应少或没有回应，旁观行为较多，态度比较被动，则可能会使得环境的影响难以进入儿童的主观世界，难以发挥影响作用。

研究表明，积极参与各种活动的儿童在形成概念、解决问题、社会交往能力、个性品质等方面都有良好的发展。在相同的条件下，主动参与的程度是影响个体心理发展水平差异的重要原因。

综上所述，影响幼儿社会性发展的因素是多方面的，既有来自家庭环境的影响，也有来自幼儿园教育的影响，更有社会大环境的影响，而各种影响都要通过幼儿本身才能起作用。可以说，幼儿社会性的发展是多种因素共同作用的结果，是一个长期而复杂的过程。

课后练习

课后思考：

1. 简述幼儿社会教育与德育的区别与联系。
2. 简单阐释我国幼儿社会教育的发展历史。
3. 家庭环境中还有哪些因素会影响幼儿的社会性发展？
4. 三大理论流派对幼儿社会教育的贡献是什么？

实训练习：

分小组讨论，你觉得幼儿喜欢什么样的老师？请把讨论结果记录下来，并尝试到附近一所幼儿园检验讨论的结果。

案例分析：

两位母亲分苹果的方式给我们的启示是什么？

美国一位心理学家为了研究母亲对人一生的影响，在美国选出50位成功人士，他们都在各自的行业中获得了卓越的成就；同时又选出50位有犯罪记录的人。分别写信给他们，请他们谈谈母亲对自己的影响。有两封回信给心理学家的印象最深刻，一封来自白宫的一位著名人士，一封来自监狱的一位服刑的犯人。他们谈的都是同一件事：小时候母亲给他们分苹果。

那位来自监狱的犯人在信中这样写道：小时候，有一天妈妈拿来几个苹果，红红绿绿，大小不同。我一眼就看见了中间的那个，又红又大，非常想要。这时妈妈把苹果放在桌子上，问我和弟弟：你们想要哪个？我刚想说要最大最红的那个，这时弟弟抢先说出我想说的话。妈妈听了，瞪了我一眼，责备我说：好孩子要学会把好东西让给别人，不能总想着自己。于是，我灵机一动，改口说："妈妈，我想要那个最小的，最大的留给弟弟吧。"妈妈听了非常高兴，在我的脸上亲了一下，并把那个又红又大的苹果奖励给我。我得到了我想要的东西，从此，我学会了说谎。

那位来自白宫的著名人士是这样写的：小时候，有一天妈妈拿来几个苹果，红红绿绿，大小不同。我和弟弟们都争着要大的，妈妈把那个最大最红的苹果举在手中，对我们说："这个苹果最大最红最好吃，谁都想要它。很好，现在，让我们来比赛，我把门前的草坪分成三块，你们三人一人一块，负责修剪好，谁干得最好，谁就有权利得到它！"我们三人比赛剪草，结果我赢得了那个最大的苹果。我非常感谢母亲，她让我明白一个最简单的也最重要的道理：要想得到最好的，就必须努力争第一。她一直都是这样教育我们，也是这样做的。在我们家里，你想要什么好东西要通过比赛来赢得，这很公平，你想要什么、要多少，就必须为此付出多少努力和代价！

第二单元 幼儿社会教育的目标、内容与方法

学习目标

1. 掌握确定幼儿社会教育目标与内容的依据。
2. 了解幼儿社会教育的目标结构及内容范围。
3. 掌握并学会运用幼儿社会教育的原则、途径与方法。

学习导图

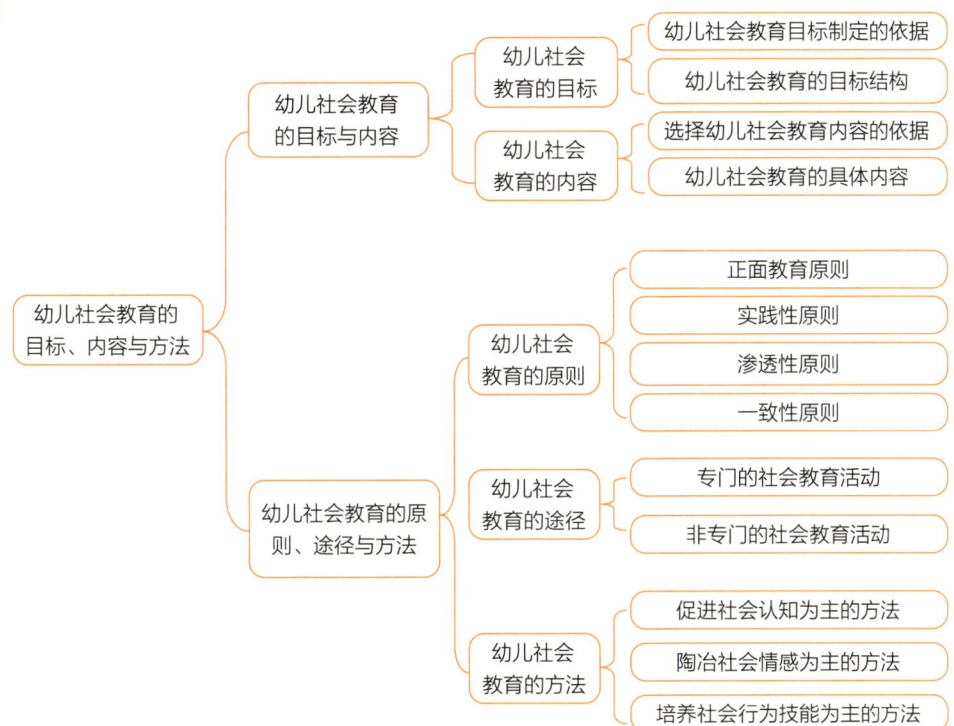

案例导入

为了迎接"国庆节"的到来，通过"国庆节"培养幼儿的爱国主义情感，张老师提前一周就开始准备，花费了大量的时间和精力来设计相关主题教育活动。在一个以"感动我的人"为主题的社会教育活动中，张老师将"狼牙山五壮士"的爱国主义事迹作为主要的教学内容，讲述了他们为了转移当地的老百姓，采取了调虎离山之计，把敌人引到狼牙山，最后牺牲了的故事。但是由于幼儿对此并无相关的经验，平时对此类爱国故事和爱国人物了解甚少，加上抗日战争年代相对久远，现如今的幼儿无法体会他们的情感，导致幼儿很难在情感上产生共鸣。在故事讲解结束后，张老师在下午的区域活动中，准备了服装道具，希望幼儿扮演狼牙山五壮士，再现故事中的情节，加深幼儿对故事的理解。但游戏开始后，幼儿都被新鲜的服装吸引了，每个人都争抢着戴帽子、扎腰带，对故事情节完全忘记了，在教师一次次的引导教授下，艰难地完成了此次角色游戏。

虽然本次游戏的初衷是好的，希望幼儿能够通过角色扮演，再现故事中的人物，体会他们当时内心的爱国情感，学习他们的爱国行为，但是游戏情景缺乏真实性，与现在的生活严重脱轨，导致幼儿根本不感兴趣。

理论阐释

那么，在实施幼儿社会教育的过程中，该如何定位幼儿社会教育的目标，可以依托哪些内容来达成这些目标，通过哪些方法来实现这些目标？本单元将系统探讨幼儿社会教育的目标、内容与方法。

项目一　幼儿社会教育的目标与内容

教育目标是教育的根本指向和核心内容，是教育活动的关键。幼儿社会教育要将幼儿培养成什么样的人，目标起到了指向和引领作用。幼儿社会教育的内容是目标的具体化，是开展幼儿社会教育的主要载体。确定好幼儿社会教育目标和内容具有重要的意义。

一、幼儿社会教育的目标

幼儿社会教育目标是指人们对社会教育活动给幼儿身心带来的变化的标准与要求的预期规定。在幼儿社会教育中，教育者应有高度的目标意识，才能保证幼儿社会教育的质量，切实提高幼儿社会性和个性发展水平。

（一）幼儿社会教育目标制定的依据

幼儿社会教育目标的制定要考虑幼儿身心发展水平与特点、社会发展的需求以及幼儿社会教育学科特性3个方面。

1. 以幼儿的身心发展水平与特点为依据

幼儿身心发展水平与特点是制定幼儿社会教育目标的内在依据。一方面，幼儿社会性发展，与其身心发展的整体水平，特别是心理发展的水平相适应。另一方面，幼儿身心发展的各个方面相互影响、相互促进、相互制约，如幼儿语言能力的高低会影响幼儿的人际交往状况。因此，确定幼儿社会教育的目标，要依据幼儿身心发展特点、规律和水平。只有依据幼儿本身的发展水平和特点，才能制定出符合不同幼儿发展需要的教育活动目标，并在教育中真正促进每个幼儿的社会性发展。

2. 以社会发展的需求为依据

社会发展的需求是制定幼儿社会教育目标的外在依据。不同的地域文化、不同的社会发展阶段对人才培养的要求都有所不同，如中华文化倡导集体主义精神，西方文化则强调个人自主性的发展。因此，确定幼儿社会教育的目标还要结合当下社会发展的需要以及未来发展趋势。21世纪是开放、充满竞争、高度信息化、科技迅猛发展的时代，对人类之间的合作、创新能力等提出了更高的要求。幼儿社会教育要引领幼儿主动适应快速变化的社会环境，培养适合新时代要求的人际交往能力和社会适应能力。

3. 以幼儿社会教育学科特性为依据

每一个学科领域都有自己的功能和特性。人文社会科学担负着培养和提高各学科专业人才的思想政治素质、道德素质、人文素质、艺术素质的不可代替的独特责任，使人们形成远大的理想、坚定的信念，正确的世界观、价值观和人生观，并获得观察和解决现实社会问题和矛盾的方法。

同时，不同知识获得的途径也是有差异的。在幼儿社会教育领域，社会认知可以通过教师的口授、启发直接获得，社会行为技能则要通过训练、实践、榜样示范等途径获得，社会情感则不可直接获得，要通过环境熏陶、体验等途径间接获得。

此外，幼儿社会教育的内容涉及众多学科，如历史学、社会学、文化学、经济学等，每一学科的基本目标、知识体系都有可能对幼儿社会教育目标的制定产生影响。

总之，在制定幼儿社会教育目标时要充分考虑各方面的因素，科学地设置目标。

（二）幼儿社会教育的目标结构

幼儿社会教育的目标可从纵向（层次结构）和横向（内容结构）两个角度进行分析。从纵向上来看，可将目标分为总目标、年龄阶段目标、具体教育活动目标等。从横向上来看，可根据《指南》社会领域的两大内容，从人际交往和社会适应两个方面来分析幼儿社会教育的目标；或者根据心理结构的维度，从认知、情感和行为技能来分析幼儿社会教育的目标。

1. 幼儿社会教育的总目标

（1）各个文件中的总目标

幼儿社会教育的总目标是幼儿社会教育所期待的最终结果，是幼儿时期社会教育任务和要求的总和。关于幼儿社会教育的总目标，《纲要》《指南》《规程》等政策性文件中都有提及。

《纲要》中幼儿社会教育的总目标：主动地参与各项活动，有自信心；乐意与人交往，学习互助、合作和分享，有同情心；理解并遵守日常生活中基本的社会行为规则；能努力做好力所能及的事，不怕困难，有初步的责任感；爱父母长辈、老师和同伴，爱集体、爱家乡、爱祖国。

《指南》中幼儿社会教育的目标概括为两大方面，即人际交往和社会适应。其中，人际交往目标包括愿意与人交往，能与同伴友好相处，具有自尊、自信、自主的表现，关心尊重他人；社会适应目标包括喜欢并适应集体生活，遵守基本的行为规范，具有初步的归属感。

《规程》中规定，"幼儿情感、社会性发展"的目标是：萌发幼儿爱祖国、爱家乡、爱集体、爱劳动、爱科学的情感，培养诚实、自信、友好、勇敢、勤学、好问、爱护公物、克服困难、讲礼貌、守纪律等良好的品德行为和习惯，以及活泼、开朗的性格。

（2）对不同文件中总目标的分析

分析《纲要》和《指南》中的总目标，会发现幼儿社会领域的目标都是从两个维度提出的。一是社会关系的维度：①幼儿与自身的关系，包括自尊、自信、自主、坚持、独立性等；②幼儿与他人的关系，包括乐群、合作、互助、分享、同情等；③幼儿与群体或集体的关系，包括遵守规则、爱护环境和公物等；④幼儿与社会的关系，包括认识社会职业、家乡、祖国等。二是心理结构的维度：①社会认知，包括对自我的认知、对他人的认知、对社会环境和现象的认知、对社会规范的认知等；②社会情感，包括积极情绪、同情心、责任感、归属感等；③社会行为技能，包括交往的技能、倾听交谈的技能、非言语交往技能、合作、轮流、遵守规则、解决冲突等技能。

[知识视频]
幼儿社会教育目标结构分析

但是，这三个文件对于幼儿社会教育目标表述的侧重点和角度是有差异的。《规程》侧重于幼儿的品德行为和习惯的教育，《纲要》则从幼儿社会教育的角度进行表述，《指南》则从幼儿学习的角度进行阐述，且关注的重心是幼儿的"学"，而不是教师的"教"。

2. 幼儿社会教育的年龄阶段目标

鉴于总目标具有高度的概括性，教育者在实施社会领域教育时，需要对幼儿各年龄阶段的发展特点和水平有更细致的把握，才能制定出合理的学年目标和学期目标，并选择合适的教育内容，有效促进幼儿社会性发展。《指南》提出了幼儿在"3—4岁""4—5岁""5—6岁"三个不同年龄阶段在社会领域方面的发展与学习目标，从而帮助家长和幼儿园教师树立对各年龄阶段幼儿发展的合理期望，制定出符合幼儿年龄发展水平和需要的阶段教育目标，进而实施科学的保育和教育，促进幼儿健康成长。

3. 幼儿社会教育活动目标

幼儿社会教育活动目标是最具体的目标，它具有可操作、可验证的特点。五大领域教育活动目标的制定和表述有其相通之处。例如：要具有可操作性，避免过于笼统、概括的抽象；要清晰、准确、可检测，不能用活动过程或方式来取代；活动目标要包括情感态度、行为技能、认知三个维度；要从统一的角度来表述目标；目标制定应该基于幼儿的年龄特点和已有的生活经验，并能促进幼儿在原有水平上的提高。

此外，在制定幼儿社会教育"活动目标"时，需要掌握不同维度目标包含的内容以及常用的表述词汇：

情感、态度维度的目标可包含的内容为：良好的态度（认真、虚心、有始有终、一心一意、努力探索等）；良好的道德品质（同情心、乐于助人、分享、谦让、关爱、感恩、责任、诚信、爱护公物、爱护环境等）；良好的个性品质（意志力、自信心、宽容、勇气、自制力、自尊心、自主、耐心、细心等）。常用的表述词汇有：乐意、愿意、喜欢、保持等。

能力维度的目标可包含的内容为：良好的行为习惯、合作能力、交往能力、创新能力、想象力、认知能力、自主能力、独立能力、生活自理能力、抗挫折能力、是非判断能力、移情能力、自我调节能力、注意力、适应环境的能力等。常用的表述词汇有：学会、遵守、做到、能够、形成、运用等。

知识维度的目标可包含的内容为：有关自我意识发展的知识、社会情感的知识、社会行为的知识、社会环境的知识、社会文化的知识等。常用的表述词汇有：了解、知道、懂得、意识到等。

二、幼儿社会教育的内容

幼儿社会教育的内容主要是指幼儿社会教育领域所包含的特定的现象、事实、规则和问题等。幼儿社会教育内容要解决的是幼儿社会教育领域"教或学什么"的问题。

（一）选择幼儿社会教育内容的依据

幼儿社会教育的内容并不是随意选择的，需要按照一定的依据进行选择。

1. 以幼儿社会教育的目标为依据

教育者在制定科学、合理的社会教育目标时，必须要配有相应的教育内容，才能实现目标，真正达到促进幼儿社会性发展的目的。在选择社会教育内容的过程中，应努力避免对教育目标的遗漏、偏倚和无效重复，应力争使所选取的教育内容最有效地实现教育目标。任何只重内容，不重目标的方式都是不可取的。

2. 以幼儿身心发展特点和水平为依据

首先，幼儿的认知发展以具体形象思维为主，这一特点决定了幼儿社会教育的内容必须是具体的、直观的。幼儿很难理解概括而抽象的知识，因此，社会教育的内容需要通过各种生动具体的形式加以呈现，使幼儿易于理解和接受。

其次，幼儿的发展离不开已有生活经验和学习能力，所以在选择幼儿社会教育的内容时，必须立足于幼儿已有的社会经验。例如，对于年龄较小的幼儿，可以选择家庭、幼儿园、社区等幼儿熟悉的、能唤起其已有经验和真实体验的教育内容，在经历和熟悉的基础上，慢慢扩大范围，逐渐推至社会、国家和世界。

再次，幼儿社会性发展是环境熏陶、感染与模仿学习的结果，幼儿的社会性品质是其在日常生活中通过与人交往的体验和模仿得来的。教师、家长和同伴都是幼儿模仿学习的榜样。因此，幼儿社会教育的内容必须是幼儿身边的、具有感染作用且易于幼儿模仿的，这样的内容才真正有益于幼儿社会性品质的形成。

虽然幼儿社会教育的内容选择要依据幼儿身心发水平，不违背、不臆断其发展规律，但教育的目的不是等待发展，而是促进并强化发展。所以，在选择幼儿社会教育内容时还要考虑幼儿社会性发展的"最近发展区",根据幼儿社会性发展各个阶段的特点和规律,确定不同时期发展的重点,有针对性地选择相应的幼儿社会教育内容,采取必要的教育措施,促进幼儿社会化水平的提高。

3. 以社会现实为依据

首先,幼儿对自己、对他人、对事物、对社会关系的认知都源于社会现实,社会现实为幼儿社会认知提供了依据,也为幼儿社会教育提供了内容。

其次,社会现实中的人、事物及关系也是幼儿情感的源泉。幼儿只有走进社会生活,其高级情感才能发展起来,出现道德感、美感、责任感等。

再次,社会现实中存在的广博的文化资源也应该成为选择内容的依据。这些知识包括社会学知识、伦理学知识、文化学知识、心理学知识、地理学知识、历史学知识等。在这些知识体系中,贴近幼儿生活的科学知识和人文知识都有可能成为幼儿社会教育的内容。

最后,幼儿社会教育的内容要反映社会生活的发展变化。随着科技的发展和经济的进步,人们的价值观念、社会理想和社会成员之间的关系,从社区中物化的产品到人们的生活方式、行为方式都发生着巨大的变化。幼儿社会教育内容的选择必须充分反映生活的变化,才能起到引导幼儿主动适应社会变化的作用。

(二)幼儿社会教育的具体内容

1.《纲要》中的社会教育内容

《纲要》明确提出幼儿园社会领域教育的8条教育内容和实施要求。具体如下:①引导幼儿参加各种集体活动,体验与教师、同伴等共同生活的乐趣,帮助他们正确认识自己和他人,养成对他人、社会亲近、合作的态度,学习初步的人际交往技能。②为每个幼儿提供表现自己长处和获得成功的机会,增强其自尊心和自信心。③提供自由活动的机会,支持幼儿自主地选择、计划活动,鼓励他们通过多方面的努力解决问题,不轻易放弃克服困难的尝试。④在共同的生活和活动中,以多种方式引导幼儿认识、体验并理解基本的社会行为规则,学习自律和尊重他人。⑤教育幼儿爱护玩具和其他物品,爱护公物和公共环境。⑥与家庭、社区合作,引导幼儿了解自己的亲人以及与自己生活有关的各行各业人们的劳动,培养其对劳动者的热爱和对劳动成果的尊重。⑦充分利用社会资源,引导幼儿实际感受祖国文化的丰富与优秀,感受家乡的变化和发展,激发幼儿爱家乡、爱祖国的情感。⑧适当向幼儿介绍我国各民族和世界其他国家、民族的文化,使其感知人类文化的多样性和差异性,培养理解、尊重、平等的态度。

2.《指南》中的社会教育内容

《指南》根据人与人、人与社会两大关系系统,将幼儿社会教育分为人际交往和社会适应两大子领域,并明确提出:人际交往和社会适应是幼儿社会学习的主要内容,也是其社会性发展的基本途径。因此,根据《指南》的精神,幼儿教育工作者可从人际交往和社会适应两个方面来分析和选择幼儿社会教育的具体内容。

通过对《纲要》和《指南》中的教育内容进行细致分析,可将幼儿社会教育的内容细分为四大类:

①"自我成长教育",主要指促进幼儿自我意识、自我服务和个性品质发展的教育。

②"人际交往教育",主要指激发幼儿人际交往意愿,掌握人际交往技能,形成良好社会交往行为的教育,主要包括亲子交往教育、师幼交往教育、同伴交往教育以及幼儿与社会上其他人的交往教育。

③"社会规范教育",主要指促进幼儿认识社会规范内容、体验社会规范价值,并形成遵守社会规范的能力和习惯的教育,具体包括基本道德规范教育、集体活动规范教育、公共场所规范教育等。

④"归属感教育",主要指社会环境和社会文化教育。其中"社会环境教育",指通过幼儿园教育活动以及幼儿自身与周围环境的人和物进行接触后,获得对社会环境的基本认识,并能与社会环境进行良性互动的教育。"社会文化教育",主要包括认识、尊重和体验民族文化和异域文化,初步形成对本民族文化的认同感和归属感,并能以客观、开放、包容的态度认识外来文化。

项目二 幼儿社会教育的原则、途径与方法

开展幼儿社会教育,教育者要遵循一定的教育原则和方法,采用适宜的教育途径。教育原则和方法的正确和灵活使用,对提高教育质量、实现教育目的、完成教育任务具有重要的意义。

一、幼儿社会教育的原则

教育原则是指导教育活动有效进行的指导性原理和行为准则,它对教育活动的内容、方法、手段和形式等选择有着积极而重要的作用。《纲要》明确指出:社会领域的教育具有潜移默化的特点。幼儿社会态度和社会情感的培养尤其应该渗透在多种活动和一日生活的各个环节之中,要创设一个能使幼儿感受到接纳、关爱和支持的良好环境,避免单一呆板的言语说教。幼儿与成人、同伴之间的共同生活、交往、探索和游戏等,是其社会学习的重要途径。此外,社会学习是一个漫长的积累过程,需要幼儿园、家庭和社会密切合作,协调一致,共同促进幼儿良好社会性品质的形成。因此,在开展幼儿社会教育时,要遵循以下几个原则。

1. 正面教育原则

正面教育原则是指在幼儿社会教育中,教育者要从正面进行引导,利用表扬、榜样、陶冶、说服等积极的教育方法引导幼儿辨别是非,掌握正确的行为准则。换言之,正面教育就是教育孩子怎样做人,做什么样的人,它包括教育培养方向上的正面性和教育方式上的正面性。贯彻正面教育原则,教育者必须做到:

①为幼儿树立正确的榜样。一方面,家长和教师本身要成为幼儿社会化过程中正面积极的榜样,严格要求自己,提高自己的品行修养,使幼儿从小接触到的都是正面积极的言行举止和情感思维。另一方面,教育者要为幼儿选择正面的同伴榜样。《纲要》中明确指出,幼儿同伴群体是宝贵的教育资源,是幼儿成长环境的重要组成部分。因此,教师应充分发挥同伴群体的榜样示范作用,让幼儿与幼儿之间相互学习、相互模仿、相互鼓励,从而正面引导幼儿树立正确的道德规范和行为准则。

②为幼儿选择正向积极的内容。幼儿的社会性主要是在日常生活和游戏中通过观察和模仿潜移默化地发展起来的,且年龄越小的幼儿越易受到外在环境和教育的影响。因此,教育者要为幼儿呈现正面的教育案例,使幼儿直接学习和接触正面的观点和行为方式。

③应采用正面的教育方式。一方面,教师在教育过程中对幼儿取得的每一次成功、每一点进步都要给予积极的肯定和鼓励。在鼓励和肯定幼儿时,要做到实事求是,适度适量,而非一味表扬,否则表扬便会失去激励作用。另一方面,当幼儿遇到困难、挫折时,不是一味责备,而是给予更多的包容。当幼儿遇到困难时,要帮助幼儿分析问题,找到解决困难的办法,树立起勇于面对挫折和失败的信心和勇气,更要培养其勇于承认错误并改正失误和缺点的态度。

2. 实践性原则

实践性原则是指在幼儿社会教育中,教师要在实践活动中对幼儿进行社会认识观念和社会规

则的教育，以提高幼儿的社会认知，激发幼儿积极的社会情感，培养幼儿良好的社会行为。

贯彻实践性原则，需要为幼儿创设实践活动的机会与条件，引导幼儿在各种活动中与人交往，积极主动地发展社会性。具体来说，教师要做到以下三点：①要激发起幼儿活动的动机，引导他们在社会性活动中学习与同伴交往和合作。②要为幼儿创设活动的空间，改变只注重形式、强调环境的观赏性和装饰性的观念和做法，给幼儿提供的环境要具有教育性和幼儿的参与性，让幼儿能真正地动起来。③要给予幼儿充分活动的机会和时间，教师只是活动的支持者。只有幼儿在活动中自由地、放松地观察、体验、操作和探索，才能自觉地获得有关社会的认知，在实践活动中实现社会教育的目标。

3. 渗透性原则

所谓渗透性原则，是指教师通过构建宽松的心理环境，把社会教育与语言、科学、音乐等其他教育活动有机融合、相互贯通，并通过日常生活、游戏等延伸活动的共同作用，让幼儿积极主动地进行社会学习，以实现社会教育的目标。

幼儿园社会领域教育的渗透方法有很多。首先是在其他领域的教学活动中渗透社会教育。例如，体育活动中，在帮助幼儿学习保护自己的基础上，学习遵守规则，培养幼儿勇敢、坚持、合作等社会性品质；语言故事在发展幼儿语言能力的同时，也能够让幼儿懂得关心、理解别人；科学活动中，幼儿在照顾、观察动植物的过程中能够培养其责任意识。其次，社会领域课程应渗透于幼儿的区角活动和游戏活动中。比如在美工区培养幼儿专注、轮流等良好品质，在建构游戏中学习相互协调、合理分配角色与团结合作。再次，社会领域课程应渗透于幼儿日常生活之中。日常生活也是进行社会教育的良好契机，幼儿社会态度和社会情感的培养，是幼儿在日常生活和活动中积累有关经验和体验的结果。例如，洗手时渗透着爱惜和节约水的教育，进餐时渗透着爱惜粮食、不挑食、文明进餐的良好习惯，处理幼儿因玩具发生争抢的矛盾时，渗透出学会分享、谦让等良好品质。最后，社会教育还应渗透到家庭中，争取家长的配合，实现家园合作。

4. 一致性原则

一致性原则是指在幼儿社会教育中，教育者要有目的、有计划地对来自各方面的教育影响加以组织和协调，使其相互配合、协调一致，使幼儿的社会性品质朝着既定的目标健康发展。在幼儿的社会化过程中，会受到来自家庭、学校、社会等各方面的影响，各方面必须统一发挥作用，形成教育合力，才能给幼儿一致的影响，实现一致的教育目标。贯彻一致性原则，教育者要做到以下几点：

①教育者自身态度要保持一致。首先，教师的教育态度要保持前后一致。教师对同种行为的要求不能经常产生变化，前后必须保持一致。如果教师经常"朝令夕改"，幼儿则会无所适从，从而导致幼儿的正确行为得不到强化，错误行为得不到抑制或消除，难以引导幼儿形成系统的良好社会性行为。其次，教师的言行要一致。如果教师言行态度上不一致，会使幼儿难以用同一标准来衡量、调整自己的行为，最终不利于幼儿形成稳定的社会性品质和行为。因此，教师不仅要做到言教，还要做到身教，言行必须一致才能有助于幼儿良好社会性的发展。

②幼儿园内部多种教育力量要保持一致。从幼儿入园开始，园内的所有人员都在潜移默化地影响着幼儿。因此，幼儿园的领导、教师及其他工作人员在对幼儿社会性的培养观念、态度和行为上必须保持上下一致。同时，幼儿园制定的与幼儿社会性相关的整体发展方针、目标规划必须准确落实到各班教师的教育计划和工作安排上。不能出现领导重视，教师不重视；大班重视，小班不重视的情况，这会影响到整个幼儿园全体幼儿社会性的发展水平与状况。

③家庭、幼儿园和社会要保持一致。《纲要》中指出，"社会学习是一个漫长的积累过程，需要幼儿园、家庭和社会密切合作，协调一致，共同促进幼儿良好社会性品质的形成"。如果各方面的要求各有差异，甚至矛盾，如教育重点不一，教育方法不协调，则教育效果便会相互抵消，

造成幼儿思想上的混乱和行为上的矛盾，幼儿会不知所措，无法形成稳定的思想品德与行为习惯。例如，教师一般要求幼儿在发生冲突矛盾时，要学会运用语言来沟通协商，但一些家长却灌输给孩子"谁欺负你，你就欺负回去"的观念。这种家园不一致的现象，会在很大程度上削弱教师对幼儿进行社会教育的努力，使幼儿园的教育达不到应有的效果。因此，幼儿社会性的发展需要家庭、学校和社会的积极配合，共同培养幼儿良好的社会品格。

二、幼儿社会教育的途径

根据幼儿社会教育的原则和幼儿社会学习的特点，幼儿社会教育的途径可以分为专门的社会教育活动和非专门的社会教育活动两大类。

（一）专门的社会教育活动

专门的社会教育活动是指教师根据幼儿社会教育的目标和要求，结合本班幼儿身心发展的特点和规律，选择恰当的社会教育内容，借助合理的教育方式和方法，对幼儿进行专门的社会教育的活动形式。可以说，专门的社会教育活动主要是指社会领域集体教学活动。专门的社会教育活动，目标是明确、具体的，计划是周密的，内容也是系统的和集中的，可以有针对性地促进幼儿的社会认知，激发幼儿的社会情感，引导幼儿的社会行为。下面重点介绍社会领域集体教学活动设计和实施的注意事项。

1. 集体教学活动的设计

社会领域集体教学活动是以社会领域内容为首要目标的集体教学活动。它常常与其他领域内容结合在一起。

（1）活动目标的设计

活动目标设计的依据主要有三个方面：一是依据《指南》和《纲要》中社会领域教育目标；二是依据幼儿社会性发展水平与需要；三是依据主题内容目标。在主题教学中每一个教学活动都是在一定主题背景中展开的，因此，教学活动目标还要与主题目标相呼应。

在设计活动目标时，需要考虑以下几点：①目标设计的适宜性。目标适宜性即目标要适合幼儿的发展水平与需要，不能过于简单，也不能超出幼儿的能力水平，最好是处于幼儿"最近发展区"目标水平。②目标要具有社会领域特点。幼儿社会领域的目标更多的是引导性的，而不是行为表现性的，不能一味地用能说、能做来表述。③目标表述要具有针对性和可操作性。教师制定目标时要考虑在有限的教学时间内，要传递什么信息，要解决什么问题。④目标要具有层次性，即活动目标要有主次之分，要能突出重点和难点。⑤要注意目标的表述。目标表述的角度要统一，且要涵盖认知、情感和行为技能三个维度。

（2）活动内容设计

在活动内容的选择方面，教师要考虑以下两点：一是内容要符合幼儿年龄特点，即活动内容是幼儿凭自己的经验和能力能够理解的内容。二是内容要符合幼儿的生活体验与兴趣。教育内容不能脱离幼儿的生活经验，幼儿熟悉和相信的内容才能让他们积极参与，才能内化为他们的品质。

选择了教育内容之后，教师还需要对活动内容进行分析和处理，分析和处理活动内容也要注意两点：一是分析内容的教育性要素。内容的教育性是指内容所蕴含的教育价值及其与教育目标的相关性。例如，为了教育幼儿学会分享，有的教师会选择绘本故事《我是彩虹鱼》，故事中讲述了一条彩虹鱼，它有着令人羡慕的彩虹般闪闪发光的鳞片，这些五颜六色、漂亮的鳞片吸引了海洋里很多想和它做朋友的鱼儿，可是彩虹鱼很骄傲，根本不理别人，而这些想和它做朋友的鱼儿都想得到它身上美丽的鳞片。作为自己最珍贵的东西，彩虹鱼当然不想送给别人。渐渐地，其他鱼儿不再邀请它一起玩了。没有朋友的彩虹鱼感觉很孤单、很寂寞。通过章鱼奶奶的指点，彩虹鱼将自己身上漂亮的鳞片全部分给了周围的朋友，它用自己闪闪发光的鳞片，收获了友谊、幸福和快乐。如果老师理解分享的概念和特征，就会发现这个故事不适合作为幼儿分享教育的素材。彩虹鱼用鳞片换取友谊的行为，把自己最宝贵的东西让渡给其他人，违背了分享中强调的"与他人共享资源"的本质，而牺牲自己的利益去满足别人的要求，幼儿内心并不能真正产生愉悦。二是分析内容主要知识点，确定重点与难点。在明确了基本的教育要素后，需要将内容分解成幼儿需要掌握的知识点，并确定教学中的重点与难点。

（3）方法与策略设计

教学方法在本章的方法部分会重点介绍，这里主要介绍教学策略的设计。

首先，关于提问的设计。教师设计提问时要注意以下几点：①要多提开放式问题，少提封闭式问题。②多运用体验性提问，少运用价值性提问。例如"你认为小红这样做对吗？"这样的提问就属于价值性提问，价值性提问包括对错问题、善恶问题、意义问题等。对于幼儿来说，价值判断能力还有待培养。体验性提问主要是基于问题情境或者幼儿自身情绪记忆引发幼儿的情绪情感体验。例如，小刺猬很难过，想想它为什么难过？你有没有像小刺猬那样被别人嘲笑过，你当时有怎样的感受？③不轻易否定幼儿的回答，多问为什么。④提问要明确具体，让幼儿知道怎样回答。例如"这个故事告诉我们什么道理？"就属于不明确的问题。明确的问题可以是这样的：听了这个故事，你喜欢谁？为什么喜欢它？等等。

其次，关于教学情境的设计。在教学中创设一定的情境引导幼儿去观察、模仿和体验有利于调动幼儿参与教学活动的积极性，也有利于幼儿进行社会学习。教学情境设计包括精神与物质环境两个部分。常用的教学情境策略有：运用故事、运用儿歌与布偶剧、运用图片和音乐等艺术手段、运用实物以及运用角色扮演创设教学情境。教学情境的创设要依据教学目标与内容需要而定，不能为了创设而创设。

📖 案例

妈妈摘的葡萄（中班）

活动过程

师：狐狸妈妈为了宝宝能够吃到好吃的东西，走了那么远的路，实在是太辛苦了，你们愿不愿意帮助她，多摘一些葡萄送回家？

幼：愿意，愿意，我愿意。

（在教室里依次摆放桌子、塑料拱门、呼啦圈）

师：现在呢，这里是狐狸的"家"，我们要"翻山越岭""穿过山洞""跨过小河"才能够到达"葡萄园"去摘葡萄，让我们一起出发吧。

（温馨的音乐声中孩子们开心地尝试着）

师：我们帮狐狸妈妈摘了这么多葡萄，感觉怎么样？

幼：很开心。

幼：这下小狐狸不会饿得哭了。

幼：我觉得妈妈很辛苦。

师：是的，妈妈为了照顾好宝宝很辛苦，但是妈妈很爱宝宝，所以再累也不怕。跟我们的妈妈一样，每天都要给我们做吃的、洗衣服，送我们来幼儿园，然后还要赶着去上班，那你觉得我们的妈妈辛不辛苦？

幼：很辛苦，妈妈还带我出去玩了。

师：今天我们帮狐狸妈妈摘葡萄回家，你觉得我们可以为妈妈做些什么呢？

幼：可以亲亲妈妈。

幼：早上自己背书包。

幼：……

分析： 老师在活动组织的过程中注意为幼儿提供实践的机会，有效利用各种资源为幼儿创造体验的环境，让幼儿通过亲身实践感受狐狸妈妈的辛苦与不易，并由此想到自己妈妈的辛苦付出，懂得关心、体谅妈妈。这比单纯的说教效果要深刻得多，也更容易为幼儿所理解和接受。

（4）教学活动设计

活动过程一般包括导入、展开和结束三个部分。

导入部分的目的是吸引幼儿的注意力，引出活动的主题。导入的方式一般有幼儿听故事、观看实物、欣赏图片或视频、情境表演等。在时间安排上，活动导入一般为3~5分钟。

活动展开是活动的主要部分。教师需要运用多种方式方法，调动幼儿的已有经验和学习兴趣，引导幼儿主动参与活动，通过感知、体验、表达和交流，获得相应的知识经验和技能，从而达到活动目标。在该部分，教师需要考虑：这个部分大体分为几个步骤？每个步骤必须完成哪些内容？采用什么方式方法？哪个步骤是重点？哪个步骤是难点？应如何突破？每个步骤的时间如何分配？等等。

在活动结束部分，教师可以对幼儿的表现进行简短、积极的评价，也可以引导幼儿归纳自己在活动中获得的情感体验、技能和认知。

（5）活动方案撰写

活动方案通常包括活动名称、适用年龄、活动目标、活动准备、活动过程、活动延伸等部分。

小班社会活动：我是节水娃娃

活动目标

1. 愿意参与了解水资源的活动，懂得生活中要节约用水。
2. 能够掌握简单的节约用水的方法，区分哪些行为会污染水源。
3. 简单了解自来水从哪里来，知道水资源的珍贵和对人们生活的重要作用。

活动准备

经验准备：幼儿对水资源的来源有一定的了解；幼儿对节约用水有一定的认识。

物质准备：PPT课件；水滴图片、污染水资源图片若干张。

活动过程

1. 设置水滴宝宝找家的情境导入，激发幼儿兴趣。

（1）教师出示水滴图片，引导幼儿观察。

指导语：老师在水龙头边找到了一位新朋友，它说它找不到家了，大家看看它是谁？

（2）调动幼儿已有经验，引导幼儿回忆在哪里见过水。

指导语：你们都在哪里见过水滴宝宝？你们觉得水滴宝宝的家会在哪里？

2. 播放PPT课件，引导幼儿了解自来水的来源。

指导语：住在河里的水滴宝宝被水厂的工作人员抽到了水厂。在那里，水滴宝宝会经过处理，变成我们可以使用的自来水，然后通过水管来到大家的家里。

3．引导幼儿想象没有自来水的情况，了解水资源的重要性。

指导语：你们有哪天没有见过水宝宝吗？如果哪天停水了，你们觉得会怎样？

小结：水在生活中很重要，如果停水了，我们就没有水喝，不能洗手、洗澡、冲厕所了。植物会枯萎，动物也没办法生存。我们都离不开水。

4．教师联系实际生活，引导幼儿了解节约用水和保护水资源的方法。

（1）教师出示空杯子图片创设情境，引导幼儿讨论节水行为有哪些。

指导语：水宝宝说："我的小伙伴们越来越少了，大家要说出节约用水的办法我才能把杯子装满。"大家有什么办法吗？

（2）引导幼儿观察杯子中的水，讨论水资源被污染的原因。

指导语：大家看看杯子里的水是什么颜色？为什么水宝宝会变成黑色？

（3）教师出示情景图片，引导幼儿判断对错，了解保护水资源的办法。

指导语：我们一起来帮水宝宝变回干净的样子吧。大家一起来看看图片上的行为对不对，应该要怎样做？

①将污水倒入河水的场景。

②垃圾被丢入河中的场景。

③砍伐树木，水土流失的场景。

5．教师引导幼儿讨论宣传节约用水的方法，鼓励幼儿行动起来。

指导语：今天我们都知道了怎样保护水宝宝，那你们有什么办法让大家都知道呢？那我们就一起行动起来，做一个节水好娃娃吧。

活动延伸

亲子活动：在家和父母一起制作节水小工具。

社区活动：带领幼儿走进社区，进行节约用水宣传活动。

2. 集体教学活动的实施

教学设计只是一种关于教学的构想，还得通过具体的教学活动组织和实施来实现和落实。教学活动的组织与实施受教师自身素质、教学环境状况以及幼儿的具体情况等诸多因素的影响。教学活动的组织与实施需要考虑以下几个问题。

①选择适宜的教学组织形式。教学活动的形式一般有三种：集体教学、小组教学和个别教学。一个活动有可能需要运用几种形式，教师可以根据需要灵活安排。

②教学各环节要求明确，实施灵活，组织有条理、有节奏。在开展教学活动时，教师要对各环节的任务十分清晰，并对幼儿提出具体、明确的要求，组织也要有条理。如果遇到幼儿的回应超出预期的情况，教师还要根据具体情况及时调整教学内容，以满足幼儿的学习需求。

③教学过程中注重教师自身的榜样示范和幼儿良好学习习惯的培养。教学实施过程是一个师幼互动的过程，在这一过程中，幼儿不仅通过教师所教授的内容而学习，他们还通过教师如何与他们进行互动而学习。教师自身对待幼儿的态度、说话的方式以及教师自身对所教内容的态度与感受，都对幼儿有着深刻的影响。教师要注意自身的榜样作用，如用温和、清晰的语言进行教学，注意倾听幼儿的发言等。教学也是培养幼儿良好行为习惯的一个重要途径。在教学的实施中，要注意幼儿良好学习习惯的培养，如倾听的习惯、礼貌表达的习惯。对幼儿的不当行为要提出正面的行为指导要求。

④教学中能为幼儿提供较充分的材料与经验支持，鼓励幼儿自主探究。教师要善于为幼儿的学习提供充分的材料与经验支持，让他们尝试自己去发现价值和真理，学习自主思考、判断。虽

然对于幼儿来说，这些能力只是很初级的萌芽状态的表现，但教师应当有培养幼儿自主思维能力的意识。

⑤有效的教学组织与实施需要大量的观摩与反思。教学的组织与实施过程往往最能反映教师教育教学的基本素质和能力，它是教学智慧的现场体现。教学智慧只有在不断地实践与反思的过程中才能得到提高。

（二）非专门的社会教育活动

非专门的社会教育活动，是指教育活动的目标并不专门指向社会领域，在促进幼儿某一方面发展的同时也促进了幼儿社会性的发展。

1. 日常生活的随机教育

幼儿的社会教育必须借助日常生活来开展，社会教育的目的本就是为了适应社会生活。在日常生活活动中加强对幼儿的社会教育，不仅能培养幼儿的自我服务能力、独立生活能力、为集体服务的精神，还能培养幼儿独立、自强、勇敢的社会品质。例如，利用午点自选活动，培养幼儿"能自理、会选择、能节制、会分享、能轮流、会节约"等能力和品质。因此，幼儿园要把社会教育渗透在幼儿的一日生活中，把幼儿的盥洗、用餐、午睡等常规课程都作为幼儿社会教育的内容。教师还要针对生活中的偶发事件进行随机教育。

2. 其他领域中的随机教育

虽然《纲要》和《指南》都将幼儿的学习和教育分为五大领域，但幼儿的发展实际上是一个整体。幼儿园其他领域都蕴含着丰富的幼儿社会教育契机。教师要提高在不同领域中渗透社会教育的意识，抓住各种教育契机，引导幼儿按照社会的价值取向、社会的道德规范去行事，从而促进幼儿的社会认知、社会情感和社会行为的发展。

3. 区域和游戏活动

自由的区域和游戏活动对幼儿的社会性发展也有重要的意义。游戏，特别是角色游戏和表演游戏，可以促进幼儿交往能力的发展和合作行为的发生，使其社会角色意识和社会角色规范得到强化。因此，教师应重视游戏在幼儿社会化中的教育功能，保障幼儿的游戏时间和机会，并有意识地引导幼儿在游戏中发展自身的社会交往技能，形成良好的社会情感和个性行为。另外，教师还需要有针对性地创设区域活动环境、投放区域材料和设施来发挥区域活动的社会教育功能。

4. 家园合作和社区教育

幼儿的社会性发展需要幼儿园、家庭和社区协调一致，形成教育合力，才能发挥出最大的教育效果。幼儿园不仅要争取家长对幼儿园活动的配合，同时还应指导家长采取合适的方式在家庭中进行社会教育。幼儿园还要充分利用社区中的各种资源来拓展幼儿的学习空间，从而帮助幼儿走向社会，在社会中学习，并最终融入社会。

三、幼儿社会教育的方法

幼儿社会教育的方法是指教师和幼儿在社会互动中为完成教育目标所采用的具体方式和手段。根据幼儿社会领域培养目标来划分，幼儿社会教育的方法可以划分为三类：以促进社会认知为主的方法、以陶冶社会情感为主的方法和以培养幼儿社会行为技能为主的方法。

（一）促进社会认知为主的方法

促进幼儿社会认知的方法主要有谈话法、讨论法、讲解法。

1. 谈话法

谈话法是指教师与幼儿、幼儿与同伴之间围绕某个问题进行的思想和情感交流，以相互提问、对答的方式呈现，以语言交流为核心的表现形式。

谈话有助于整理、归纳幼儿已有的生活经验、知识经验，能丰富幼儿的社会认知，引发思考，使他们产生相应的情感态度，并发展语言。

> **案例分析**
>
> 结合下面的案例，谈一谈在社会教育中使用谈话法有什么注意事项？
>
> **扔玩具，捡玩具**
>
> 上午的区域活动结束后，张老师发现班级的玩具被孩子们扔了一地。她引导幼儿："让我们把玩具幼儿送回家吧！"说完，张老师就带着孩子们把玩具筐摆在玩具周围，开始一个一个地把玩具捡起来，分类放进玩具筐里。
>
> 当最后一个玩具放进筐里的时候，孩子们已经累得不行了。他们往地上一躺："真累呀，终于捡完了！"
>
> "那你们喜欢扔玩具还是捡玩具呢？"张老师顺势问孩子们。
>
> "当然是扔玩具了。"
>
> "为什么呢？"张老师又问。
>
> "因为扔玩具特别好玩，捡玩具太累了！"孩子们如实说。
>
> "那玩具扔一地，谁来捡呢？"
>
> "谁扔的谁捡呗。"腾腾说。
>
> "小家伙这不是挺明白吗！"张老师摸了摸他的头接着说，"那咱们以后谁也不乱扔玩具了，好吗？"
>
> "对，那就没有人累了！"孩子们应和着。

幼儿社会教育中使用谈话法有以下注意事项：
①谈话话题要符合幼儿的已有经验和兴趣。
②让幼儿在谈话中感受到老师的鼓励和支持，大胆地说出自己的观点。
③教师避免对幼儿的观点进行是非判断，营造宽松、平等、自由的交谈氛围。
④要将思考的时间留给幼儿。
⑤在幼儿社会教育活动中使用谈话法，应避免将社会活动开展成语言领域的谈话活动。

2. 讨论法

讨论法是指教师和幼儿围绕某个社会性问题、现象、事物相互启发、交流意见的方法。

与谈话相比，讨论法给了幼儿更大的空间和自主性。一方面，幼儿可以对问题自由发表自己的感受和意见。另一方面，由于不同的人会站在不同的角度思考问题，因此，讨论往往能引发幼儿的认知冲突，深化他们的认识。

在幼儿社会教育中，讨论有两种形式：一是判断是非式讨论。教师提供某种事物或者行为现象，让幼儿进行是非判断，从而提高幼儿的社会认知水平和自控能力。例如，评价同伴的行为谁对谁错。二是解难题式讨论。教师提供一个论题，引导幼儿对问题进行讨论，提出各种假设，检验假设并最终找到解决问题的办法，例如，怎样才能帮助贫困地区的小朋友。

使用讨论法有以下注意事项：

①讨论的主题应当是幼儿熟悉的、理解的。

②跟谈话法的注意事项一样，教师要鼓励幼儿大胆表达自己的意见和观点，并避免对幼儿的观点进行是非判断，要巧妙地引导幼儿总结正确的观点。

③在讨论中，教师要通过提问调节讨论的节奏，避免讨论走题。

④展开讨论的前提是幼儿有较多的生活经验、较强的思考能力和表达能力。因此，讨论法一般在中大班使用。

3. 讲解法

讲解法是指教师通过语言向幼儿直接说明一些简单的知识、道理和行为规则，使幼儿懂得应该怎样做以及为什么要这么做。当幼儿学习某些无法直接实践和感知、难以理解的内容时，常常采用这种方法。教师常常使用讲解法来解释一些社会文化常识、社会常见问题等。

使用讲解法应注意：

①慎重选择讲解的内容，不能无视幼儿能力水平，讲解一些过于深奥的内容。

②教师在讲述时语言要生动、形象，要关注到幼儿兴趣和已有经验。

③讲述过程中尽可能辅以形象化手段（如实物、图片、多媒体课件、视频等），以帮助幼儿理解所讲授的内容。

（二）陶冶社会情感为主的方法

在幼儿社会情感的教育中主要运用陶冶法、移情训练法和角色扮演法。

1. 陶冶法

陶冶法是指利用环境条件、生活气氛以及教育者自身的榜样示范等，潜移默化地影响幼儿的社会态度和社会行为的方法。

由于幼儿的社会学习具有随机性和无意性，因此需要用潜移默化的方式对幼儿进行"陶情"和"冶性"。陶冶法恰恰具有这一特点。在幼儿良好社会情感和态度的形成以及社会行为的培养方面，通过环境陶冶和艺术感染的效果比语言的说教要好得多。

使用陶冶法要注意以下几点：

①让环境说话，让行动说话，避免过多的言语说教。要给予幼儿更多外出感受美好环境、事物的机会。

②创设有准备的环境。教育者必须对幼儿学习、生活的环境，进行精心设计与考虑，让环境育人。营造和谐、相互关爱、积极向上的生活氛围，形成良好的幼儿园文化和家庭文化。

2. 移情训练法

移情训练法是指教师通过讲故事、续编故事、情境演示、生活情境体验、日常交谈等方式让幼儿去理解和分享他人的情绪体验，以使幼儿在以后的生活中对他人的类似情绪能主动、习惯性地自然理解和分享的方法。

移情训练法可以培养幼儿的移情能力，帮助幼儿体察他人情绪，理解他人情感，分享他人的情绪情感并表现出进一步的关爱行为，形成幼儿早期社会性行为的动机基础。

使用移情训练法要注意以下几点：

①创设的情境应是幼儿熟悉的，符合幼儿的年龄特点和社会性发展水平的。

②移情训练的基点是唤起幼儿已有的类似体验，使幼儿已有的体验与当前情境相关联，从而理解与分享。因此，教师要充分利用幼儿已有的体验，唤起幼儿对情境的理解与情感共鸣。

③不断扩大移情的范围，让幼儿充分体会不同身份的人物的情感。

知识点视频
移情训练法

④移情不能仅仅停留在社会情感的发展上,还要对幼儿进行相应的行为训练,促进社会行为技能的发展。

⑤移情训练法应与角色扮演法、行为练习法等有机结合起来,从而使移情训练达到最佳效果。

案例分析

结合下面的案例,思考如果你是班主班王老师,你会怎么做?

午睡起床铃声响起了,保育老师走到琪琪的床边,把琪琪的被子掀了起来,发现琪琪尿床了,就大声地喊道:"哎呀!你怎么又尿床了,这么大了还尿床,羞不羞啊?"浩浩听见了就用手指着琪琪大声地说:"琪琪这么大了还尿床,尿床鬼,羞羞脸!羞羞脸!"旁边的小朋友也跟着浩浩一起对琪琪说:"羞羞脸!羞羞脸!"琪琪听了大声地哭了起来。

建议做法:

王老师走到琪琪身边轻声地对她说道:"我们先去把裤子换了,好不好?"琪琪点了点头。琪琪换完裤子后,王老师牵着琪琪走到了浩浩的旁边。

王老师:"浩浩,我听到你说琪琪是尿床鬼,你可以告诉老师为什么你要叫琪琪是尿床鬼吗?"

浩浩:"因为琪琪总是尿床,保育妈妈还要给她洗被子呢。"

王老师:"你不是故意叫琪琪尿床鬼的,你只是觉得保育妈妈帮琪琪洗被子很辛苦对吗?"浩浩点了点头。

王老师:"每个小朋友都有尿床的时候,你在幼儿园的时候尿过床呢?"

浩浩停顿了几秒,点了点头。

王老师:"那如果你尿床的时候,琪琪叫你尿床鬼你会怎么样呢?"

浩浩:"我会不开心。"

王老师:"所以你刚刚说琪琪是尿床鬼,她怎么样了呢?"

浩浩小声地说:"她哭得很伤心。"

王老师:"是的,琪琪听到你说她是尿床鬼很难过,那我们现在可以怎么做呢?"

浩浩转过身去,低着头对琪琪说:"对不起琪琪,我不应该说你是尿床鬼。"

琪琪拉起了浩浩的手对他说:"没关系,你也不是故意的。"

分析: 在案例中,浩浩在听到琪琪尿床后,指着她的床叫"尿床鬼",琪琪听到之后非常的伤心。王老师在了解事情的经过之后,跟浩浩说"如果在你尿床的时候,琪琪叫你尿床鬼你会怎么样呢",浩浩回答会不开心之后,教师让幼儿用自己的情绪去理解琪琪的情绪,让他学会关心和友爱他人。在教师引导幼儿进行换位思考的过程中,可以帮助幼儿获得社会交往经验,让幼儿知道以后再遇到类似的情况时应该如何与他人进行沟通交流。

3. 角色扮演法

角色扮演法是指模仿现实社会中的某种情境,让幼儿扮演相应的社会角色,使幼儿体验角色的情绪情感,并表现出与该角色一致的社会行为的方法。

角色扮演可以使幼儿亲身体验他人的角色,从而更好地理解他人的处境,体验他人在各种不同情境下的内心情感,提高幼儿的角色承担能力和亲社会行为技能。

[知识点视频]
角色扮演法

使用角色扮演法对幼儿进行社会教育时,有以下注意事项:
①教师应创设幼儿熟悉了解的情境,让幼儿扮演的角色必须是他们能理解的。
②教师避免导演和分配角色,应该充分调动幼儿的主动性、积极性和创造性。
③不应让幼儿扮演反面角色。如果必须有反面角色可以由教师充当,避免幼儿在角色扮演过程中习得不好的行为技能。
④角色扮演结束后,教师要对幼儿扮演的角色进行总结评价。评价的重心应放在角色的内心活动、他人角色特点和所处地位、解决问题的特点和技巧等方面,减少形式上的说教。
⑤角色扮演要循序渐进,开始环节可以由教师示范表演。
⑥活动形式应多种多样,注意避免为了扮演而扮演。

(三)培养社会行为技能为主的方法

[知识点视频]
行为练习法

培养幼儿社会行为技能的方法主要有行为练习法、行为评价法。

1. 行为练习法

行为练习法是指组织幼儿按照正确的社会行为要求反复进行练习,促使幼儿掌握和巩固某种社会行为技能的方法。

行为练习法能使幼儿明白正确的行为规范,形成和巩固幼儿社会行为习惯。

行为练习法有三种形式:一是实践活动中练习。如做值日生、参加劳动等。二是在自然的交往环境中练习。如在和同伴交往的过程中练习分享、合作、请求、协商等交往技能。三是在创设的情境中练习。如在故事情境中学习如何交朋友。

行为练习法有以下注意事项:
①教师要让幼儿明白练习的目的和要求。
②选择恰当的练习内容。练习的内容应是幼儿生活中经常接触的、感兴趣的以及比较容易操作的。
③无论何种形式的练习,都要注意激起幼儿行为练习的愿望。如播放歌曲《洗手帕》或者表演小动物洗手帕的情境引起幼儿的兴趣。
④教师要进行示范。示范的动作要慢,每个步骤都要示范清楚,同时配以浅显易懂的语言进行讲解。
⑤要给幼儿提供练习的机会,同时教师要给予指导。
⑥行为练习的要求应前后一致,长期坚持,以帮助幼儿形成习惯。

2. 行为评价法

行为评价法是指教师对幼儿的社会行为表现给予肯定或者否定的评价,以增强、巩固其好的行为,减少、消除其不好行为的方法。恰当的行为评价能引导幼儿社会行为的正向发展。

行为评价法分为积极的行为评价和消极的行为评价。积极的行为评价主要有表扬、微笑、点头、点赞、奖励(如小红花、小贴纸、获得某种优先权)等方法。消极行为评价主要有批评、摇头、皱眉等。

使用行为评价法时有以下注意事项:
①根据正向指导原则,行为评价应以积极评价为主,对幼儿的行为进行正向引导。使用消极行为评价时要以尊重和肯定为前提,避免挫伤幼儿的自尊心和自信心。
②行为评价要及时、一致。
③评价要具体,切忌空泛,以帮助幼儿学会自我评价和自我赏识。
④强化手段不能运用过于频繁。
⑤引导幼儿进行自我评价和相互评价。

⑥要根据不同的场合、不同个性的幼儿选用不同的评价方法。

总之，教育的方法是多种多样的。幼儿社会教育的方法有其他领域通用的方法，也有本领域特有的方法，各方法之间是相互配合、相互补充的。教师要在具体的教育实践情境中依据具体的目标、内容与对象来选择恰当的方法。

课后练习

课后思考：

1. 幼儿社会教育目标制定的依据有哪些？
2. 《指南》中的社会领域目标有哪些？
3. 幼儿社会教育的原则和常用方法有哪些？

实训练习：

1. 请选择一位幼儿园教师进行访谈，了解该老师所在的幼儿园是如何选择社会教育主题内容的？
2. 收集幼儿园老师设计的幼儿社会活动方案，分析活动方案中经常采用的教学方法是什么？

第三单元 幼儿自我意识教育

学习目标

❶ 了解自我意识的内涵、特点和意义。

❷ 掌握幼儿自我意识的培养途径和方法。

❸ 能够根据相关的理论与方法设计和实施有利于幼儿自我意识发展的教育活动。

学习导图

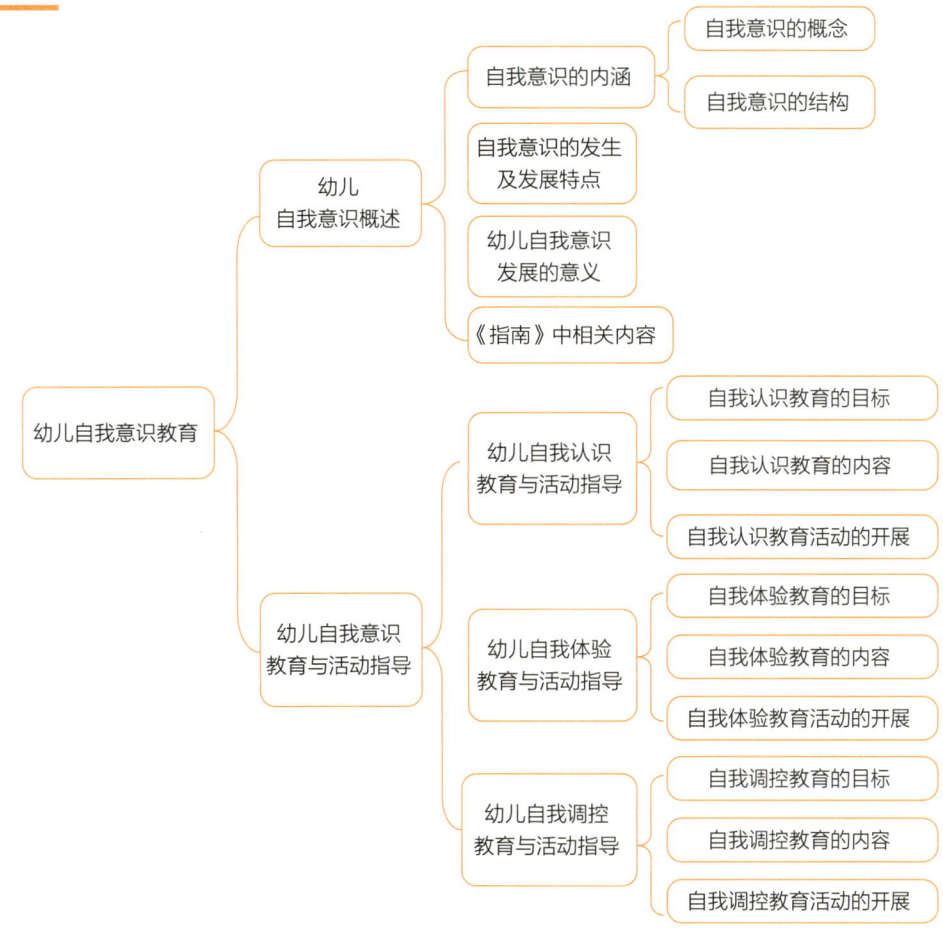

案例导入

楠楠已经4岁了,可是每当让他做什么事情的时候,他总是坐着等老师来帮忙。吃饭的时候楠楠总是哭诉:"我舀不了,菜总是掉下来""我不要自己吃,我会洒在外面的"。等到午睡起床的时候,别的小朋友都在尝试自己叠被子穿外套,但是楠楠还要老师帮忙穿衣服,如果老师要求楠楠自己穿,楠楠就会坐在床上哭:"我不行的,我不会穿。"在一些动手操作的活动中,楠楠也是等着老师来帮忙。一天,老师要求小朋友们利用各种树叶,创作一幅自己喜欢的画。别的小朋友都开始边剪边贴了,只有楠楠坐在那里一动不动地看着别人做,嘴巴里还一直在说:"我不会,我不会,太难了。"楠楠一看到老师过来了,就马上哭闹:"老师,我不会,你帮我。"

理论阐释

有时人们会见到像楠楠这样做任何事情都不自信,还没动手就先否定自己,事事依赖别人的幼儿。这种对自我的消极评价以及不自信的体验和挫败感,不利于幼儿自主能力的发展,也会影响他对自我的正确认识,不利于其自我意识的发展。那么,如何培养幼儿的自信心和独立能力,形成对自我的正确认识呢?本单元将走进幼儿自我意识教育。

项目一　幼儿自我意识概述

自我意识的发展过程是个体不断社会化的过程，也是个性特征形成的过程。自我意识是人的个性结构的重要组成部分，是个性结构中的自我调节系统，是衡量个性成熟的标志，也是推动个性发展的内部动因。幼儿时期是自我意识形成和发展的重要阶段。

一、自我意识的内涵

（一）自我意识的概念

自我又称自我意识，是个体对自身存在的认知与体验，个体主要通过经验、反省和他人的反馈，逐步加深对自身的了解。它是作为主体的我对于自己以及自己与周围事物的关系，尤其是人我关系的认识。

自我意识表现在三个方面：①能意识到自己的身体、身体特征和生理状况。②能认知并体验到内心进行的心理活动。③能认识并感受到自己在社会和集体中的地位与作用。

（二）自我意识的结构

自我是一个有机的、多层次的、多维度的结构，由认知、情感、态度、信仰和价值观组成，贯穿整个经验和行动，并把个体表现出来的各种特定习惯、能力、思想和观点等组织起来。

从形式上看，自我意识分为自我认识、自我体验和自我调控，它们分别代表着知、情、意三个维度。自我认识是自我意识的认知成分，包括个体的自我观察、自我概念、自我觉知及自我评价等。自我体验属于情绪、情感的范畴，主要包括自尊、自信、自卑、自负、自责、自豪等方面的内容。自我调控是个体对自己思想、情感和行为的调节和控制，主要包括自我控制、自我监督、自主、自立、自制等方面。

从内容上看，自我意识分为生理（物质）自我、社会自我和心理自我三个部分。生理自我包括对自我身体外貌、衣着装束、言行举止、家庭环境、家庭成员以及所有物的认识和评价。心理自我包括对自己智力、情感和人格特征以及所持有的价值取向和宗教信仰的认识和评价。社会自我包括在人际交往中自己所承担的角色和权利、义务、责任等，以及在群体中的地位、声望和价值的认识和评价。自我的内涵如表3-1所示。

表3-1　自我的内涵

自我	自我认识	自我体验	自我控制
物质自我	对自己的身体、外貌、衣着、风度、家庭、所有物等的认识	自豪感或自卑感	追求身体外表、物质欲望的满足，维持家庭的利益等
社会自我	对自己在群体中的名望、地位、自己拥有的亲友及经济条件等的认识	自豪感或自卑感	追求名誉地位，与他人竞争，争取得到他人的好感等
心理自我	对自己的智力、性格、气质、兴趣等特点的认识	自豪感或自卑感	追求信仰，注意行为符合社会规范，要求智慧与能力的发展

我国学者大多采纳以形式维度划分的自我意识结构，即自我意识包括自我认识、自我体验和自我调控三个方面。自我认识也称自我认知，是自我意识中的认知成分，它回答的是"我是谁"的问题。在学前期主要包括自我概念、自我评价和性别意识等。具体而言，自我概念是个人心目

中对自己的印象，包括对自身存在以及个人身体、能力、性格、态度和思想等方面的认识。自我评价是个体对自己的思想、愿望、行为和个性特点的判断与评价。自我评价是幼儿在别人评价他（她）的过程中逐渐学会的，是自我概念发展的产物。对性别的认知也是幼儿对自己认知的重要内容。1~2岁的儿童开始知道自己的性别，直至6岁，幼儿才形成比较全面、稳定的性别意识。自我体验是自我意识中的情感成分，是伴随自我认识而产生的，自尊与自信、成功感与失败感、自豪感与羞耻感等都是自我体验的产物。自尊与自信在学前儿童的发展中是非常重要的人格特质，其中自尊是一种内驱力，激励着个体尽可能努力获得别人的尊重。自信则是个体对自己能力的信念，相信自己具有完成任务的能力。自我调控是自我意识中的意志成分。自我调控在学前期发展的主要是自我监督、自我控制和自我调节，具有能动性、反馈性和修正性等特征。自我监督是指个体自主、独立、自觉地从事和管理自己的行为，它是自我调控的前提，具有能动性。在自我监督的基础上，个体依据周围环境的变化来进行自我控制，自我控制具有反馈性。自我调节具有修正性，自我调节的目的是为了让个体的行为能更好地符合环境中的要求，在反馈的基础上，个体必须不断修正自己的行为，才能使自己的行为符合外部的要求。

二、幼儿自我意识的发生及发展特点

（一）自我意识的发生与发展阶段

婴儿一出生并无自我意识，一直到1岁以后才开始出现自我意识的萌芽，或者说是一种自我的感觉。他们开始意识到自己与别人不一样，渐渐地知道了"我是谁"和"我不是谁"，一直到产生自我评价，如"我是个可爱的孩子"等。我国学者认为自我意识至少应具有以下四个方面的特征：①幼儿在动作对象中能够区分自己的动作，并逐步意识到自己的动作及动作的目的，这就产生了初步的自我意识，如风铃响了，是因为"我"拉了风铃的绳子；②幼儿能把自己和动作区分开来，知道自己是活动主体，如"我"除了扔球让球滚出去很远，还可以用踢球让球滚出去很远；③幼儿能使用自己的名字，即幼儿能使用自己的名字或他人对自己的称呼来称呼自己，如"宝宝"睡、"宝宝"乖，这说明幼儿产生了概括自己愿望和关于动作表象的自我感觉；④幼儿能使用第一人称"我"来代表自己，如"我"饿了，这说明幼儿已经完成了从自己表象向抽象的发展，幼儿的自我意识逐渐形成。

幼儿自我意识的发展阶段主要分为模糊期、分化期和形成期。

第一阶段为模糊期。幼儿前期的自我意识往往比较模糊。自我识别是婴幼儿自我意识形成的基础，即认识到自己是独立于环境中其他客体的个体。幼儿主要经过最初的自身和物体区分，到自己和他人区分，2岁左右初步形成自我评价，最早的儿童自我意识开始出现。研究显示，幼儿发现自己的行为能使客体以某种可预料方式发生反应，并察觉到区分自己和外界的体验时，就逐步建构起独立于外部世界的自我表象。2岁左右儿童基本获得稳定的自我识别能力，开始发展各种情感和社交技能，出现争斗和亲社会行为。

第二阶段为分化期。在3~5岁时，幼儿从自我中分化出主观的我和客观的我两个方面，7岁前后有所波动。主观的我和客观的我之间发生差距和矛盾，就会产生初步的自我体验，随着自我体验的丰富多彩和复杂，幼儿对理想的我和现实的我的认识有所区别，产生初步的自我控制。3~4岁幼儿对心理活动的理解已在辨别性、组织性、精确性上达到系统水平，开始领会信念、行为和愿望的关系，形成一种和成人心理很接近的心理观，儿童能更有意图地思考自己，初步建构"自我概念"。

第三阶段为形成期。幼儿通过不断的社会互动与自我体验，发展出对自我特征和能力的丰富而全面认识，从而形成心理自我概念。幼儿初期只是将成人的评价标准和规则加在自己和他人身上，去评价自己和他人的行为和品质。幼儿晚期则已掌握自己和别人对比的技能，能正确地意识到自己的成就，而非估计到周围人们对自己的态度。

（二）3~6岁幼儿自我意识发展特点

随着幼儿年龄的增长，幼儿自我意识也不断发展变化。

1. 自我认识的发展特点

对于3~6岁幼儿而言，自我认识主要包括自我概念、自我评价和性别意识3个方面。

（1）幼儿自我概念的发展特点

3~6岁幼儿自我概念发展主要体现在以下3个方面：

①自我概念发展具有渐成性。幼儿3岁左右知道关于自己的最基本特征，例如知道我是谁、我的名字叫什么、我是哪里人等。4岁以后，幼儿会逐渐加深对自己的认知，开始出现对自己心理特征的描述，如我是好孩子、我不开心、我喜欢笑等。5~6岁的幼儿在与他人的交往中逐步加深了对自己特征的了解，对于社会性方面的自我概念有了长足的发展，如我和某某是好朋友等。但是总体而言，学前儿童自我概念的发展水平仍较低。

②自我概念发展呈现出具体性。如果让3~6岁的儿童来介绍一下自己，很少会有幼儿给自己下一个概括性的结论，比如"我是一个内向的孩子"，即使是6岁的幼儿，他还是会从自己的姓名、性别、年龄、会做什么事情、自己最喜欢的玩具等方面进行具体描述。

③自我概念认知维度简单。3岁幼儿对自己的描述多与性别和年龄有关，"我3岁了，我是个女孩子"。4~5岁时，幼儿典型的自我描述常常集中于身体特征、所有物和喜好，例如我是长头发的女孩子，我有2个芭比娃娃，我喜欢吃巧克力等。5~6岁的幼儿则能从能力、社会关系等方面来介绍自己，并开始意识到自己对于物体与事件的简单态度和情绪，如我会自己吃饭、我有很多好朋友、我很难过等。

（2）幼儿自我评价的发展特点

幼儿自我评价的发展特点表现在以下4个方面：

①自我评价的内容由外部的具体行为渐渐过渡到内在的品质。3~5岁幼儿自我评价的对象往往是自我外部表现的某个具体行为，如4岁的幼儿会说"我很乖，因为吃饭吃得快"。而5~6岁的幼儿开始出现一些对自我内在品质的评价，他们可能会说"我很乖，因为我对小朋友很谦让"。

②从轻信和运用成人评价到自己独立的评价。3岁左右幼儿还没有独立的自我评价。他们的自我评价常常依赖于成人对他的评价，他们的自我评价遵从权威。幼儿对自己具体行为的评价大多是成人对其评价的翻版，带有一般化和笼统的特点，常常缺乏针对性。一直到大班，幼儿才开始对自己有了初步的判断，出现独立的评价。幼儿对成人的评价逐渐持有批判的态度，如果成人对他的评价不符合他的实际情况，他们会提出疑问或者申辩，甚至表示反感。虽然有时会不同意成人的评价，提出异议，但是大部分时候仍然屈从于成人的评价。例如，幼儿说自己不是乖孩子，是因为"老师经常批评我"。

③从笼统不会分化的评价到具体细致的评价。幼儿的自我评价往往先是比较简单、笼统和分化的，然后发展为能够进行具体细致的自我评价。例如，小班幼儿常常评价自己"我是个好孩子"，但是问他"你为什么是个好孩子啊"，他们往往说不清楚或者会说"妈妈说我是好孩子"。这种评价只有结果，没有论据，表明此时幼儿的评价是主观笼统的。到了中班，当你再问同样的问题时，他们会说"我听妈妈的话，所以我是好孩子"，此时幼儿对自己的评价是局部的、零碎的。到了大班，幼儿可能会说"我是好孩子，是因为我不欺负别人、我会帮妈妈做家务……"此时幼儿的自我评价所使用的论据越来越丰富具体，从而使得他们评价的客观性增强。

④自我评价带有明显的情绪性。幼儿处于积极情绪状态时，其自我评价也往往比较高，反之其自我评价就比较低。

（3）幼儿性别意识的发展特点

柯尔伯格把儿童性别认同的发展划分为三个阶段：

①性别标志阶段（3~4岁）。这时幼儿能正确标志自己以及他人的性别，但认识性别的根据是外部的、表面的特征，如头发长度、服饰等。

②性别固定阶段（4~5岁）。这时幼儿对性别的"守恒性"有了一定的理解，如知道男孩将来要长成大男人，但他们仍相信改变服饰、发型等就能导致性别转换。

③性别一致性阶段（6岁以后）。大班幼儿开始获得性别的一致性，他们知道即使一个人"穿错了衣服"，也不会改变性别。

2. 自我体验的发展特点

自我体验可以分为积极的和消极的两大类，前者包括自尊、自信、成功感和自豪感等；后者则包括自卑、失败感和羞耻感等。其中，有关学前儿童自尊和自信发展的研究最多。

[知识点视频]
自我体验的概念及发展特点

（1）幼儿自尊的发展特点

自尊是基于自我评价产生和形成的一种自重和自爱，是要求受到他人、集体和社会尊重的情感体验。幼儿的自尊大约在3岁左右出现，在整个学前期都呈现出先扬后抑的态势。对于3岁幼儿来说，生活能力的获得、成长与进步是自尊发展的坚实基础。国内外大量研究都表明，4岁是儿童自尊水平最高的时期，4~7岁儿童自尊水平开始下降。这是因为随着年龄增长，幼儿的抽象逻辑思维能力开始萌芽，角色采择能力、合作能力、道德感和责任感都在渐渐发展，他们不再盲目相信自己的能力，而是会比较客观地来判断自己的自我价值。幼儿的自尊水平不稳定，他们遭遇挫折后会很容易对自我价值做出负面的判断，形成与自尊相对的挫败感。幼儿的自尊水平存在性别差异，总体上女孩的自尊水平显著高于男孩。

（2）幼儿自信的发展特点

自信是幼儿对自己的能力是否胜任某项任务所进行的判断，自信源自幼儿完成任务后的成就感。幼儿在成长过程中，面临五个发展自信的关键时期。第一个关键期是0~2岁，为基本的信任期；第二个关键期是2~3岁，为从婴儿期到蹒跚学步期的创伤过渡期；第三个关键期是3~5岁，为兄弟姐妹争宠期；第四个关键期是5~13岁，为同伴竞争期；第五个关键期是13~19岁，为独立战争期。

3~6岁幼儿自信的发展与年龄相关，随着认知、运动、语言等能力的不断发展，幼儿能够完成的任务越来越复杂，自信一步步发展起来。小、中、大班儿童间的自信水平有着显著差异，且都有性别差异，女童的自信水平要高于男童，这主要是由于幼儿语言能力发展的性别差异造成的。虽然自信随年龄增长而发展，但是自信的发展存在着极大的个体差异，造成这种个体差异的主要原因是家庭教养环境，家庭环境中的言语刺激数量、亲子关系的亲密度、孩子自己解决问题的机会、与其他儿童玩耍的时间长短等变量均会影响儿童自信的发展。因此，学前儿童自信水平一方面随年龄增长而提高，另一方面受到教养环境中相关因素的影响。

🔗 资料卡

充满自信的幼儿的表现

研究表明，自信心较强的幼儿往往积极主动参加各项活动，敢于表达自己的意愿；坚持自己的主张，与成人或同伴有分歧时能据理力争；在游戏及美工活动中创造多于模仿；他们对新环境、新事物容易适应；对待困难不轻易退缩，常常自告奋勇地说"我来试试""让我想想办法"；在自选活动中爱挑选困难的任务，理由是"这样练习的本领大""我会做成的""像这样的事我做过"。而自信心较弱的幼儿则往往被动、迟疑，对自己的力量没有把握，不能坚持自己的行动目标，对新环境、新事物容易产生恐惧和退缩，稍遇困难，未经努力就向成人或同伴乞求帮助。他们的内心充满了可能失败的预感和恐慌，往往会先说"我不会""我弄不好""我不行"，不想付出更大的努力和做出多种尝试，宁愿随从、模仿别人或放弃目标。

3. 自我调控发展特点

[知识点视频]
自我调控的概念及发展特点

3~6岁幼儿自我调控的研究主要集中在自我控制能力上。自我控制是在缺乏外在监督时，个体按照社会期望行为的能力，主要体现在坚持性、自制力、自觉性、延迟满足等方面。

自我控制的发展是一个"由外向内"的过程，可分为前道德、遵从、认同和内化四个阶段，其中3~6岁幼儿的自我控制发展主要处于遵从阶段和认同阶段。处于遵从阶段的幼儿表现为能够听从成人的指令，遵守成人制定的规则。大部分3~4岁的幼儿都会表现出对家长和教师的遵从。例如，当教师告诉一个4岁的孩子："你可以直接和小朋友说你也想玩积木，而不是用推开别人的方法"，通常孩子会遵从教师的教导去做。但是，处于遵从阶段的幼儿仅仅是为获得奖赏或逃避惩罚而遵循规则，听从成人的指令，并没有形成真正的自我控制。此时，幼儿只有在成人的直接监督下才能根据要求完成任务。一旦缺乏成人的指令，那么幼儿往往不能控制住自己的冲动或需求。在延迟满足实验中，幼儿完成某项任务后，研究者告诉幼儿如果你现在就要奖励的话，你能获得一颗糖；如果你可以等待一会儿，那么可以获得两颗糖。处于遵从阶段的幼儿往往会要求马上获得奖励，因为此时成人没有对他们提出要求，他们不能控制马上想要得到糖果的本能。处于认同阶段的幼儿能够遵循一定的行为规则来控制自己的行为，如知道在集体面前讲话要先举手，但幼儿并非是由于认识到了规则的社会价值而去遵守这些规则，而是为了与特定的人确立或保持一种令人满意的关系，如举手发言就是为了让自己的行为与教师的预期相一致。4岁以后的幼儿开始能够用外在的规则来控制和调节自己的行为，此时出现了真正意义上的自我控制行为。处于认同阶段的幼儿在成人不在场的情况下，也能依据规则对自己的行为进行控制，如中班幼儿开始渐渐地能够自觉遵守班级的规则，即使教师并不在眼前也能做到。

三、幼儿自我意识发展的意义

自我意识是幼儿社会性发展的基础，在个体发展中的作用十分重要。研究表明幼儿的自我意识是其主观幸福感的中心，积极的自我意识与学业成就和同伴接纳等积极的结果相联系；消极的自我意识则能导致如抑郁、饮食失调和自杀意念等问题，并且消极的自我知觉在童年早期一直到童年中期都表现得很稳定。因此，在幼儿期帮助幼儿构建积极、健康的自我意识，将对其终身发展具有重大的意义。幼儿自我意识发展的意义主要体现在以下四个方面。

（一）自我意识的发展能促进幼儿心理健康

很多研究都表明自我意识在调节心理健康方面有着重要意义。积极的自我意识有利于幼儿形成良好乐观的性格，减少焦虑和消沉，对其社会性的培养有积极作用。如果幼儿存在消极的自我意识，则会对幼儿的心理、行为、学习以及社会能力等均造成不良影响，从而形成情绪不稳、脾气暴躁、缺乏自信、执拗任性等消极人格。

（二）自我意识的发展有利于幼儿形成自觉、自控品质

幼儿只有在认识自己以后，对自己所做的事情有所知觉，知道应该如何做时，才能产生自觉和自控。1岁以后，幼儿开始认识自己的身体以及身体的各个部位，知道自己的名字，各种感官也随之敏锐起来。被家长批评时，能够意识到自己犯了错误；被成人表扬时，也能领会到自己的优点，从而自我控制自己的行为，自觉地培养良好的行为习惯。所以，自我意识的发展能使幼儿不断地自我监督、自我修养和自我完善。

🔗 资料卡

延迟满足

延迟满足是个体有效自我调节和成功适应社会行为发展的重要特征，是一种为了更有价值的长远结果而主动放弃即时满足的抉择取向，是人格中自我控制的一个部分，是心理成熟的表现。

20世纪70年代，在美国斯坦福大学附属幼儿园进行了"延迟满足"实验。研究人员找来数10名幼儿，让他们每个人单独待在一个只有一张桌子和一把椅子的小房间里，桌子上的托盘里有这些幼儿爱吃的东西——棉花糖、曲奇或是饼干棒。实验人员发给每个4岁的孩子一颗好吃的软糖，并告诉孩子可以吃糖。但是，如果马上吃掉的话，就只能吃到一颗软糖；如果20分钟后才吃的话，就能多吃到一颗。然后，实验人员离开，留下孩子和极具诱惑的软糖。实验人员通过单面镜对实验室中的幼儿进行观察，发现：有些孩子只等了一会儿就不耐烦了，迫不及待地吃掉了软糖，是"不等者"；有些孩子却很有耐心，还想出各种办法拖延时间，如闭上眼睛不看糖、头枕双臂、自言自语、唱歌、讲故事……成功地转移了自己的注意力，一直等到20分钟后才吃软糖，是"延迟者"。后来，当参加实验的孩子成长到青少年时期时，实验人员对他们的家长及教师进行了调查，发现："不等者"在个性方面，更多地显示出孤僻、易固执、易受挫、优柔寡断的倾向；"延迟者"则较多地成长为适应性强、具有冒险精神、受人欢迎、自信、独立的倾向。两者学业能力的测试结果也显示，"延迟者"在数学和语文上的成绩要比"不等者"平均高出20分。

实验表明，那些能够延迟满足的孩子自我控制能力更强，他们能够在没有外界监督的情况下适当地控制、调节自己的行为，抑制冲动，抵制诱惑，坚持不懈地保证目标的实现。可见，延迟满足是一个人走自成功的重要心理素质之一。

（三）自我意识的发展有利于发展幼儿良好的人际关系

研究表明，积极的自我意识有助于幼儿发展良好的人际关系。幼儿对自己的高度评价会迁移到对亲近他人的觉知上，即幼儿认为与他亲近的人也优于一般人，而对他人的积极幻想，也同样可以帮助幼儿建立良好的人际关系，因为幼儿对同伴越是理想化，对彼此间的关系也越满意。

（四）自我意识的发展有利于幼儿亲社会行为的产生

皮亚杰认为幼儿有一种"自我中心"的心理特点。培养幼儿积极的自我意识有利于幼儿走出"自我中心"的状态，增强幼儿的自尊心和自控力，从而产生更多的亲社会行为，使之符合社会道德的要求。

四、《指南》中相关内容

《指南》中，社会领域子领域"人际交往"之子目标3"具体自尊、自信、自主的表现"指向幼儿自我意识的发展。具体内容见附录《指南》。

项目二　幼儿自我意识教育与活动指导

幼儿自我意识教育是指通过系列的、有意识的社会教育活动和日常活动渗透，帮助幼儿建立起对自我以及与周围关系的正确认知。幼儿自我意识教育活动包括自我认识、自我体验和自我调控三个方面的教育活动。

一、幼儿自我认识教育与活动指导

幼儿园自我认识教育是指通过各种活动增进幼儿对自己的了解与认识，并形成对自己较为客观的评价的教育。自我认识教育有助于促进幼儿自尊心、自信心和进取心等积极个性的形成。

（一）自我认识教育的目标

总的来说，幼儿自我认识教育的目标是让幼儿认识自己的五官、身高、体重、性别等生理状况，性格、爱好、能力、气质等心理特征以及自己与他人或周围事物的关系。

《纲要》中提出幼儿不同年龄段自我认识教育的目标：

小班：初步了解自己身体主要部分的基本特征和功能，初步学会自我保护。

中班：初步了解自己和他人的不同和了解自己和他人的情绪，学会同情和关心别人。

大班：初步了解自己的成长和成人为此付出的劳动，激发幼儿爱父母、爱师长和爱长辈的情感。

（二）自我认识教育的内容

自我认识教育可围绕"生理自我""心理自我""社会自我"等内容展开。例如，可选择"我的身体""我和别人不一样""长大的我"作为具体教育内容，目的是让幼儿增强对自我的认识，形成积极的自我评价。

（三）自我认识教育活动的开展

要培养幼儿正确的自我认识，教师需要通过专门的教学活动以及日常生活中的随机教育对幼儿进行自我认识教育。

1. 通过专门的社会教育活动开展幼儿自我认识教育

在教学活动中开展幼儿自我认识教育，有以下注意事项：

（1）根据幼儿不同年龄段发展特点和个体差异进行活动设计

不同的年龄段，自我认识教育的重点是不一样的，自我认识教学活动设计应考虑幼儿不同年龄阶段的发展课题和个体差异。

对于刚入园的小班幼儿，教师可以在开展适应新环境的主题活动时，包含一些自我认识的元素，如简单介绍自己、表达自己的喜好和愿望、了解自己在幼儿园的物权范围等，这些主题活动有助于幼儿在新环境中找到自己的位置，并对自己与幼儿园的人、事、物建立初步概念。中班幼儿乐于展现自己各方面的能力，这时的社会活动，教师可以选择一些具有鲜明自我概念的素材，如绘本、故事等，与幼儿分析讨论，让幼儿扮演其中的角色，从而体验自我认可的快乐。大班自我认识教育比中班在广度和深度上有所增加，主要表现为两个方面：第一，知道如何使用合理的方式表达自己的想法；第二，认识到环境之间的差异，具体表现为人与人之间的差异，不同年龄、不同社区、不同民族和国家之间的差异。

（2）掌握自我认识教育活动的重点

自我认识教育活动的重点包含两个方面：

①帮助幼儿形成对自我的正确认识。教师要选择恰当的方法引导幼儿了解自我，形成对自我的正确认识。例如，在小班社会活动"男孩女孩"中，可以通过观察图片，让幼儿了解男孩和女孩有哪些不同。

②强化幼儿对自己的正确认识。在正确认识自己的基础上，引导幼儿用语言或者行为将这些认识外显出来。例如，在小班社会活动"男孩女孩"中，教师可以通过"听口令做一做"的游戏，让幼儿按口令做动作，类似"男孩起立，女孩请坐；女孩学小猫叫，男孩学小狗叫"等，巩固幼儿对自己性别的认识。

（3）掌握自我认识教育的指导策略

观察、比较、评价和体验等方法，都是帮助幼儿认识自我的有效指导方法。

①引导幼儿在观察中认识自我。观察法是幼儿了解自我、认识自我的主要方法。观察的对象一般是自己或他人的外貌特征或行为表现。观察可以通过图片、视频等，也可以是具体的人或行为。例如，一位教师在教幼儿认识自己的五官时，发给幼儿每人一面镜子，让幼儿透过镜子观察自己的眼、耳、鼻、嘴等器官，通过观察，幼儿可以清楚准确地了解自己。

②引导幼儿在比较中认识自我。让幼儿在比较中了解自我，是幼儿园进行自我教育常用的方法。这里的比较是指幼儿与幼儿之间进行比较，幼儿有了比较观察，才会发现自己的与众不同，自己哪些方面不足，哪些方面比别人更好，从而更好地完善自己。例如，教师在让幼儿评价自己的坐姿时，会让幼儿观察其他幼儿坐得怎么样，在比较中让幼儿认识到自己比别人好还是不好。在运用比较法时，教师要注意为幼儿提供合适的比较对象，同时又要从幼儿的实际出发，不能拿幼儿的某些无法改变的缺陷跟正常的幼儿进行比较，否则会适得其反，让幼儿产生自卑感。

③引导幼儿在评价中认识自我。让幼儿在评价中了解自我，是指让幼儿自我评价或是幼儿之间互相评价。幼儿对自己的评价一般要高于别人对自己的评价，他人的评价往往要比自己的评价客观些，如果自己的评价同别人对自己的评价很接近，就说明幼儿的自我认识水平较高，如果两者相差较大，就说明幼儿在自我认识方面存在偏颇，这时教师需要引导幼儿调整自己。例如，教师为了让幼儿了解自己的行为习惯，特意设计了一张幼儿自我评价表，让幼儿对自己的行为习惯等做出不同等级的评价，通过自我评价让幼儿意识到自己的不足，进而幼儿会调整自己，养成良好的习惯。

④引导幼儿在体验中认识自我。让幼儿在体验中了解自我，就是让幼儿亲自去经历去感受，在体验中加深对自己的认识，增长知识，从而有所感悟，达到教育和自我教育的效果。例如，有的教师为了让幼儿了解自己鼻子的功能，让幼儿闻气味，使幼儿在亲身体验中感受到鼻子具有嗅的功能；为了让幼儿感受"我做哥哥姐姐了"，有意让幼儿试穿小时候的衣服、鞋子，发现都穿不进去了，因为自己长高了、长大了，幼儿会在这种体验中感受到自己的变化。

值得注意的是，各种方法之间并不完全独立，可以联合起来一起使用，如观察法和比较法，观察法和评价法常常被一起运用，这样能使幼儿自我认识的教育达到更好的效果。

小班社会活动：我是谁

活动目标
1. 体验和同伴游戏的快乐，愿意在集体面前介绍自己。
2. 在游戏中引导幼儿学习自我介绍的方法。
3. 能向同伴介绍自己的名字、年龄。

［活动视频］
我是谁

活动准备
音乐伴奏、PPT课件、胖胖熊玩偶。

活动过程
1. PPT导入。

指导语：今天有一位神秘朋友给我们准备了礼物，我们一起看看是谁吧。

播放PPT课件，提问：你们谁想去胖胖熊家呢？那谁愿意来给小熊打电话？我们需要说什么呢？

2. 请愿意做客的幼儿来打电话，并向胖胖熊介绍自己的名字、年龄。

3. 玩游戏：传"胖胖熊"。

游戏规则：播放音乐后幼儿依次相互传胖胖熊，音乐停止的时候胖胖熊传到谁的手上，谁就站起来做自我介绍。

（1）鼓励每一位幼儿大声介绍自己，并在每位幼儿介绍完后带领小朋友鼓掌。

（2）其他幼儿向介绍的幼儿问好："××好。"

4. 教师组织讨论，提出启发性问题。

（1）指导语：我们平时还在什么时候会向别人介绍自己呢？除了告诉别人我们的名字和年龄，还可以说些什么呢？

（2）引导幼儿发散性地思考问题，出示表演节目、打电话、迷路、想认识新朋友、妈妈带着去陌生人家做客时的图片。

5. 结束活动。

鼓励幼儿通过自我介绍认识新朋友，和朋友手牵手一起去参加胖胖熊的生日派对。

中班社会活动：我真棒

活动目标
1. 能根据自己平时的劳动、卫生、学习、礼貌等情况进行自我评价，初步形成对自己行为习惯评价的能力。
2. 懂得保持良好的表现，改正缺点，有积极向上的意识。
3. 初步了解表格的内容及评价项目的意义，有自我评价的兴趣。

活动准备
每人一份自我评价表格（小），一支笔，一张大表格。

活动过程

（一）观察评价活动

1. 起床时的穿衣裤叠被子活动。

教师：看看自己和别人，你的衣裤穿得怎么样？你的被子叠得怎么样？找一找哪些小朋友的被子叠得比较整齐？

2. 进餐时的卫生情况，及餐后清洁活动。
教师：吃饭时看看自己的桌子和地面干不干净，餐后有没有自觉收餐具、擦桌子？
3. 评价上课时动脑筋和听讲的情况。
4. 评价早上入园和放学回家时的礼貌情况。

（二）学习评价（结合日常以及以上的专门观察活动进行综合评价）

1. 出示课前准备的表格，认识表格，了解评价项目内容和方法。
引导幼儿一起数一数表格，横格和纵格的格数，简单介绍表格的整体内容，教幼儿明确评语的意思。（如你真棒、挺好、还可以、加油等）
2. 幼儿在表格上进行自评。
3. 请幼儿进行自我讲评，并说明为什么这样评价自己。

（三）小结评价活动

我们除了要劳动好、爱学习、讲卫生、有礼貌外，还要做好哪些事？该怎样去做？

（四）活动延伸

以"谁是好宝宝"为主题，开展好宝宝评选活动，好宝宝的标准是爱劳动、爱学习、讲卫生、自己的事情自己做等，好宝宝由幼儿自己选出来，被评为好宝宝的幼儿给予适当的奖励。

中班幼儿自我评价表

幼儿姓名　　　　　　　　　　　　　　　　　　年　　月　　日

评价内容	评语			
	你真棒	挺好	还可以	加油哦
按时来园，不迟到				
有礼貌，主动打招呼				
整理衣裤，叠被子				
认真听讲				
爱动脑筋				
不乱扔垃圾				

2. 通过其他途径开展幼儿自我认识教育

其他途径中的幼儿自我认识教育主要体现在以下两个方面。

（1）在日常生活中培养幼儿正确的自我认识

首先，教师要抓住日常生活中的每一个契机，帮助幼儿认识自我。一日生活各个环节中蕴含了丰富的自我认识教育资源和机会。例如，入园环节可以引导幼儿自己摆放好书包、自己记录入园时间，评判自己是否迟到？观察有谁比自己来得早？进餐环节自我评价有没有挑食？吃得好不好？有没有自己收拾好餐具？有没有养成好的进餐习惯？等等。盥洗环节分清楚自己是男孩或女孩，按照分批顺序找到相应位置如厕，自己脱提裤子、扎衣服；使用个人专用毛巾擦手，使用个人专用口杯喝水等。

> **案例分析**
>
> **结合下面的案例，谈一谈教师应该如何进行针对性指导。**
>
> 在幼儿园里，孩子们"躲在"厕所里叽叽喳喳地说着什么，并且经常出现这样的现象：一个小朋友在上厕所，几个孩子站在一边看，而且他们的脸上表情都很诡异。有位家长反映，他的孩子自入园以来，一直都不敢在幼儿园上厕所，因为在幼儿园里，男孩和女孩都是一起上厕所的，很多女孩看他，他就不敢上了。
>
> 参考答案：幼儿期是孩子性别意识形成的一个关键的阶段，现在幼儿的性别意识形成时期提前，而且随着生活水平的提高，人的生理成熟较早，性别意识也相应提早，很小就有性别差异，有的孩子3岁就已经有较强的性别意识了。如果这种朦胧意识一直伴随着孩子的成长，会对他们的心理和生理产生不良影响，因此，老师和家长应该尽早地对幼儿进行性别角色教育，正确引导、教育他们互相尊重异性隐私。现在一些幼儿园是男女同厕，但是为了更好地给幼儿进行性别角色教育，教师可以组织男孩和女孩分时间如厕，加强幼儿男女是有性别区分的意识。教师还可以在全班幼儿面前强化幼儿自己的性别，对能清楚地分清自己性别的孩子要及时给予表扬，对还不能很快反应过来自己的性别的幼儿，教师要给予正确的指导。

其次，教师要发挥对幼儿的评价优势，帮助幼儿形成积极的自我概念。教师对幼儿进行评价时要做到：①多给予幼儿正向评价。在学前期，幼儿的自我评价在很大程度上还依赖于成人对他的评价。因此，多给幼儿正向评价，能够让孩子接受自己，从而在活动中敢于尝试，充满自信。②教师对幼儿的评价要客观、具体。由于幼儿的抽象逻辑思维还没发展起来，具体的评价更能让他们理解，从而帮助他们在自我评价中掌握更为客观的标准，最终形成客观的自我评价。例如，在表扬幼儿时，不要只用"你真棒""你真能干"等概括性的表扬，要以幼儿的具体言行表现为依据，如"小明刚才听老师讲游戏要求时特别认真，所以他第一个完成了任务"。具体的言行依据对幼儿来说不仅具有激励或警示作用，使幼儿认识到自己的优劣势所在，还能间接指出其他幼儿未来言行的方向。③引导、鼓励幼儿自我评价。教师可以问幼儿今天做了什么，表现得怎么样，从而鼓励幼儿思考、评价自己。

（2）注重社会领域与其他领域的渗透教育

教师要充分利用各领域渗透的途径，帮助幼儿认识自我。例如，可以在语言活动中提高幼儿的自我评价能力。教师可以根据本班幼儿的情况，设计一些"语言区域"活动，如组织幼儿学习说"我是谁"，从引导幼儿说出自己的姓名、性别、年龄开始，然后逐渐扩展到说出自己的优点、缺点、兴趣和愿望等。在健康活动中锻炼幼儿手部肌肉的灵活性，提高动手能力的同时，可以让幼儿讨论手的作用，知道基本保护手的方法，从而让幼儿更好地认识生理自我。

> **案例分析**
>
> 结合下面的案例,谈一谈应该怎样通过规则游戏,引导幼儿认识自我。
>
> **大班智力游戏:占圈**
>
> (湖南师范大学幼儿园提供)
>
> **游戏目标**
>
> 1. 愿意和同伴一起进行分类活动,养成良好的倾听习惯,大胆提出自己的观点。
> 2. 能根据人的性别、着装、外貌等进行两个以上特征的多角度分类,并尝试根据语言、符号等提示的特征进行分类。
> 3. 知道按物体的两个以上的特征进行多角度分类,学习描述分类的标准并统计数量。
>
> **游戏准备**
>
> 1. 能说出自己的性别、着装、外貌等特征。
> 2. 地面画一个大圆,大圆中心画一个小圆,标记女孩、男孩、衣着特征等。
>
> **游戏玩法与规则**
>
> 玩法一:根据口头指令的特征来分类。
>
> 教师念儿歌:"小朋友,跑跑跑,沿着大圆跑跑跑。听口令,来占圈,请男孩站中间。"幼儿边听儿歌边在大圆里沿顺时针方向跑,儿歌一停,女孩站在大圆里不动,男孩赶快站到小圆中间,大家数数有多少男孩。第一轮游戏结束,男孩重新站在大圆里,第二轮继续游戏,教师念儿歌:"小朋友,跑跑跑,沿着大圆跑跑跑。听口令来占圈,请穿了黑色裤子的男孩站中间。"玩法同上,大家检查并数数小圆中有多少男孩。第三轮游戏继续,方法同上,儿歌的最后一句改成:请穿了黑色裤子和旅游鞋的男孩站中间。(教师根据幼儿的实际特征修改最后一句儿歌,游戏可反复进行)
>
> 规则:在儿歌结束后按照要求占圈,并且明确站在小圆处的幼儿的共同特征和不同特征。
>
> 玩法二:根据标记的特征来分类。
>
> 玩法基本同上,只是教师念的最后一句儿歌改成:"请符合标记特征的小朋友站中间。"教师每次出示三张标记,幼儿根据标记的指示,想想自己如果同时符合这三个特征就站在小圆中。
>
> **游戏指导建议**
>
> 1. 游戏开始时幼儿要观察并描述其他小朋友的特征,教师提问:每个小朋友的性别、衣着、外貌都是一样的吗?每个人分别是什么样子的?
>
> 教师小结:我们每个人都不一样,有的是男孩,有的是女孩;有的穿了红色衣服,有的没穿红色衣服;有的梳了辫子,有的是短发等。
>
> 2. 每次幼儿占圈后,教师提问:小圆中间的小朋友有什么相同和不同的地方?(性别相同,衣着不同等)
>
> 玩法一当中,教师发出的指令,要有层次地由易到难、由简到繁、由单个特征到多个特征,根据幼儿着装、外貌等实际特征更改最后一句儿歌。例如:穿黑裤子的孩子→穿黑裤子的女孩→穿黑裤子并扎了辫子的女孩。
>
> 3. 在进行玩法二时,教师先出示标记,幼儿说出每张标记的特征,要引导幼儿先阅读理解游戏中各种标记的意思。例如:表示男孩的标记,表示梳了辫子的标记等。

二、幼儿自我体验教育与活动指导

自我体验往往与幼儿的自我认知水平、自我评价能力密切相关，也和幼儿对于社会道德规范、社会规则、社会价值标准的认知程度有关，积极的自我体验有助于幼儿自我控制能力的发展。幼儿园自我体验教育是指通过各种活动，引导幼儿大胆表现自我，体验成功感，逐步形成对自己的积极情感与态度，培养自尊心与自信心的教育。对幼儿进行自我体验教育，有助于幼儿树立自信心、自尊心，获得自豪感、成就感等积极情感，引导幼儿正确理解内疚感、羞耻感、失败感等消极情感，培养他们不卑不亢、不急不躁、知耻明理的健康心理品质。

（一）自我体验教育的目标

自我体验教育的重点是培养幼儿的自尊心和自信心。结合《指南》和《纲要》文件要求，不同年龄段幼儿自我体验教育的培养目标见表3-2。

表3-2 幼儿自我体验教育的培养目标

年龄段	培养目标
小班（3~4岁）	1. 能根据自己的兴趣选择游戏或其他活动 2. 能为自己的好行为或活动成果感到高兴
中班（4~5岁）	1. 能按自己的想法进行游戏或其他活动 2. 知道自己的一些优点和长处，并对此感到满意
大班（5~6岁）	1. 能主动发起活动或在活动中出主意、想办法 2. 做了好事或取得成功后还想做得更好

（二）自我体验教育的内容

自我体验教育包括基本的情绪体验、认知与调控能力，以及高级的情感体验，包括自尊、自信等内容。例如，可选择"我很棒""值日真好""我帮妈妈做事""输了也没关系"作为具体教育内容，目的是丰富幼儿的情绪体验，为培养幼儿积极情绪奠定基础。

（三）自我体验教育活动的开展

教师可以通过多种途径对幼儿开展自我体验教育。

1. 通过专门的社会教育活动开展幼儿自我体验教育

（1）根据幼儿年龄特点选择适宜的教育内容

教师要根据各年龄段幼儿的心理特点设计小、中、大三个不同年龄段的自我体验教育活动，通过专门的活动教育，让孩子自主探索，不断认识自己。例如，可以让小班幼儿体验自我服务的快乐，让中大班的幼儿利用自己的优点体验自我服务快乐的同时，还可以体验为他人服务的快乐。总之，要让幼儿明白每个人都有自己的优点，要善于发现，克服害羞和胆小，学习体验大胆和自信，从而获得积极的情感体验。

（2）自我体验教育活动组织要求

通过教学活动对幼儿自我体验教育时，教师应该做到：①创设宽松、自由、充满关爱和接纳的精神环境。②为幼儿提供表现自己长处和获得成功的机会。教师在活动组织过程中，应为幼儿创设能够展现自己尤其是展示自己长处的机会，让幼儿在这一过程中大胆、自信地表达。③在面对幼儿出现错误时，少一些批评、斥责，要俯下身子，倾听幼儿的心声与想法，以温和的语气告诉幼儿"你可以做得更好，下次努力"，尽量避免让幼儿产生恐慌和惧怕的心理。④要给予幼儿更多的想象空间，满足其好奇心，允许幼儿敢于天马行空地进行联想或者进行讨论，切实让幼儿在愉悦的氛围中，不断通过各种形式对幼儿进行肯定、鼓励，还要包容幼儿的异想天开、奇思妙想，幼儿的自信心也会得以形成。⑤尊重幼儿的个体差异。要充分考虑幼儿的个体差异，给予每个幼儿充分的尊重，保护他们的自尊心不受伤害，避免产生消极的情绪体验。⑥结合故事、音乐、情境表演、角色游戏扮演等具体情境吸引幼儿参与活动。在组织活动时，结合故事、幼儿歌曲，以及幼儿的情境表演、角色扮演游戏等方式，可以让幼儿在边听、边玩、边感受以及边扮演的过程中逐渐进入情境，产生情感共鸣，起到事半功倍的作用。

中班社会活动：我就喜欢我自己

活动目标
1. 发现自己的长处，能在他人面前大胆表现自己。
2. 体验喜爱自己的情感，初步树立自信心。
3. 尝试正确评价自己和他人。

活动准备
1. 经验准备：事先开展"我的本领大"等活动，让幼儿通过谈话、才艺展示等树立自信心。
2. 物质准备：故事书《我就喜欢我自己》，体现故事内容的桌面教具、铃鼓、大红花。

活动过程
1. 提出问题，导入活动。

指导语：今天我们班上来了一只小动物，"绿绿的衣裳，大大的眼睛，还会游泳捉害虫"，它是谁呢？（出示青蛙图片）

（1）出示"问号"。

指导语：小青蛙小小的身体却有一个大大的问题："你喜欢自己吗？为什么呢？"

（2）教师边操作桌面教具，边绘声绘色地讲述故事，幼儿安静欣赏。

指导语：有些小朋友很肯定，有些小朋友还在思考，那我们先来听一听故事里的小动物是怎么回答这个问题的。故事的名字叫《我就喜欢我自己》。

2. 回顾故事内容，体验小动物喜爱自己的情感。

（1）教师：故事里的青蛙、大雁、大象、鹦鹉都喜欢谁啊？

（2）教师：小青蛙为什么喜欢自己？

小结：小青蛙觉得自己很美，还是农民伯伯的好帮手。

（3）教师：大雁为什么喜欢自己？

小结：大雁很守纪律，就如同小朋友出去玩的时候一样。

（4）教师：大象为什么喜欢自己？

小结：大象的长鼻子本领可真大，还特别乐于帮助别人。

（5）教师：鹦鹉为什么喜欢自己？

小结：鹦鹉喜欢自己是因为它爱学习，学习起来很认真。

（6）教师：小动物们都很喜欢自己，因为它们各有各的长处，各有各的本领。

3. 讲述喜欢自己的理由，表达喜欢自己的情感。

（1）教师示范表达自己的情感：老师也很喜欢自己，我不仅会……还会……（现场表演自己的长处、本领）

（2）幼儿表达喜欢自己的情感。

在小组内自由地向同伴讲述喜欢自己的理由。

（3）游戏：击鼓传花。

玩法：幼儿随鼓声传递大红花，谁拿到大红花就请谁在集体面前展示自我，教师引导幼儿给予同伴适宜的评价。

（4）教师小结，鼓励幼儿大胆地向父母或其他人表达喜爱自己的情感。

中班社会活动：能干的我

活动内容分析

为每个幼儿提供表现自己长处和获得成功的机会，增强自尊心和自信心，是社会领域的内容和要求。中班孩子的自我服务能力提高，通过与同伴一起合作的方式完成力所能及的任务，体验为同伴、为集体服务的成功感，有助于他们自信心和独立性的培养，能够对他们的社会性发展起到积极作用。

活动目标

1. 积极参与活动，体验自己动手完成一件事情的快乐。
2. 通过体验、操作，独立、自信地做一些力所能及的事情。
3. 跟同伴一起学习用合适的方法整理教室。

活动准备

场景设置：散乱的衣服、图书、玩具、胡乱摆放的桌椅。

活动过程

1. 教师引导幼儿观察活动室并讨论。

提示语：看看我们的活动室，这么乱，怎么办？

幼儿讨论后，教师引导幼儿进行分工：衣服组、玩具组、家具组、图书组。

2. 幼儿自由选择分组，整理活动室。

教师：小朋友们一起动手，把我们的活动室变得更整洁，每个小朋友选一项你认为能做得好的工作跟朋友一起进行整理吧！

幼儿整理，教师观察指导。

引导幼儿比较哪一组整理得最好，并说出为什么。

教师重点指导、提醒同一项工作的幼儿注意协调合作，并对收拾有序的小组及时肯定。

3. 带领幼儿参观整理后的班级，体验成功的喜悦。

教师：你们觉得我们的活动室现在怎么样？看到我们的活动室变得这么整洁，你们有什么样的感受？为自己鼓鼓掌吧！

4. 拓展话题讨论。

除了今天做的事情，你们还会做哪些事情？还有哪些事情可以学着做（包括在家里），让自己变得更能干？

活动延伸

1. 在区域活动中，引导幼儿制作"成长的我"画册，通过身高、体重的变化感受自己成长的变化；通过记录会做的事情的数量，开展评比活动，鼓励幼儿学做更多的事情。
2. 家长在家里鼓励孩子做力所能及的事情，并提供他们做事的机会。

大班社会活动：你乐意一个人睡吗？

（活动设计：湖南大学幼儿园　冯岚）

设计思路

本次活动的主要目的是为了引导幼儿了解黑夜并不可怕，同时克服对黑夜的恐惧心理。开学以来，有多位家长跟教师沟通：我们家孩子到现在还不愿意一个人睡觉，应该怎么办？教师也在思考：现在的幼儿大多是一家多口同时带大，从出生开始基本没有离开过大人的视线与生活范围，如果突然让幼儿独立、独自地入睡，幼儿心理与生理上无法适应，这也会造成幼儿身心上的伤害，对黑夜的恐惧也将一直存在。因此，让幼儿正确认识黑夜是非常需要的。

在本次活动中，教师利用绘本《小老鼠的漫长一夜》，用故事中小老鼠独自睡觉的经历唤起幼儿的共鸣，让幼儿轻松地知道黑夜中听到的各种声音都来自大自然，其实并不可怕。同时用调查表的方式掌握班级中孩子单独睡以及不单独睡的情况。并引导幼儿勇敢地讲出不愿一个人睡的原因，鼓励幼儿积极想办法并解决问题。为了帮助幼儿克服心理恐惧，勇敢地一个人睡，养成良好的睡眠习惯，本次活动围绕"乐意"两个字展开。

活动目标

1. 通过创设的情景，能逐渐认识黑夜，树立独自入睡的信心，乐意尝试一个人入睡。
2. 在故事和各种体验中，知道黑夜并不可怕，并能与同伴分组合作讨论、商量用各种方法克服对黑夜的恐惧心理。
3. 能坦然地在集体前讲述一个人睡的勇敢经历或者不敢一个人睡的原因。

活动准备

1. 经验准备：知道睡眠对身体的重要性，知道晚上就要睡觉。
2. 物质准备：PPT课件与音乐、眼罩（20个）、笑脸卡（20张）、大拇指图片（2张）。

活动重难点

重点：引导幼儿了解黑夜并不可怕；帮助幼儿克服对黑夜的恐惧心理。

难点：能坦然说出自己不敢一个人睡的原因，并能与同伴分组合作讨论、商量用各种方法克服对黑夜的恐惧心理。

活动过程

（一）出示调查表"你乐意一个人睡吗"，了解幼儿入睡情况。

1. 幼儿根据自己的入睡情况粘贴卡片，独自一个人睡的贴在红色纸上，不能独自一个人睡的贴在蓝色纸上。

指导语：孩子们，你是一个人睡的吗？老师这里有张表，我们来填填看，请是一个人睡的小朋友贴在红色纸上，不能一个人睡的小朋友贴在蓝色纸上。

2. 统计结果，了解幼儿入睡情况。

指导语：我们来看看看有几个小朋友一个人睡，多少还不是一个人睡？

3. 请部分幼儿讲一讲勇敢地一个人睡的经历。

指导语：这些一个人睡觉的小朋友真厉害，请你们来讲讲请一个人睡觉的经历吧！一个人睡很舒服，不仅对我们的身体健康有帮助，而且还是我们长大的标志呢，马上就要上一年级了，我们能学会一个人睡，对吗？我们先奖励这些小朋友一个大拇指吧。

（二）出示《小老鼠的漫长一夜》PPT课件，讲述故事。

1. 指导语：睡觉是一件舒服的事情，能帮助我们大脑和身体充分休息，帮我们更好地学习和活动。可是这么一件美好的事情，对小老鼠来说却是糟糕透了。看，就是这只小老鼠，原来这是它第一次一个人睡。它躺在床上好久都睡不着，突然（风声）小老鼠好害怕，马上捂着眼睛躲在被窝里。过了一会它悄悄地走到门口一看，咦，什么都没有呀。小老鼠又继续回到床上睡了。可是，过了一会，它又听到一些声音（风吹窗户的声音），小老鼠紧张极了，它站在床上一动都不敢动，过了一会它往外一看，原来什么都没有，它回到床上又继续睡了。过了一会，它又听到一些声音（水滴的声音），小老鼠好害怕，它跑到门口一看，原来又什么都没有，它回到床上想了个办法好不容易睡着了。

2．提问：刚开始时小老鼠为什么睡不着？（听到了风声）还有可能是什么声音？（风吹窗户的声音、水滴的声音）这些声音来自哪里？（都来自我们的大自然）

小结：原来这些可怕的声音都是从我们身边的大自然中发出来的，是由各种不同的物体摩擦碰撞产生的声音。

3．提问：后来小老鼠为什么又睡着了？

小结：原来这些只是小老鼠的心理在作怪，只要关好灯与门，家里还是非常安全的。知道这些的小老鼠，就再也不怕一个人睡觉了。

4．引导幼儿大胆讲述自己不愿一个人睡的理由。

指导语：现在我们知道了黑夜其实并不可怕，都是身边的事物发出的声音，而且害怕是很正常的事情，老师小的时候也害怕呢，只要你勇敢地说出来，我们就能想办法解决。谁告诉老师自己害怕的事情？（幼儿讲述）（教师根据幼儿交流内容贴图片）

指导语：原来大家是因为这些原因才不愿意一个人睡，现在我们集中大家的智慧来解决这个问题吧！

（三）列出幼儿不愿睡觉的原因，引导幼儿分小组讨论解决方法。

指导语：刚刚大家都说了，有的是怕黑、有的是怕掉下床、有的是怕做噩梦和怪物。我们现在一起来开动脑筋，把这些问题都解决掉吧！

1．第一组：怕黑。第二组：怕从床上滚下来。第三组：怕做噩梦。第四组：怕怪物。

指导语：请你们自由地分成四组，每一组来选择一个问题，老师给你们5分钟的时间进行讨论。提问：有什么好办法可以解决？（幼儿分成4组进行讨论、记录（绘画的方式），教师提供桌子、纸张与笔。）

2．幼儿上台分享自己小组所讨论出来的结果，教师总结。

指导语：你们真是勇敢、善于思考的孩子，通过大家的努力，我们共同想出了这么多的办法来战胜黑暗。

3．教师引导幼儿戴上眼罩，放舒缓优美的音乐，讲述优美的故事，幼儿感受黑夜所带来的神秘与安心。

4．小结：孩子们，你们现在还害怕吗？原来这些都不可怕，今天用我们的智慧解决了这么多的问题，我们可真厉害！

（四）再次出示调查表，激励幼儿独自入睡。

指导语：现在你们还怕一个人睡吗？那请你们将自己的笑脸卡贴在红色纸（敢独自一个人睡）上吧！

活动评析

本次活动的重点在于引导幼儿了解黑夜并不可怕，帮助幼儿克服对黑夜的恐惧心理；难点定位于能坦然说出自己不敢一个人睡的原因，并能与同伴商量、讨论用各种方法克服对黑夜的恐惧心理。教师利用绘本《小老鼠的漫长一夜》，用故事中小老鼠独自睡觉的经历唤起幼儿的共鸣，让幼儿轻松地知道黑夜中听到的各种声音来自大自然，并不可怕。同时用调查表的方式掌握了班级中孩子单独睡以及不单独睡的情况，并且鼓励幼儿大胆地说出自己不愿一个人睡的原因。并引导幼儿勇敢讲出自己不愿一个人睡的原因，鼓励幼儿积极想办法并解决问题。

2. 通过其他途径开展幼儿自我体验教育

（1）设立角色"岗位"，让幼儿在成功的体验中获得自信

教师要为幼儿提供不断提升自信心、获得成功的机会和条件，使幼儿在积极参与实践活动中，不断积累成功、喜悦的情感体验。例如：在小班设立每日天气播报员，每天轮流由一名或多名幼儿担任天气播报员，根据当天的天气情况，向全班学生进行播报；中大班可设立值日生岗位，由多名幼儿轮流担任值日生职务，承担一些分发物品、检查整理玩具柜的任务，大班的幼儿还可布置擦桌子、椅子、扫地等工作。为了给幼儿一些挑战，教师还可以提高难度，创设在整个幼儿园范围内进行岗位角色扮演的活动，让幼儿得到锻炼机会。可以通过以大带小活动，让幼儿感受帮助别人的快乐，从而树立自信心。中大班幼儿可以利用年龄优势为年龄小的幼儿服务。例如：新生来园时帮助新生稳定情绪，在别班表演节目，教年龄小的孩子学习搭积木、画画、做游戏以及自理能力的学习等。在这些活动中，让幼儿在帮助别人的同时，获得成就感。

（2）在生活活动中提高幼儿生活自理能力，感受成功的快乐

在自理能力的培养上，教师要将自理能力提升的课程渗透到幼儿的生活课程中，并充分调动家长积极地配合。例如：小班下学期的幼儿要学会自己穿脱衣服，穿鞋，自己套枕头套，自己叠被子等；中班下学期的幼儿除了之前学会的内容外，还要基本掌握袜子、扣子、拉链的使用，会主动擦汗，自己分发物品等；大班下学期幼儿除了之前学会的内容外，还要能整理自己的书包和床上用品等。

（3）在体育游戏中增加幼儿的挫折承受能力

每个人的成长道路都不是一帆风顺的，在成长的过程中总是会产生各种各样的艰难困苦，要让幼儿学会勇于面对困难，才能更好地建立他们的自信心。教师要鼓励幼儿勇于尝试新事物，适当地展开游戏挫折教育方式，用对抗游戏磨炼幼儿的身心意志。例如，教师可以经常组织幼儿进行体育对抗游戏，在保护措施完善的情况下，利用幼儿的竞争意识克服运动中的一系列困难，既能锻炼其团队意识和纪律意识，还能锻炼幼儿不怕困难、勇于拼搏的精神。

（4）通过其他领域的渗透增强幼儿积极的自我体验

自我体验教育一般渗透在五大领域教育活动中。例如，在语言活动中，教师给幼儿讲"谁的本领大"的故事，使幼儿知道长颈鹿和猴子各有长处，并知道自己有长处，别人也有长处，要看到别人的长处，互相帮助。教师可以让自信心较弱的幼儿多谈谈自己的长处，让自信心较强的幼儿多谈谈别人的长处。再如，在歌曲表演和舞蹈活动中，针对某些自尊心较弱的幼儿不主动争取活动的机会或拒绝参加活动的特点，教师可以开展"每人必请"的活动，让幼儿分组进行合作表演。这时，可以安排自信心较强的幼儿和自信心较弱的幼儿结伴表演，让自信心较弱的幼儿在同伴的带动下参与到活动之中。在表演的过程中，教师要适时鼓励自信心较弱的孩子，让每个幼儿都能够在表演中感受到快乐，体验到成功的喜悦。在美术领域，教师通过教学活动指导幼儿探索和驾驭美术材料，激发幼儿利用这些工具进行创作的积极性，提高幼儿的学习主动性，帮助幼儿掌握一定绘画技巧，使其能更好地在绘画中大胆表现自己的想法。科学活动、体育活动这些领域的教学活动主要是鼓励幼儿接受新的挑战，在教师精心设计的课程上学习、练习技巧，经过努力后取得新的成绩，增强幼儿的自信心。

三、幼儿自我调控教育与活动指导

自我调控在个体成长中发挥着重要作用，它能使幼儿正确控制自己的言行举止，自觉调整错误行为，从而使自己的行为朝着正确的方向发展。自我调控主要是指个体对自身言语和行为的调节和控制，主要有两个方面：一是自我发动，例如"我应该……""我必须……"，它主要是针对

一些对个体来说具有难度的事情而发动的，如我应该自己刷牙、自己穿脱衣服、必须遵守规则、必须完成值日生的工作等；二是自我制止，例如"我不能……""我不该……"，它主要是针对一些社会公民道德规范或者行为准则所不允许的内容而进行制止，如我不能抢别人玩具、不该乱扔垃圾等。幼儿园的自我调控教育是指引导幼儿逐步发展自我调控能力，学会独立、自主，增强自制力和坚持性，学习调节和控制自己的情绪和言行，以及学会遵守集体生活的规则和社会行为规范的教育。

（一）自我调控教育的目标

自我调控教育的重点是培养幼儿独立性、自主性以及自我控制能力。结合《指南》和《纲要》文件要求，不同年龄段幼儿自我调控教育的培养目标见表3-3。

表3-3 幼儿自我调控教育的培养目标

年龄段	培养目标
小班（3~4岁）	1. 自己能做的事情愿意自己做 2. 喜欢承担一些小任务 3. 有遵守规则的意识，在他人提醒下能够遵守规则
中班（4~5岁）	1. 自己的事情尽量能自己做，不愿意依赖别人 2. 敢于尝试有一定难度的活动和任务 3. 能够基本控制好自己的情绪，情绪波动时有表达的欲望 4. 感受规则的意义，能基本遵守规则 5. 在成人提醒下，基本能够控制个人欲望
大班（5~6岁）	1. 主动承担任务，遇到困难能够坚持而不轻易求助 2. 与别人看法不同时，敢于坚持自己的意见并说出理由 3. 能够控制自己的情绪，当情绪波动时，能够主动与人沟通，表达出来 4. 理解规则的意义，没有他人的监督和提醒，也能够主动遵守规则 5. 自己能够控制欲望，想做的事情能思考其利弊

（二）自我调控教育的内容

自我调控教育包括独立、自主、自我控制（自制力、自觉性、坚持性、自我延迟满足）等内容。例如，可选择"自己的事情自己做""整理书包""生气了怎么办""学会等待""遵守规则"作为具体教育内容。

（三）自我调控教育活动的开展

教师可以通过多种途径对幼儿实施自我调控教育。

1. 通过专门的社会教育活动开展幼儿自我调控教育

教师在设计和实施幼儿自我调控教育活动时，有以下注意事项。

（1）充分考虑幼儿自我调控能力发展水平和年龄特征

教师在组织活动时，要充分考虑幼儿自我调控的发展水平和年龄特征，使其符合幼儿心智的发展，不能为了设计而设计。教育者在实施教育的过程中，应区别对待不同年龄阶段的幼儿，抓住其自我控制发展变化迅速的特点，引导幼儿逐步学会调节和控制自己的言行、情绪，有效促进幼儿自我调控能力的发展。

（2）明确自我调控教育的目的不只是让幼儿知道，还要让他们能够做到

设计和实施活动时要考虑到不仅仅是为了让幼儿知道哪些言行不好，而是要让幼儿能够有实际行动的机会，帮助他们认识到自我调控的重要性，掌握自我调控的方法。转移注意力、有效的言语调节、自我暗示、回避刺激、合理发泄都是训练幼儿自我调控能力的有效方法。在言语调节法中，幼儿自我言语调节和成人言语指导对幼儿自控能力的发展起重要作用。对幼儿进行言语调节要注意年龄特征，3岁以下幼儿对自己和成人语言指导还不能做出应有的反应。幼儿通过言语进行自我控制是逐步向前发展的，由成人指导到自我指导，由外部言语控制到内部言语控制。教师应加以言语指导，并和一定的情境相结合。例如在活动前，教师应向幼儿提出活动所要达到的目的，提高幼儿自控的动机水平。在活动中，教师应鼓励幼儿用自己的语言说出将要去做什么，也就是行动前明确意识到行为的目的，从而对自己的行为起到一种制约作用。此外，在活动中教师要引导幼儿克服困难，坚持达到既定的目标。

（3）营造宽松、自由的氛围，激发幼儿的主人翁意识和自觉行为

让幼儿调节和控制自己的言行，遵守各项常规要求，其前提是营造宽松、自由的氛围。在这样的活动氛围中，幼儿会产生一种主人翁的意识，从而愿意自觉、主动地去调节和控制自己的言行，维护班级环境和秩序，遵守各项规章制度和要求。

（4）结合多种方式，循循善诱，避免生硬说教

幼儿年龄尚小、经验缺乏，对许多社会现象都不够了解，思维水平比较低，对自己行为的对错与否也常常不能进行正确的判断。教师可结合游戏、情境表演、视频、图片等方式，循循善诱，引导幼儿逐渐明白自己的问题所在，并愿意主动调节和控制自己的言行，自觉遵守幼儿园的各项要求。切忌教师单一呆板地说教和生硬地提要求。

大班社会活动：上小学 别担心

活动目标

1. 初步积累有关上小学的经验，萌发上小学的积极情感。
2. 通过自主思考、查阅资料、小组讨论等多种形式探讨上小学的担心，提升发现问题、解决问题的能力。
3. 在交流讨论中梳理上小学担心的问题和解决问题的方法。

[活动视频]
上小学 别担心

活动准备

1. 提前让家长带幼儿参观小学，或与在小学的哥哥、姐姐交流小学生活。进一步了解小学生活，激发对小学的向往之情。
2. 提前在班级语言区投放幼小衔接相关绘本及小学的书籍，鼓励幼儿阅读和分享交流。
3. 请1~4位小学生及老师录制《上小学 别担心》视频。

活动过程

1. 创设小组课堂情境，按座位表找座位，激发对课堂的兴趣。

（1）引导幼儿观察上课摆放座椅方式的变化。

引导语：今天我们上课摆放的桌椅和我们平时的教室一样吗？那有什么不同？

小结：今天我们模拟小学小组那样上课。

（2）上课铃响起，幼儿按座位表入座。

教师：请仔细看看手里的座位表，找到自己的位置坐好。

提问：幼儿园快要毕业了，这学期就要上小学了，小朋友们感觉怎么样？（教师通过追问、动作提示的方法让幼儿说出将要做小学生的感受，激发幼儿对小学的向往）

2. 交流上小学的担心，梳理问题。

（1）交流问题——"上小学担心的事"。

引导语：上个星期老师做了一个调查，让小朋友们将自己上小学担心的问题画出来。今天大家都把画带来了吗？有的小朋友对上小学有一些担心，谁愿意来分享一下？

幼儿结合调查表交流自己关于上小学的担心。

（2）梳理问题——将"上小学担心的事"分类。

- "生活"——怕迟到、怕没饭吃、怕上厕所、担心中午没地方睡觉等。
- "交往"——怕交不到朋友、担心不能和幼儿园的小朋友在一起等。
- "学习"——怕作业太多、担心考试考不好等。
- "其他"——怕老师太凶等。

3. 小组合作，寻找并交流消除担心的方法。

引导语：上小学有这么多担心的问题，该怎么解决呢？

（1）分组讨论，商量解决的办法。

幼儿自由分组，愿意解决相同问题的小朋友坐在一起，围绕重点问题进行讨论，用画画、文字、符号等形式进行记录。

（2）教师巡回观察并倾听幼儿的讨论。

引导幼儿用能看懂的方式进行记录，鼓励幼儿在讨论中通过自主思考、前期经验准备、小组讨论、绘本阅读、问老师等方式解决问题。

（3）小组代表分享本组讨论结果。

教师将幼儿讨论记录共享在大屏幕，幼儿结合记录进行分享。

（4）观看小学生视频《上小学 别担心》，梳理解决办法。

引导语：你们想了这么多解决担心的办法，真了不起！关于上小学，小学生哥哥姐姐也有一些好建议，我们一起来看看吧！

大班社会活动：一分钟

活动目标

1. 知道时间的价值，初步树立时间概念。
2. 懂得参与各项活动都要抓紧时间、珍惜时间，为入小学做准备。

[活动视频]
一分钟

活动重难点

重点：知道一分钟有多长，并体验一分钟的长短。

难点：知道时间的价值与自身的努力有关系。

活动准备

1. 经验准备：幼儿提前调查、记录过家人一分钟可以做哪些事情。
2. 材料准备：绘画材料，珠子和绳子，豆子及筷子。
3. 视频准备：消防员、医生及警察录制《一分钟可以做的事情》；动画故事《一分钟》。

活动过程

1. 动画故事导入，体验一分钟的长短，感受一分钟的重要性。

指导语：今天老师带来了一个故事，我们一起来看看吧。

提问：小朋友们，故事中的元元小朋友浪费了多长时间？你们知道一分钟有多长吗？

2. 认识时钟，感知一分钟的长短。

（1）幼儿观察发现，自由发言。

提问：今天老师给大家带来了一个时钟，咱们来看看时钟上都有哪些指针？

（2）教师介绍一分钟的长短。

指导语：一分钟就是最长最细的秒针转一圈，分针动一小格的时间。

（3）游戏"金鸡独立"。

指导语：现在我们来玩个游戏，游戏名字叫作"金鸡独立"，看看谁能坚持一分钟。

提问：小朋友们，游戏结束了，你们有什么感觉？对刚刚看的动画片有什么感觉呢？你觉得动画片和游戏的时间哪个更长？

小结：其实两个时间一样长，都是一分钟。一分钟其实是很短的，但是如果我们静静地等上一分钟，一分钟还是有点长的。

3. 讨论交流：一分钟我们可以做些什么事情。

指导语：周末老师让你们做了调查，谁能分享一下你们的调查结果呢？

幼儿分享交流一分钟能做的事情。

4. 体验：一分钟能干什么。

指导语：现在老师给你们一分钟的时间，看看你们能不能在一分钟内搬椅子坐在桌子旁边。

（1）游戏"和时间赛跑"。

指导语：一分钟说长不长，说短也不短。我们一起来玩个"和时间赛跑"的游戏吧。

介绍游戏材料及玩法：桌子上有一些材料，有绘画工具、穿珠子、夹豆子、写数字，老师给你们一分钟，你们可以选择桌上的材料操作，时间到了就停下。

一起交流自己在一分钟里做的事情。

（2）讨论交流：同样是一分钟，为什么每组的结果不一样呢？

小结：虽然时间相同，但每组做的事情不同，有的比较难，有的比较容易，所以结果也不同。有的小朋友在做事时，光看别人，不抓紧时间做自己的事，所以自己完成的任务就少了。不管你做不做事，时间都会不停地走，有些小朋友就是让时间跑掉了。

5. 观看视频，感受一分钟的重要性。

指导语：只要抓紧时间，消防员叔叔可以提前一分钟把火扑灭，医生可以救活一个生命，警察可以保护我们的平安，一分钟真的很重要。

6. 组织讨论：如何珍惜时间。

（1）讨论：当我们成为一名小学生后，每天会有更多的任务和作业，都要自己安排时间，你们想怎样抓紧时间、珍惜时间呢？

（2）制定时间计划表。

指导语：时间对每个人都是公平的，你动作慢就会浪费很多时间，失去很多玩和游戏的时间，我们马上就要毕业了，和好朋友在幼儿园相处的时间不长了，现在请大家一起去和好朋友做份时间计划表吧。

2. 通过其他途径开展幼儿自我调控教育

其他途径中的幼儿自我调控教育主要体现在以下5个方面。

（1）在生活环节培养幼儿的自我调控能力

一日生活中的自我调控教育，主要体现在幼儿的自我管理教育，指幼儿学做自己的事情，积累自理生活的经验，形成自我服务能力，关心他人，培养服务集体的责任意识，形成服务集体的能力。自我服务主要包括日常的起居、盥洗、使用及整理物品、餐饮、睡眠、排泄、个人卫生等方面，还包括认同自己、情绪的自我管理。服务集体能力主要包括扫除、帮厨、种植、值日等集体的简单劳动。

在日常生活环节中开展幼儿自我调控教育时，教师需要注意以下几个问题：①教师要适时、适度"放手"，能让幼儿自己做的事情则让幼儿自己做，不包办、不代替，如入园、离园环节让孩子自己走；②一日生活中要给予幼儿充分自主，提供让幼儿自己做选择、自己做决定、自己调控自己的机会，避免所有的事情都是统一时段、统一要求、统一行为；③教师要学会"等待"，避免"急功近利"，才真正利于幼儿达成"自己的事情自己做"，有利于幼儿自我服务能力、自主能力的发展。

（2）在游戏活动中培养幼儿的自我调控能力

由于游戏具有一定的规则性，幼儿在游戏中扮演各种社会角色，承担各种社会责任，学会各种社会规范、行为准则，从而逐渐在游戏中获得行为规范转化为内在意识，以实现对自我的控制、监督和调节。

教师应该有意识地为幼儿设计相应的游戏活动，创设游戏情境，例如，如何招待客人、如何请求别人帮忙等，让幼儿通过游戏过程来明确处理问题的方法，建立友好关系。除此之外，教师还应尽量尊重幼儿，相信幼儿，发挥幼儿的主体性，让幼儿自己选择游戏内容，自己分配角色，自己处理游戏中的问题。教师不能把自己的意图强加给孩子，要从时间和机会上多为幼儿提供方便。

（3）在区域活动中培养幼儿的自我调控能力

区域活动为幼儿营造了一种宽松、自然的活动氛围，让他们在自主选择的活动区域内，通过与材料、环境、同伴的充分互动而获得学习与发展。因此区域活动能增强幼儿的自主意识，使幼儿学会自己来选择安排活动内容，学习如何与同伴交往，并在交往中满足自我发展的需要。同时，幼儿在区域游戏中自由分组交流，学习用适当的方式相互沟通，表达个人意愿、情感和见解，尝试自己解决社交问题等，从而促使幼儿不断地认识自己，协调自己与他人的关系，提高自己的社会交往能力。例如，幼儿园的玩具是大家一起玩的，如果哪个幼儿还像在家里一样独自霸占玩具，就会招致其他伙伴的反对，不喜欢和他玩游戏，这时，没有游戏玩伴的孤独感，就会使这个幼儿认识到自己的行为所导致的结果，从而改变自己的行为，学会与他人分享，相互尊重等。

在区域活动中，教师要引导幼儿建立规则意识。可以用标识控制进区人数，避免拥挤而影响活动，如用"小脚丫""戴手链"等方式告诉幼儿标识用完了，活动区内的人满了；可以用图示暗示幼儿遵守进区后的活动规则，如阅读区的安静图示，请勿随地乱扔东西等图示；还可以用约定俗成的活动规则，如"借材料必须获得对方允许才可取走"等。注意规则要实用与实效，避免约束太多，规则是为幼儿的活动提供方便的，而不是为方便控制幼儿活动的。

📖 案例分析

结合下面的案例，谈一谈：该区域活动中，幼儿调控能力发展处于怎样的水平？教师可以怎样指导？

美发屋

某幼儿园的小班区域游戏开始了！女孩A进到美发屋，独自一人脱下自己的鞋子换上塑料高跟鞋，来回走动（此时该区域只有此一人）；一分钟后男孩B进到美发屋，溜达了一圈又出去了，与女孩A没有任何语言交流；又过了一分钟；女孩A自己戴上头巾，看到有教师在录像，对着镜头做了一个V的姿势；两分钟后，女孩A走出美发屋，来到自助银行，取了一点钱，放进该区域梳妆台的抽屉中；又过了一分钟，女孩A换上另一双塑料高跟鞋，走动两步，然后被旁边的美食屋吸引，走出去旁观了一下，又回到美发屋独自游戏；又过了两分钟，此时的美发屋依然只有女孩A一个人，她脱下高跟鞋，自己开始洗头（观察者考虑到天气冷，踩在地板上容易着凉，提醒她穿上鞋子），摆弄一下发卷又放下，拿起洗发水，又拿起镜子，洗头发后用"吹风机"自己吹头发，两分钟后独自梳头……

分析：

女孩A的坚持性较强。不管她是美发屋的老板，还是员工，还是顾客，她都坚持在该区域活动，即使偶尔被美食所吸引，都能很快回归自己的角色。此外，女孩A有角色意识，但却不够清晰。因为没有其他人员一起合作，她一个人包揽了该区域的所有角色：又是老板——去取钱放进抽屉；又是顾客——来到美发屋洗头发；又是理发师——自己为自己洗头发……

男孩B的角色意识与坚持性相对较弱，进到该区域很快便出去，可能没找到自己喜欢的材料与扮演的角色，还在角色游离状态。

教师指导策略：

（1）投放的材料可以根据季节特点进行改变。比如，冬季天冷，穿着塑料高跟鞋不免有凉意，不妨投放些小靴子，更加暖和。

（2）引导幼儿如何使用材料。投放的材料，要让幼儿明白：这是什么？怎么用？怎么玩？比如女孩A拿起塑料发卷，看一下又放下，因为她不知道怎么使用发卷。

（3）抓住合适的契机进行引导。比如，女孩A一直"孤独地""静静地"扮演着各种角色，教师可以以平行的身份参与该区，与她进行互动。

（4）充分利用常规教育培养幼儿的自我调控能力

幼儿园常规教育是促进幼儿自我调控能力发展的重要途径。在幼儿园集体生活中，每个幼儿都必须遵守幼儿园一日生活的各项规章制度与要求，自觉控制自己的言行，这样才会使集体生活处于有序的状态中。需要注意的在是，开展常规教育时应避免将"维持即时纪律"作为常规教育的唯一目标，不以"整齐划一"来衡量常规教育的成效，明确"听话"并不是衡量幼儿自我调控能力强弱的唯一尺度。

🔗 资料卡

自由与规则的辩证把握

"纪律是正常秩序所必须的，"以规则的形式存在，其"终极目的是从他律到自律"，而纪律不能是教育者所强加，要充分考虑受教育者的接受程度。而自由则包括两个方面，即"智慧领域的自由"与"行为领域的自由"。规则和自由看似矛盾，其实能够产生互助。规则为每个人的自由提供保障，没有规则就没有自由。自由因为规则而更加理性自觉。

学者李娟认为蒙氏教育的各个方面都体现着秩序和规则，但蒙氏教育中的幼儿又是自由的，没有"传统教育中的条条框框来限制幼儿"，幼儿在蒙氏环境中可以随意选择自己喜欢的工作，"决定自己的工作时间，但这并不表示幼儿是自由散漫的"，相反，是有其固定的规则和秩序的。蒙台梭利的规则与秩序是基于幼儿生命内在的自由。

纪律与自由是可以统一的，具体而言：首先，教师观念要正确，即认清什么是真正的自由与纪律；其次，教师角色在实践中需要做出改变，成为"幼儿的伙伴、欣赏者和促进者"；

再者，需要对幼儿进行纪律教育：为幼儿创设有准备的环境，让环境说话；集体活动与个体活动交替进行，比例适当；"做安静游戏"，训练幼儿的控制能力；真实地了解儿童，为幼儿营造适宜的环境，引发幼儿的主动活动，并做出合理客观的评价。基于儿童自由的规则教育需要从观念上厘清何谓规则与自由，遵循幼儿内在的秩序，通过沟通调整不适宜的规则并给予儿童自由选择的权利。

（5）家园合作培养幼儿的自我调控能力

家庭是幼儿来到这个世界上接触的第一个小社会，家庭是幼儿第一个社会化场所。幼儿家庭生活中的事件、问题，蕴含着丰富的教育契机。

在家庭中实施幼儿自我调控能力教育要注意以下两点：

①营造温暖和睦、融洽民主的家庭氛围。家长之间要和谐相处、相知共勉，营造充满爱的家庭氛围，增强孩子的安全感和对周围人和事的信任感。《指南》提出："要关注幼儿的感受，要鼓励幼儿自主决定，独立做事，增强其自尊心和自信心。"随着孩子的不断成长，家长的教育方式也要相应改变，从指令式转为商量式，从家长式转为朋友式，让孩子有更多自由的空间和选择的权利。一些家庭大事要让孩子参与讨论，培养他们为家庭分忧解难、出谋划策的能力，这样有助于培养幼儿的责任感。

②家长以身作则，做孩子学习的好榜样。《指南》指出："成人应以身作则，以尊重关心的态度对待自己的父母长辈和其他人。"好榜样会给孩子带来无穷的动力与前进的力量。例如，父母在日常生活中遇事能平等商量，而不是动辄发脾气，为孩子树立能控制自己消极情绪的榜样；家庭成员坚持锻炼身体，为孩子树立爱惜自己的身体、养成好习惯的榜样；成人之间大胆表达自己的观点想法，为孩子树立自信的榜样；父母用积极向上的态度面对遇到的困难，不唉声叹气，为孩子树立有始有终、坚持不懈做事、有自尊、能自我调节的榜样。

案例分析

结合下面的案例，请用相关理论分析幼儿问题行为产生的原因，并提出合理可行的教育建议。

十分任性的明明

明明是幼儿园小班的一个小男孩，他看起来比其他的幼儿瘦弱，而且自理能力很差，明明的父母工作比较忙，一直由奶奶照看。奶奶对孙子可谓关怀备至，样样都为孩子考虑周到。每天早上来园，奶奶亲自帮明明把外套脱下来叠整齐并放好，还要帮明明找到自己的小椅子，扶着明明坐下，在教室门口再观察一阵子才安心地离开。而其他幼儿都是自己进教室找到小椅子坐下。奶奶每天都给明明带来许多零食和一大瓶饮料，而且大多是些膨化食品和碳酸饮料。因为吃零食太多，所以明明中午就不愿意吃饭了。

放学时教师跟明明的奶奶交流之后得知，一直以来，明明每天早上都不吃早餐，只吃零食喝饮料，不给他就哭，早上不吃饭已经成为一种习惯了。教师劝说明明的奶奶，尽量给幼儿吃早餐，最好不要带零食了。"我们明明非常任性，什么事不依着他，他就连哭带闹。""使起性子来怎么说也不听，要是不由着他，哭着哭着就吐了，最后还得由着他。真没办法！"奶奶心疼孙子，每天还是给明明带零食。这种不好的饮食习惯导致明明经常呕吐，问其家长才知道明明的肠胃不好，呕吐是经常发生的事，家长对此也已经习惯了。

参考答案：

任性有很大的后天因素。幼儿刚一哭闹，家长就心软了，对幼儿就百依百顺。等到幼儿掌握了任性哭闹这个要挟大人的"法宝"，而无休止地恶性发展下去时，再想解决就很难了，幼儿的任性常常是为了获得某种需要的满足。案例中的明明要什么，奶奶马上给什么，明明的要求很容易得到满足，久而久之，明明就形成了一个心理定式：只要自己想要的东西，必须拿到手。正如明明奶奶所说的"我们明明非常任性，什么事不依着他，他就连哭带闹""使起性子来怎么说也不听，有时不由着他，哭着哭着就吐了。最后还得由着他，真没办法"，这样的幼儿不但难以成功，更难以得到快乐。可见，满足幼儿的需要一定要讲究条件，对于不能或不该满足的需要一定要坚持原则、毫不妥协。为此，培养幼儿的延迟满足能力就显得弥足重要。

延迟满足不是单纯地让幼儿学会等待，也不是一味地压制幼儿的欲望，更不是让幼儿"只经历风雨而不见彩虹"。说到底，它是一种克服当前困难情境而力求获得长远利益的能力。如果延迟满足能力发展不足，会出现边做作业边看电视，上课时东张西望、做小动作，放学后贪玩、不回家、容易急躁、缺乏耐心等不良行为和情绪，进入青春期后，在社交中容易羞怯固执，遇到挫折容易心烦意乱，遇到压力就退缩不前或不知所措。

对幼儿进行延迟满足的训练有以下方法：

1. 根据不同的年龄合理掌握延迟满足的时间和方式

根据幼儿的年龄、需要不同，父母给予其延迟满足的时间和方式也有所不同。比如刚出生的孩子主要是生理需要，当他们饿了或渴了，就会嗷嗷大哭，父母可以晚几秒给孩子喂奶、喂水，让他们从小就学会等待。随着年龄的增长，幼儿的需要逐渐多了起来，父母要学会分析幼儿的合理需要，采取不同的延迟满足方式：可以推迟满足时间，让幼儿学会等待；也可以让幼儿通过付出劳动或努力，再得到需要。例如，幼儿喜欢上了一台遥控车，这时父母可以告诉幼儿等他过生日时再买给他；幼儿想要一辆自行车，父母可以让他帮忙做家务一星期，然后再买给他。这样在等待的过程中，幼儿学会了忍耐，也学会了珍惜。当然，父母的许诺都要兑现，不然幼儿会觉得这是故意拖延的借口。

2. 说明延迟满足的理由

对于可以延迟满足的需求，父母要向幼儿讲明道理，让幼儿明确知道父母不能满足他们的理由。例如，幼儿想玩秋千，父母可以告诉他："秋千是公共玩具，需要排队等候，等其他的小朋友玩完了，你再玩。"又或者幼儿想要一件很贵的玩具，父母可以告诉他："这个玩具太贵了，等你长大一些，再给你买。"

3. 冷静对待幼儿的任性哭闹

有的幼儿很任性，当父母不能及时满足他们的要求时，他们会通过哭闹来与父母抗争，这时父母一定要冷静对待，态度坚决，不能有半点让步，必须让幼儿明白，生活中有些东西并不是想要就可以立即得到。当幼儿发现哭闹不能解决问题时，他就会试着按照父母的要求去做，要么等待，要么通过努力得到想要的东西。

4. 不要吝啬表扬

当幼儿接受父母对其需要的延迟满足时，父母一定要及时表扬他，以强化幼儿的良好行为。例如，幼儿通过帮助父母拖地、洗碗而获得自己心仪的玩具时，父母可以表扬幼儿是个热爱劳动的好孩子；当幼儿排队轮流和别的小朋友玩玩具时，父母可以表扬幼儿是个懂礼貌的好孩子，或奖励幼儿一根棒棒糖等。通过表扬，幼儿觉得自己的努力得到了认可，精神上会感到满足。

开展竞选组长活动　引导幼儿自我管理
——对一次"竞选小组长"活动的反思分析
（案例提供：海南师范大学幼儿园　张思雁）

一、案例背景

中班下学期，有的孩子逐渐显露出自己的管理才能，能够在三五个人当中起到核心作用，组织并带领几个人玩游戏，具有一定的威信和影响力，他们能够管好别人；而有的孩子还不能很好地管好自己，做什么事情总是需要别人来提醒，否则就总是比别人滞后一步，他们需要别人来管。

《纲要》中提出幼儿园要"避免不必要的管理行为，逐步引导幼儿学习自我管理"。怎么引导幼儿自我管理，用什么方式来引导幼儿管理幼儿、自己管理自己是很多教师常常思考的问题。例如，全班这么多的孩子，就算小值日生能够帮忙，每天也只有一两个值日生，帮手不够。为什么不每一组选一个小组长，实行小组长负责制呢？这样一方面可以为教师增加帮手，另一方面可以锻炼幼儿的管理能力和自律能力，何乐而不为呢？一天，老师给孩子们更换了座位，新坐到一起的孩子们叽叽喳喳地说个不停，老师反复弹琴示意他们安静下来，可他们就当没看见。老师想，选小组长的时机来了，然后向幼儿提出"小朋友，你们愿意当组长吗？你们一天天长大了，是不是每一组可以选一个小组长，负责管理你们这一小组的人？谁来当呢？"话刚说完，一只只小手便高高举起，"我来当，我要当……"的声音此起彼伏。怎么办呢？由老师指定显然不好，不仅被任命的小组长处于被动状态，不利于发挥小组长的积极主动作用，还容易打消众多幼儿的积极性，何不来一次竞争选举呢？于是，"选小组长"变成了"竞选小组长"，幼儿由被动接受安排变成了主动争取机会。

二、案例事件与反思分析

片断一：自由发言，明确担任条件

要竞选小组长，首先要让幼儿明白：担任小组长需要什么样的条件，小组长要履行什么样的职责，需要做些什么事情。明白了这些后，幼儿才不会盲目地竞争，茫然地当选。

教师：你们说说，什么样的小朋友可以当小组长呢？
黎牧星：自己要表现好。
蔡乐行：反应要快一点。
刘则正：别的小朋友要听他的话。
陈知新：听到弹琴的声音要马上集合。
李宁澍：不能打人。
王鸿儒：可以帮老师做事。
黄友轩：吃饭要吃得好，太慢了就不行。
教师：是的，小朋友们说得都很好。要当小组长，第一，要自己表现好，能够以身作则，比如吃饭、睡觉、玩游戏等不能总是要老师提醒，要比较自觉；第二，小组长要有威信，能够让同组的小朋友听自己的话。

教师：那小组长要做些什么事情呢？
……

反思分析： 由被动接受变为主动争取，激发了幼儿自我管理的欲望。

教师改变了以往规则要求全由教师一个人制定，幼儿被动接受的做法，引导幼儿探讨"担任组长的条件和职责"，让幼儿说出自己的看法，教师只是在幼儿讨论之后将幼儿的想法进行整理归纳，完全遵从幼儿的想法，给了幼儿充分的自主权，让幼儿变被动为主动，迈开了让幼儿自我管理的第一步。条件和职责是幼儿自己制定的，也是他们认为自己可以做到，对于以后的贯彻执行会更有利。

不足的是：发言的幼儿都是平时发言比较积极的、能力相对较强的幼儿，教师在听到这些孩子的发言差不多已达到自己预期的答案时，就可能会不再继续让孩子发言，导致有的孩子在此环节没有表达的机会。教师可以采取分组讨论的形式，让每个孩子有发言、表达的机会，倾听更多孩子的想法。

片断二： 自告奋勇，展现自己优势

归纳出担任组长的条件和职责后，开始了真正的选组长活动。老师让每组的几位幼儿自由商量，选出本组的组长。在幼儿商量的过程中，老师巡回进行了观察和倾听，发现不乏有自告奋勇者自我推荐，而且还说出了自己的理由。

李宁澍：我当，我比你们都大一些。

黎牧星：不，我当，我漂亮一些。

刘则正：老师常常表扬我，所以我能当组长。

华　欣：我吃饭吃得最好，每次都是第一个吃完。

陈知新：每次玩游戏你们都是听我的，我可以当组长。

胡　昕：我选我自己，我最听话。

刘文锐：我每天第一个来幼儿园，我可以帮老师做事。

反思分析： 在分析比较中寻找自身的优势，树立了幼儿自我管理的信心。

虽然每个人的语言都不多，都只说出简单的一个理由，但他们能够自告奋勇，就足以证明他们对自己有信心，相信自己能够担任好小组长一职。从他们的交谈中不难看出，这些对小组长职位跃跃欲试的自告奋勇者们，都在挖掘自己强于别人的优势所在，并且从容地表达出来，是想让其他幼儿树立对自己的信心，让别人相信自己可以当好小组长。

片断三： 相互商量，客观评价同伴

教师：刚才很多人都说自己想当小组长，说出了自己的优点，可是每一组有6个人，只能选一个小组长，究竟谁来当呢？还要请每组的小朋友互相商量一下，推选出最合适的一位小朋友担任小组长。现在你们可以再相互找一找、说一说你们这一组人当中的优点、缺点，然后推选一位组长出来。

黎牧星：阿比是个外国小朋友，普通话说不好，大家都听不懂。

吴呈露：虎子胆子太小了，不能当组长。

邓陈轶：李宁澍爱打人，不能当组长。

李宁澍：我以后不打人了。

冯琪睿：我选正正，因为他很能干，上课回答问题很好。

邓进宇：刘文锐我选你，上次你还给我东西吃。

刘则正：晶晶是能干，就是有时候来幼儿园，有时候又不来。

江宇：我选胡心逸，因为他画画得好，不和别人吵架。

万昭曼：我选雯雯，她和我们女孩子都玩得好。

徐则林：但是雯雯有时候来幼儿园的时候还哭鼻子呢！我不选雯雯。

王颜雯：没有，我只哭过两次。

反思分析：同伴的客观评价，为每个人的自我管理提出了有针对性的意见。

在教师的引导下，幼儿的思维已经跳出自我，不仅仅局限在自己身上，而是以更客观的眼光看待同伴，能够根据同伴平时的表现，指出优缺点。在这个过程中，幼儿挖掘出了同伴的一些优点，看到了同伴身上值得学习的地方，并给予了同伴充分的肯定；对于同伴做得不够好的地方，也真实、客观地提出了改进意见。由此可见，幼儿开始主动评价自己和同伴，这正是幼儿自我管理不可或缺的方法，客观的评价能使幼儿的自我管理更有针对性，更有效。

从幼儿的表情可以看出，当得到朋友的肯定、赞扬时，有的孩子洋洋得意、神气十足，有的孩子露出发自内心而又不好意思的略带腼腆的笑容，这些都说明他们在乎别人的评价，同伴的肯定能够带给他们自信。对于同伴指出来的缺点，李宁澍说"我以后不打人了！"，王颜雯说"我只哭过两次。"话语中一方面反映出幼儿很想当小组长，"小组长"这一职位对他们有很强的吸引力；一方面反映出他们已经有了改正不良习惯的想法，同伴的评价加强了他们自我管理的意识。

片断四：竞聘述职，大胆表达想法

通过互相商量，在全班六组中，除第四组没有任何争议地选出了刘文锐当组长以外，其余几组的意见都不统一，都没有选出小组长。老师让那些认为自己可以胜任"小组长"职位的孩子发表了一次"竞聘述职"。

李宁澍：我长得最大，我可以当组长，我相信我可以管好他们。

黎牧星：我觉得我很能干，我经常帮助小朋友，还有我很漂亮，老师也经常表扬我，所以我能当好组长。我会提醒他们听到琴声马上集合、马上安静，还会催他们吃饭快一点。

刘斯雨：我能够当组长，我很听话，每次集合都很快，我能自己管好自己。我要他们都向我学习。

刘文锐：他们都选我当组长，因为我每天来得最早，我会帮老师做事。他们都会听我的，我能管好他们，我会要他们每天不要迟到，集合的时候也要快一点。

……

反思分析：当众表达想法，树立自己在别人当中的威信后，为幼儿自我管理奠定了基础。

"竞聘述职"给了幼儿一次在集体面前表达的机会，搭建了一个让大家了解"准组长"的平台。虽然他们的述职演说还不成熟，语句不够连贯通顺，甚至不规范，缺乏条理，没有说服力，但依然可以感受到几位幼儿在述职之前，经过了较为仔细的思考和梳理，有自己的想法和计划，体现了自我管理的计划性、目的性。

片段五：民主投票，少数服从多数

六组当中有五组的组长竞聘者不止一个，究竟选谁呢？结合每一组的竞聘述职，老师引导幼儿采取了民主投票、举手表决的方式决定了最后组长的人选。

教师：刚才第一组的李宁澍和黎牧星都想当组长，都说出了自己的理由和想法，可是只有一个人可以当组长，那你们觉得选谁好呢？

幼儿七嘴八舌地说：选李宁澍……选黎牧星。

教师：既然大家还是有不同的意见，怎么办呢？

胡昕：玩石头剪刀布，谁赢了谁就当组长。

黎牧星：举手投票。

教师：那我们就来举手投票吧，谁得的票数多，谁就能当组长，好不好？

幼儿：好的。

教师：选李宁澍当组长的请举起手来。（数一数，有13人同意。）

选黎牧星当组长的请举起手来。（数一数，有21人同意。）

谁的票数多呀？第一组的组长是谁呀？

幼儿：黎牧星。

教师：我们一起恭喜黎牧星当选为小组长。李宁澍这次没当成也没关系，下次还会有机会的，表现更好一点，说不定下次就是你了，加油吧！

反思分析：想办法解决问题，给了幼儿自我管理方法的支持。

幼儿之间常常会出现意见不统一的时候，不能每次都靠教师来插手解决。培养幼儿自我管理能力很重要的一个方面是要引导幼儿自己解决问题，提高协调能力、处事能力、决策能力。竞选小组长最后采取民主投票、举手表决、少数服从多数的方式不失为好的方法。这些方法可以迁移到今后小组之内、孩子之间产生不同意见时运用，因此，此环节也潜移默化地给了幼儿自我管理方法上的支持。

三、案例启示

1. 教师要提供幼儿自我管理的机会。《纲要》中多处提到幼儿园要"为每个幼儿提供表现自己长处和获得成功的机会，增强其自尊心和自信心。""支持幼儿自主地选择、计划活动……"这些都说明，幼儿如果无时无刻和事事都在成人的管教和指导之下，是不太可能学会自制和自我指导的。自我管理是幼儿成长的需要，是幼儿社会性发展的需要。教师要多给幼儿自我管理的机会，让他们可以做自己想做的事、该做的事、能做的事。

2. 教师要帮助幼儿积累自我管理的经验。在允许幼儿自由交往、自由实现自己的目的和意志的活动中，幼儿常常有一些自律规则的出现，有了一些浅显的自我管理方法，但还不丰富，还需要教师的引导和启发。《纲要》指出，教师要"在共同的生活和活动中，以多种方式引导幼儿认识、体验并理解基本的社会行为规则，学习自律和尊重他们"。

3. 教师要引导幼儿正确评价同伴，并以积极的心态对待同伴对自己的评价。《纲要》中提出，教师要"帮助他们正确认识自己和他人，养成对他人、社会亲近、合作的态度"，要引导幼儿明白：评价别人时，要同时看到别人的优点和不足，不要以指责的态度对待同伴；别人指出自己的不足是为了帮助自己改进，应该虚心地接受而不能消极地发脾气。

4. 教师要鼓励幼儿与同伴友好相处。在民主投票中，有的幼儿因为一票之差就无缘当选"小组长"，反映出了幼儿与同伴建立良好朋友关系的重要性，幼儿要想获得大家的支持，就必须处理好人际关系。而教师"应为幼儿提供人际间相互交往和共同活动的机会和条件，并加以指导"。

四、案例思考

"竞选小组长"的活动结束了，但这仅仅是引导幼儿自我管理的开始，许多问题还得继续思考和解决：

1. 竞选的过程充分发挥了幼儿的主体性，使有些幼儿如愿以偿地当上了组长，可是竞选成功之后，这些组长是否真的如自己"竞聘述职"所讲的一样能够自我管理？是否能够履行由大家共同讨论出来的组长职责？是否可以做老师的好帮手？这些都值得教师对组长进行持续地观察研究。

2. 此次能够当上组长的还只是班上能力稍强的幼儿，对于那些胆子较小、不太吭声的幼儿，教师要怎样调动他们当组长的积极性？让他们也能够尝试当小组长？

3. 对于非常愿意当组长，可是自己表现不是很好，甚至还经常被人告状的幼儿，如何在不打消他们积极性的情况下引导其当组长？加强他们自我管理的意识？

4. 对于已经担任组长，可是中途不能以身作则或是管理不好的组长该如何引导其更有效地进行自我管理？

资料卡

《做最好的自己》系列图画书

这是一套塑造孩子良好性格和健全人格，开发孩子情绪智力、帮助孩子心灵成长的图画书。围绕10个关键的、普遍出现的性格核心主题，在优美的文字、精美的画面和童趣故事的徜徉熏陶中，教孩子学会自信与乐观，避免自卑与消极；学会勇敢与坚持，避免胆怯与退缩；学会尊重与宽容，避免武断与狭隘；学会自立，避免凡事依赖；学会合作，避免自高自大；学会时间管理，避免拖沓懒散；学会自我控制，避免急躁任性……每个故事从不同角度引导幼儿自我意识的发展。

课后练习

课后思考：

1. 自我意识的结构有哪些？
2. 幼儿自我意识的发展特点是什么？
3. 不同年龄段幼儿自我调控教育的目标是什么？

实训练习：

请分别设计一个以促进幼儿自我认识、促进幼儿积极自我体验以及培养幼儿自我调控能力为目标的活动方案，并选择一个开展模拟实训。

案例分析：

阅读以下案例，思考如果你是教师，你会如何处理？

"小刺头"

前不久，大一班出现了这样一个"小刺头"——恩恩。班上区域活动马上要开始了，老师这次是遵循让表现好的小朋友先任意挑选区域的原则引导幼儿开展区域游戏活动。这时恩恩当听到老师的引导"原则"后,还是无所顾忌地在和边上的小朋友讲话、开小差,他还没有发现老师的"优先原则"已经开始实施了。当老师陆陆续续已经请了许多午间活动表现好的幼儿自由挑选自己想去的区域后,他开始察觉到了,也有点紧张了,并且试图举手想让老师先请他自由选,可是他还是边讲悄悄话边举胖乎乎的小手。所以老师也一直"遵循原则"没有叫他,直到有一个幼儿选中"餐厅老板"这个角色时,他才开始真正着急起来。

  他不说悄悄话了,而是举着小手直跺脚,嘴里嚷嚷着:"我要去餐厅当老板的!"(餐厅老板的角色只有一个)。老师故意不予理会,继续请剩下的孩子们自由选择。没多久后他就急得在椅子前的地上一坐,放声大哭起来……

第四单元 ——幼儿人际交往教育——

学习目标

1. 了解幼儿人际交往的内涵、发展特点和意义。
2. 掌握合作、分享、助人、冲突解决等交往技能的培养途径和方法。
3. 能够根据相关的理论和方法设计和实施有利于幼儿人际交往能力发展的教育活动。

学习导图

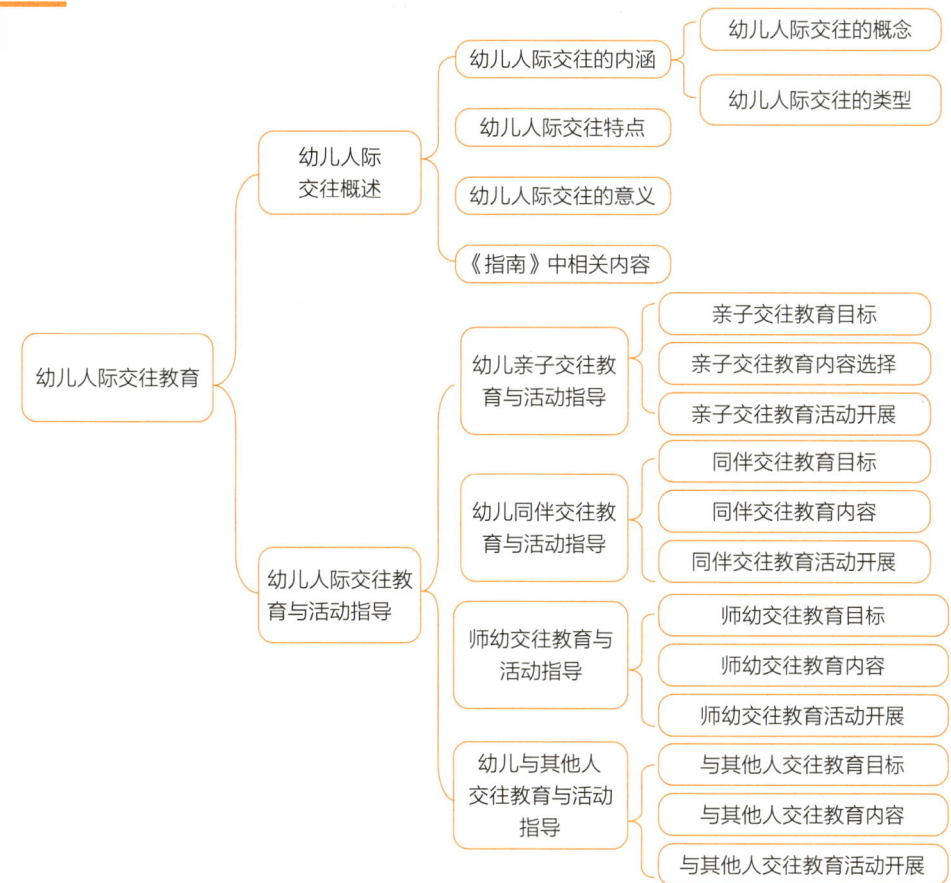

案例导入

由于这两天刚刚放假后回园,国庆小长假导致许多幼儿难以再次适应幼儿园的生活,早晨哭闹的幼儿比较多,时裳小朋友来到教室后却依然蹦蹦跳跳,开心地对每个小朋友说:"萌萌,早上好""静祎,早上好"……小朋友们都开心地回应着她的问好。只见她坐好之后拿起自己的小书包取出一袋糖,给每个小朋友都发一颗,并走到哭泣的小朋友面前抱抱他说:"不要哭了,等你吃完饭妈妈就来接你了。"哭泣的小朋友情绪也渐渐稳定下来。早饭时间到了,她同往常一样总是积极地跑到老师跟前说:"王老师,你真辛苦,我帮你给小朋友们端饭好不好?"老师听到后也十分开心,让她给小朋友们分发面包。吃完饭后开始做早操,她总是领队的小标兵,站在队伍的最前方,喊着口号带领大家做操,俨然一副小老师的样子。

理论阐释

时裳小朋友在与同伴交往的过程中懂得照顾同伴的感受、乐于助人,在行动上表现得十分积极友好,在说话方面懂得礼貌待人、尊敬师长。在幼儿园里是老师表扬鼓励、重点培养的对象,也是幼儿喜欢的游戏同伴,在同伴中具有较高的地位和较强的影响力。为什么时裳小朋友要比别的小朋友更受欢迎?原因就在于她掌握了较好的交往策略,交往能力比其他幼儿强。那么,如何培养幼儿的人际交往能力?本单元将讲解幼儿人际交往教育。

项目一　幼儿人际交往概述

人际交往是幼儿社会化的重要方面，是幼儿社会化发展的动因，是实现幼儿社会化不可缺少的途径。通过交往，可使幼儿了解人与人之间的正常关系，学习社会道德准则和处理人们之间的关系，帮助幼儿逐步形成适应社会要求的社会行为。对幼儿来说，形成积极的交往态度，发展基本的交往能力，与周围的人建立亲密和谐的人际关系，既是当前生存与发展的需要，更是一生发展的重要基础。

一、幼儿人际交往的内涵

（一）幼儿人际交往的概念

人际交往也称人际沟通，是指个体通过一定的语言、文字或肢体动作、表情等表达手段将某种信息传递给其他个体的过程。人际交往常指人与人交往关系的总称。在不同的学科领域，学者对人际关系的界定有所不同。

心理学将人际关系定义为人与人在交往中建立的直接的心理上的联系。心理学家加德纳提出：人际交往是指个体能够觉察并区分他人的情绪、意图、动机和感觉，并运用语言、动作、手势、表情、眼神等方式与他人进行信息交流和情感上的沟通。

社会学将人际关系定义为人们在生产或生活活动过程中所建立的一种社会关系，包括亲属关系、朋友关系、学友（同学）关系、师生关系、雇佣关系、战友关系、同事及领导与被领导关系等。

结合以上观点，笔者认为，幼儿人际交往是指幼儿在与成人的接触、交流或与同伴的游戏、学习、生活中，运用语言或者非语言符号系统相互沟通、情感交流的活动。

（二）幼儿人际交往的类型

根据幼儿交往的对象，可以把幼儿人际交往分为以下四类。

1. 亲子交往

亲子交往主要是父母与子女之间的交往活动，这种交往是儿童早期生活中的主导活动。亲子交往活动包括亲子阅读、亲子游戏、一起参观、一起表演、一起制作等。

2. 同伴交往

同伴交往是指幼儿与同龄或者年龄相近的幼儿的交往活动，主要包括共同学习、共同游戏等社会化活动。

3. 师幼交往

师幼交往是指幼儿园教师和幼儿在教育教学和日常交往过程中形成的一种比较稳定的人际关系，这种交往蕴含着一种特殊的"教育关系"，包括教师与幼儿之间的沟通交流、互动活动、情感沟通等。与亲子交往活动区别在于，师幼交往活动相对比较正式一些。

4. 与其他社会成员的交往

幼儿在生活中，除了接触父母、同伴、教师等身边人，还会接触社会上其他人，如亲朋好友、医生、收银员、环卫工人等。在这种交往过程中，幼儿逐步了解不同的职业以及行业工作者，萌发对劳动者的热爱和对劳动成果的尊重，这对他们适应社会具有重大意义。

二、幼儿人际交往特点

由于交往对象的不同，同伴交往、亲子交往和师幼交往之间具有较大的差别。幼儿同伴交往建立在具有相似的认知水平基础上且相互之间的关系不存在制约，而幼儿在与父母和教师的交往中，会受到认知水平的差异、角色之间交往的服从性和强制性等因素的影响而导致交往的平等性受到影响。

[知识点视频]
幼儿人际交往
发展特点

（一）亲子交往的特点

亲子关系是一种典型的垂直关系，即亲子之间的不对称性、不平等性。亲子关系中父母是儿童生活和成长的主要支持者，要对儿童负责，因此父母承担的义务更多，体现了亲子关系的不对称性；另一方面，因为父母比儿童享有拥有更多的知识水平和权利，享有更多的决定权，因此在权威上亲子关系的双方是不对等的。

亲子关系是一种不断变化的人际关系。从一出生起，亲子交往便经历了依恋、顺从、支配、逆反、协商等不同阶段。随着儿童年龄的增长，水平关系的特征在不断增加。水平关系多表现为平等、合作、公平，亲子之间有了更多的权利共享和互惠行为。

在幼儿期（3~6岁），亲子交往对幼儿发展的影响是最大的。首先，父母是孩子成长中的第一重要他人，为幼儿提供了学习和模仿的范例。在亲子日常交往中，父母的言行举止、情感态度都是幼儿观察模仿的对象。幼儿通过观察模仿父母这一方式来同他们进行情感交流，来熟悉掌控周围环境。其次，父母通过对幼儿行为的判断与强化，以此改变或巩固幼儿的某些行为。为了使得孩子能够接受某些社会行为规范，家长会利用权威、收回关爱等手段，对孩子的行为进行强化。

（二）同伴交往的特点

1. 随着年龄的增长，幼儿同伴交往能力逐步提高

根据年龄不同，幼儿同伴交往会呈现出不同的交往形式及交往策略。苏联著名心理学家M. H 利西娜根据不同年龄段的幼儿在交往中的心理特点，把幼儿交往划分为三个阶段：第一阶段为情绪——实际性交往（2~4岁），这种交往是在幼儿摆弄各种物体和玩具的活动实物，即操作活动和模仿性游戏背景下进行的；第二阶段为情景——活动性交往（4~6岁），这种交往是学前儿童典型的同伴交往，主要在角色游戏中进行；第三阶段为非情景——活动性交往（6~7岁），同伴交往中合作的需要不断增加，角色游戏被规则游戏所代替，游戏中的情景性降低。

随着幼儿年龄的增长，幼儿与同伴进行交往时可以更好地听取同伴的意见，更好地与同伴合作；在表达自己愿望时，也会增加新的角度来维持与同伴间的交往，而且大一些的幼儿在游戏中表现出更多积极情感、领导性、容忍性和亲社会行为。具体来说，在交往策略方面：小班的孩子交往中出现问题时，不会用语言表达来解决问题，常用动作来解决，容易产生独自霸占和争抢玩具的现象。中班的孩子在交往中大多能与同伴轮流、分享和互助；交往技能较欠缺，遇到问题常常退缩或出现攻击性行为，或喜欢告状，寻求成人的帮助。大班的孩子基本上都是有组织、有规则、有分工和有小组领袖的共同活动和合作游戏，在共同游戏和活动中，能与同伴协商和讨论，发表自己的想法，能耐心倾听同伴的意见和建议，出现矛盾和问题时，大多能自己协商解决；看到好朋友被欺负时，能帮助辩解或打抱不平。

在同伴关系的稳定性方面，3~4岁小班幼儿的同伴关系处于混沌期，同伴交往具有随机性和情境性，小班幼儿还不能主动与同伴建立稳定的联系，两两之间固定的互选朋友的人数还不多，大多数幼儿对同伴还未产生明显的偏好。具体表现为：自我中心阶段，喜欢平行游戏或独自玩

耍，不会主动发出加入游戏或活动的请求；喜欢和熟悉的人交往，较被动，不会主动与人打招呼。4~5岁中班幼儿的同伴关系处于分化期，其同伴交往具有探索性和冲突性，中班幼儿能主动与同伴建立关系，并且能不断尝试与不同的同伴建立联系，对同伴已经有了明显的喜恶。具体表现为：喜欢从事结伙和合作的游戏与活动；开始尝试和自己喜欢的同伴交往，能主动参与自己感兴趣的活动。5~6岁大班幼儿的同伴关系处于形成期，同伴交往具有群体性和稳定性，大班幼儿具有稳定的同伴关系，他们主要在形成的小群体中进行交往，交往对象比较稳定，对同伴的喜恶也趋于稳定。具体表现为：有固定的玩伴，喜欢与同性别的伙伴一起玩；能主动发起或加入同伴的游戏或活动。因此，幼儿期（尤其是4~6岁）是同伴关系形成和发展的关键期。

> **案例分析**
>
> 结合下面的案例，谈一谈在游戏中幼儿同伴交往存在什么问题，教师应该如何进行针对性的指导。
>
> 一个中班的活动区中，4名幼儿正在玩"医院"的游戏。其中一个幼儿扮演医生，其他幼儿扮演病人。只见这个小医生戴着听诊器，在给一个"患者"看病。"你生了什么病？""我头疼。""先张开你的嘴。"小医生仔细看了看又摸摸头，接着说："再量量体温。嗯，发烧了。我给你开点儿药，回家按时吃。好了，下一个。"游戏一直这样重复进行着。这时，来了一个一瘸一拐的"患者"说："医生，我的腿断了，好疼啊。"医生从来没有接待过这样的"患者"，一时愣住了，过了一会儿，对这个患者说："先张开你的嘴。""可是我的腿好疼。""再量量体温。"
>
> **参考答案：**中班的幼儿在角色游戏中能围绕共同的主题——医院，遵守共同的规则、分工协作，但幼儿更多的只是机械地重复游戏的步骤，同伴间时而有意见的交流，时而又在自说自话，这说明这名扮演医生的幼儿的游戏水平介于平行游戏与联系性游戏之间，协调性较差。针对案例中的问题，教师可以引导幼儿在判断之前先仔细观察来访的患者情况，并仔细记录下患者所说的话，提高幼儿在同伴游戏中的倾听能力，确保自己接下来所说的话、所做的事情是与对方有关的内容，从而为进行有意义的交流提供基础。

2. 性别差异显著

在同伴选择方面，大多数幼儿倾向于选择同性别的玩伴，且在同伴交往过程中，男孩会不断扩大自己的"友谊网"，而女孩更愿意与某一个最好的朋友在一起。在交往能力方面，女孩的同伴关系更优于男孩，女孩在同伴交往中更善于使用积极的交往策略。有研究表明，女幼儿在交往主动性、亲社会性以及语言与非语言能力上表现得更好，男幼儿比女幼儿表现出更多的社交障碍。

（三）师幼交往的特点

学者郑三元将师幼交往看成是发生于师幼共在的生活情境中的事件，他从社会关系角度分析日常生活情境和教学情境中师幼交往的特点，同时探寻了二者之间的联系。

他认为受具体情境的影响，师幼日常交往具有遭遇性、生活性和非正式性特点，因而使师幼双方可以在这个过程中实现"自我"的敞亮，并将其作为生活的"调剂"。遭遇性是指在日常生活情境下，师幼交往通常没有特意的准备与安排，甚至难以预料。教师和幼儿碰面了，他们之间的关系和情感便通过语言、表情和身体动作自然地表现出来，不需要事先约定与刻意安排。其相互问候、点头示意、拥抱、抚触等行动都是即兴的、自发的，这样的交往产生于一种灵感或者习惯。生活性是指师幼日常交往是发生在幼儿园自由活动或日常生活活动中的交往，是为了满足交往主体当下的生活需要而进行的，存在于他们的生活世界之中，如师幼间的聊天、开玩笑、打趣、指使等。非正式性是指师幼日常交往常常发生在轻松的氛围中，交往主体双方以最自然的、自己本来的面貌呈现，是没有经过任何刻意"修饰"也没有任何压力的交往。

师幼教学交往则具有正式性、事务性和规范性的特点，使师幼关系符号化，是教育理念的具体反映。正式性体现在：教学前教师往往对此进行了充足的准备，在教学活动开始之时摆出的"标准的坐姿"，露出的"标准的笑容"，幼儿要安静地坐在椅子上等待教师的指导与要求。事务性是指师幼教学交往是围绕特定知识的学习这一任务及其相关纪律而展开的，交往中的语言、行为等都是"说事的"。规范性是指师幼在教学交往中，对幼儿有一定的规范要求，例如"小手背背后，小脚并并拢，身体坐坐直""小眼睛，看老师""哆—来—咪—发—唆，小朋友快坐好"……这些儿歌似的"口头禅"经常出现在教学活动中。

这两种不同情境下的师幼交往相互关联，且在一定条件下可以相互转化。

三、幼儿人际交往的意义

人际交往对幼儿发展的意义主要表现在以下5个方面。

1. 有利于幼儿摆脱"自我中心"，发展亲社会行为

"自我中心"是幼儿的一种本能，大部分幼儿只能在自己的角度考虑问题而无法理解他人。他们都希望别人听自己的，结果发现大家都不愿意跟自己一起玩。这时幼儿会不断反思和调整自己的行为，慢慢地尝试考虑他人的感受，从对方的角度思考。

2. 为未来的社会角色做积极的准备

首先，幼儿通过生活中与医生、清洁工、售货员等人的接触，认识到工作中分工不同，每个行业的人都在平凡的岗位上默默奉献着，有利于幼儿正确的职业观的确立。其次，幼儿在同伴交往的过程中，可以通过各种各样的角色扮演，了解到不同角色的心理状态、行为和工作的内容。

3. 有利于促进幼儿情绪情感的发展

研究表明，儿童自出生后就有情绪，儿童最初出现的情绪都是与生理需要有联系的。随着年龄的增长，儿童的情绪、情感逐渐与社会性需要相联系。有学者在幼儿园做过幼儿情绪动因研究，方法是与幼儿直接访谈，结果表明，使幼儿高兴的动因主要有：①受到成人夸奖、表扬；②家长、老师喜欢我；③小朋友喜欢我，或者愿意和我一起玩，我和小朋友玩得好。使幼儿难过、不高兴的主要动因有：①受老师、家长批评、惩罚了，如被训斥、挨打了；②老师、家长不喜欢我了，或者自己惹老师、家长生气了；③家长、老师不允许我做喜欢做的事，不让我出去游戏。可见，从幼儿时期起，人就有想与他人亲近、与他人来往，希望得到别人的赞许、关心、友谊、爱护、接受、支持和合作。通过交往，幼儿的情绪情感需要得到满足，有利于情绪的社会化。

4. 有利于促进幼儿语言和思维能力的发展

语言是人们进行交往的基本工具，思维是人们认识世界的一种内在本质能力。语言和思维是在人际交往过程中产生、发展和完善的。随着幼儿人际交往范围的不断扩大，幼儿在不知不觉中学会句式，丰富词汇，发展语言表达能力。同时，幼儿学会在不同情境和场合与他人进行交谈，并运用交谈技巧和方式，逐步形成属于自身的语言风格和思维特点。

5. 有利于幼儿逐步完善自我，产生集体荣誉感

在人际交往过程中，特别是在集体活动中，幼儿需要考虑自己与集体的关系，学习同伴的优点，了解他人、正确地评价自己在集体中的地位，逐步学会轮流、合作、分享、谦让等一些基本

技能，这是幼儿发现自我、确立自我和完善自我的过程，同时也可以稳固和加强自己在集体中的地位，产生集体荣誉感。

四、《指南》中相关内容

《指南》中，社会领域子领域"人际交往"之子目标1"愿意与人交往"、子目标2"能与同伴友好相处"、子目标4"关心尊重他人"等内容，都直接指向幼儿人际交往能力的发展。具体内容见附录《指南》。

项目二　幼儿人际交往教育与活动指导

开展幼儿人际交往教育，促进幼儿亲子交往、同伴交往、师幼交往及与社会上其他成员交往能力的发展，关键要掌握不同交往类型教育活动的目标、内容以及教育途径和策略。

一、幼儿亲子交往教育与活动指导

对幼儿进行亲子交往教育，目的在于增进彼此了解，加深亲子感情。亲情是人类社会一种最基本、最美好的情感，重视亲情是中华民族一直延续的传统美德。《论语》中强调"父父，子子"，父要行父道，尊老爱幼，子要行子道，感恩父母。一个人只有先学会了爱自己的亲人，之后才有可能学会爱自己的老师和同学，进而扩展到爱祖国和人民。"老吾老以及人之老，幼吾幼以及人之幼"，以亲情为根基，推及他人，这样的社会才能充满爱，才能和谐幸福。幼儿园亲子交往教育是指增进幼儿对家人（主要指父母）的了解与认识，培养对家人的积极情感与态度，学会关爱家人并能与家人友好相处的教育。

（一）幼儿亲子交往培养目标

1.《指南》和《纲要》中的目标

关于亲子交往教育的目标，《指南》和《纲要》中都有明确规定。《纲要》明确指出，要引导幼儿了解自己的亲人，达成爱父母长辈的目标。《指南》指出，"让幼儿充分感受到亲情和关爱，形成积极稳定的情绪情感""能感受到家庭生活的温暖，爱父母，亲近与信赖长辈"，并且能够"借助故事、图书等给幼儿讲讲父母抚育孩子成长的经历，让幼儿理解和体会父爱与母爱"。

2. 亲子交往教育的目标

亲子交往教育目标的确定，既要考虑幼儿社会教育的总目标，也要考虑幼儿身心发展的特点。对他人认知方面，3~6岁幼儿主要表现为对他人外形的认知，对他人心理状态的认知以及自我中心的态度。在情绪情感方面，幼儿的情绪开始呈现丰富性和深刻化，情绪过程越来越分化，出现了类似尊敬、怜惜等情绪，情绪指向也由父母延伸到家庭成员。亲子依恋主要表现为依恋情感、依恋行为和依恋关系。在道德感发展方面，幼儿出现了共情的情感体验，开始能识别、理解和感恩亲人的情感，这里的共情包含普遍性共情、自我中心共情以及对他人情感的共情，开始学会运用信息推测、判断具体的情景，理解和体验他人的情感，并表现出共情的行为。

因此，亲子交往教育的目标有三个层次：一是认知层次，指幼儿能认识自己的亲人，了解亲人的职业和特点，认识亲人对自己的关爱和支持；二是情感层次，在认知的基础上，幼儿能感受亲人的关爱，萌发热爱亲人的情感，从而转化为一种自觉的亲情意识；三是行为层次，将感恩亲人的意识转化为报恩乃至施恩的言语和行为。幼儿亲子交往教育的核心是萌发幼儿热爱亲人的情感和行为。

3．不同年龄班幼儿亲子交往教育的目标

（1）小班

知道父母养育的辛苦，感受父母的爱；爱爸爸妈妈，能听取老师、爸爸、妈妈的意见，帮助他们做事；愿意用语言和行动表达对父母的爱；了解家庭的结构和家人的工作，努力成为和谐家庭的一员。

（2）中班

理解父母，学会换位思考，进一步了解父母对自己的爱；知道父母的兴趣爱好，珍惜他们的劳动成果；愿意与父母长辈交流谈话，有事情就告诉长辈；大胆向亲人表达爱，做力所能及的事，学会感恩亲人。

（3）大班

感受亲人的重要性，感受家人的爱，能够珍惜互相陪伴的美好时光；了解父母工作的辛苦，能关注他们的情绪和需要，产生回报、感恩父母的意识；主动用自己的劳动回报父母。

（二）亲子交往教育内容选择

根据亲子交往教育的目标，亲子交往教育可围绕"认识亲人""感受父爱母爱""关爱父母"等内容展开。例如，可选择"我的亲人""幸福宝贝""我爱我家""我来当妈妈"等作为具体教育内容，目的是让幼儿认识亲人、感受亲情、感恩亲情，增进亲子关系。

（三）亲子交往教育活动开展

亲子交往教育活动的形式是多种多样的。这里重点探讨幼儿园如何开展丰富多彩的亲子交往活动，促进亲子关系的发展。

1．通过专门的社会教育活动开展幼儿亲子交往教育

开展亲子交往主题教学活动，可以为亲子间的沟通和表达创造条件。教师可以开展相关的教学活动支持幼儿了解父母、体会父母对自己的爱，并用自己所理解的方式去表达，让父母也感受到孩子对自己的爱。

开展幼儿亲子交往教育活动，有以下注意事项：

（1）亲子交往教育可遵循"三步曲"

幼儿亲子教育的目标强调幼儿对亲人认知、情感和行为方面的发展。因此，要通过相关活动帮助幼儿认识父母、感知亲情、培养热爱父母的情感。可以采用"亲子交往教育三步曲"的方法，即认识父母→理解父母→报答父母。

（2）亲子交往教育要强调幼儿的亲情体验

幼儿亲子交往教育是一种强调以情感体验为主的教育。幼儿要在亲子交往方面得到发展，就必须亲自去体验活动，认同观念。教师可以利用亲子交往相关绘本，在师幼集体阅读和讨论时，体验书中主人公的情感，并获得共鸣。在绘本延伸活动时，通过歌唱、朗诵、绘本等方式就亲子交往教育相关主题进行创作。比如通过美术活动"给爸爸的画像"、歌唱活动"不要再麻烦妈妈"和"幸福一家人"的制作，能让幼儿把在绘本中学会的亲情认知、情感，在实际的活动中得以体验。

此外，不同年龄班可以采用不同的体验方式。对于小班幼儿而言，可以让他们在温馨的娃娃家中体验家庭角色，同时配以《我爱我家》等温馨音乐。中班的孩子可以通过"爸爸妈妈的一天"体验活动，协助父母完成一整天的工作，从而关注父母的生活，体验他们的劳累辛苦。大班可以通

过调查、访谈、交流等方式引导幼儿感受父母之爱。例如，可以设计一份"爸爸，我想了解你"调查表，让幼儿了解爸爸的生日、爱好和工作情况，感受爸爸的辛苦；还可以请父母来现场参加活动，现身说法介绍自己的工作，并配以真实视频展现劳动工作，让幼儿感受父母的敬业精神。

（3）亲子交往教育要注重幼儿的情感表达

心中有爱，要表达出来。幼儿不是没有感恩之心，而是不知如何表达自己的爱和感激。教师要给孩子搭建表达爱的机会。表达爱的形式是多种多样的，可以用语言，也可以是行动。对于小班幼儿来说，对他们要求不能太高，说一句"爸爸妈妈我爱你"或者帮父母做些力所能及的事即可，主要目的是培养幼儿爱父母的意识。随着幼儿语言能力的发展，可以让中班幼儿尝试用"我最喜欢和……一起……，因为……"这样的复合句进行表达。告诉幼儿不惹爸爸妈妈生气、不打扰他们休息就是爱他们的表现。要让大班幼儿大胆想父母表达自己的爱，用实际行动进行感恩，比如"为爸爸服务一次：给爸爸洗洗脚"，还可以给父母写信等。

（4）亲子交往教育要调动家长参与活动的积极性

亲子交往教育活动的开展，离不开家长的参与。教师可以根据活动需要，在活动前布置小任务。例如，和孩子一起完成家庭小调查、给孩子写信、准备自己工作时的视频等，活动时可邀请家长参与班级教学活动，活动后完成亲子阅读、亲子制作等小作业。

小班社会活动：我的爸爸妈妈

活动目标
1. 积极参与活动，愿意通过"送礼物"表达自己对父母的爱意。
2. 能大胆描述爸爸妈妈的工作，通过动手操作、观看图片理解爸爸妈妈的辛苦。
3. 知道向爸爸妈妈表达爱意的多种方式。

活动准备
经验准备：知道自己的爸爸妈妈最明显的特征。
物质准备：歌曲《世上只有妈妈好》《我有一个好爸爸》；PPT课件；图书若干，白纸、笔若干。

活动过程
1. 播放歌曲，导入活动。
（1）播放歌曲《世上只有妈妈好》，引出妈妈。
指导语：小朋友们，今天老师带给你们两首歌曲，首先我们先听第一首，竖起小耳朵仔细听听歌曲里面都有谁？在刚刚这首歌曲当中你们听到了哪个人呢？
（2）播放歌曲《我有一个好爸爸》，引出爸爸。
指导语：小朋友们的耳朵都很灵敏，一下就准确地找出了歌曲中的人物，请你们再接再厉，小耳朵继续准备好，来听听第二首歌曲中的人物，看看哪个小朋友反应最快！
2. 说一说：我的爸爸妈妈，了解爸爸妈妈的工作。
指导语：每个人都有自己的爸爸妈妈，老师也有自己的爸爸妈妈，老师的妈妈是长头发，大眼睛，瘦瘦的，我的妈妈是厨师，她炒的菜可好吃了！我的爸爸呢，是光头，有着大肚子，高高的，他是一名教师，听了这么多，老师非常好奇你们的爸爸妈妈长什么样子？做什么工作呢？
3. 动手操作，理解爸爸妈妈的辛苦。
（1）了解爸爸妈妈在家需要做的事情。
指导语：小朋友们都知道爸爸妈妈在外面的工作，有哪位小朋友可以跟大家说说自己的爸爸妈妈平时在家做哪些事情呢？老师认为打扫是一件非常头痛的事，不信咱们一起来看看小伟家今天发生的事吧。

（2）播放PPT课件，引导幼儿观察图片，并大胆说出图片内容。

指导语：小伟的玩具摆放得怎么样？小伟开心吗？小伟的爸爸妈妈进来看到是什么表情？为什么呢？

（3）动手操作，通过实际整理书籍，理解收拾的劳累，体谅爸爸妈妈的辛苦。

指导语：我听到有小朋友说看到小伟将玩具随地乱放，小伟的爸爸妈妈很不开心，因为需要收拾，收拾很累，究竟累不累，咱们一起试试看吧。

4. 观察图片，了解表达爱意的多种方式。

（1）放映小猪图片。

指导语：老师今天给你们介绍几位朋友，它们也特别喜欢它们的爸爸妈妈，并且还把自己的喜爱表现出来了，首先第一位朋友是小猪，马上就要到小猪爸爸的生日了，小猪想了很久该给爸爸送什么礼物好，听说他已经想好了，咱们一起去看看小猪准备给爸爸送什么礼物吧。小猪为什么要送爸爸一张画呢？小猪平时有些害羞，不好意思跟爸爸说"我爱你"，不知道你们愿不愿意代替小猪说出"我爱你"呢？所以向爸爸妈妈表示爱意可以通过画画，也可以直接对他们说"我爱你"。

（2）放映小鹿图片。

指导语：小鹿送了妈妈什么呢？妈妈感觉怎么样？所以可以通过送花表达对爸爸妈妈的爱。

（3）放映小女孩图片。

指导语：小女孩在做什么？她的妈妈在做什么？她的妈妈的表情是怎样的？所以可以通过给爸爸妈妈倒水表达爱意。

（4）放映一家三口图片。

指导语：他们在做什么？他们开心吗？所以可以通过拥抱来表达爱意。

5. 动手操作，用画画表达自己对父母的爱。

指导语：刚刚给你们介绍的这几位朋友都非常爱自己的爸爸妈妈，他们用不同的方式表达了对爸爸妈妈的爱，有的送爸爸妈妈礼物，有的帮爸爸妈妈做事情，有的抱抱爸爸妈妈。你想怎么表达对爸爸妈妈的爱呢？今天老师给你们准备了纸和笔，我们一起把对爸爸妈妈的爱画出来吧。

活动延伸

请小朋友们回家后，把这幅画送给爸爸妈妈吧，并说上一句"我爱你"。

活动评析

现在的孩子普遍存在着自我为中心、感恩意识差，对父母的爱不能深刻地理解这一问题。在社会领域小班年龄段目标中有"爱爸爸妈妈，能听取老师、爸爸、妈妈的意见，帮助他们做事"这一目标，因此，本次活动选题具有现实意义。活动设计符合小班幼儿的年龄特点，活动通过"说一说爸爸妈妈的工作""动手操作，理解爸爸妈妈的辛苦"等环节，更直接、直观地体会和感受父母的辛苦以及父母对自己无私的爱。通过"观察图片，了解表达爱意的多种方式"以及"动手操作，用画画表达自己对父母的爱"等环节，激发幼儿对父母的爱，并且表达出来，让幼儿懂得感恩，具有爱心。该活动很好地完成了活动目标，如果能把爸爸妈妈请到幼儿园，增加家长与幼儿之间的互动，活动效果会更好。

中班社会活动：不打扰妈妈的乖宝宝

（活动设计：湖南省政府直属机关第三幼儿园　彭兰）

活动目标

1. 感知什么是打扰，能迁移经验到公共场所，懂得不打扰别人，形成初步的公德意识。
2. 讨论在生活中被打扰的经历，感受被打扰的心情。

3. 知道在妈妈忙的时候，选择做合适的事情而不去打扰妈妈。

活动准备
视频、照片、各种玩具和图书等。

活动过程
1. 观看动画视频，引入话题，了解什么样的行为是打扰。

（1）幼儿观看视频：小恐龙练习敲鼓打扰到了爷爷休息、妹妹睡觉和爸爸工作。

（2）幼儿表达自己对视频的想法。

小结：当别人在工作、学习的时候被影响，在交谈的时候被打断，在休息的时候被吵醒，这都是被打扰。

2. 自然地请妈妈入场，亲子互相说一说生活中被打扰的事情，唤起生活中被打扰的经历，知道被打扰会让人不舒服，是不礼貌的行为。

教师：你有过被打扰的时候吗？你在什么时候被打扰过？被打扰的时候，你的心情会怎么样？

同伴间自由说→亲子间自由说→集体中说，充分交流休息、学习、工作时被打扰的经历和感受。

小结：生活中，我们都有被别人打扰的时候，这个时候我们会觉得不舒服，甚至很烦恼；我们有时候也会不自觉地打扰到别人，给别人带来不舒服。看来，打扰是很不礼貌的，被打扰是很不舒服的。

3. 情景体验，知道妈妈在忙的时候要选择合适的方式，不打扰妈妈。

（1）创设情境：妈妈们商量亲子运动会中家长需准备的事项，幼儿自主进行活动。

（2）教师观察并拍摄幼儿行为，为后续谈话做准备。

（3）讨论分析情景体验中的幼儿行为是否合适。

教师：你在玩什么？为什么？（问幼儿）

教师：刚才你们讨论的时候，有被孩子打扰到吗？（问妈妈）

小结：妈妈不能陪伴你们的时候，你们也有很多的事情可以做，选择合适的方式去做事情，就做到了不打扰妈妈。

4. 迁移经验，知道在公共场所做一个不打扰别人的人。

（1）亲子说一说：生活中还有哪些场所不能打扰到别人，应该怎么做？

（2）小结：在乘坐交通工具的地方、医院、图书馆、饭店这些公共场所，我们要做个文明的人，不要让自己的行为打扰到别人。当我们大家都能做到不打扰别人，我们的生活一定更加美好。

5. 延伸活动，当妈妈在休息或工作时，出现紧急情况该不该去打扰妈妈？

（1）观看图片：妈妈在休息，隔壁阿姨紧急求助。

教师：碰到这种情况，该不该打扰妈妈，你会怎么说、怎么做？

（2）亲子讨论后小结：生活中我们要学会随机应变。

活动评析
在这个活动中，幼儿获得的社会领域核心经验是人际交往和自我意识。

为了突破活动的重难点，结合中班幼儿的发展特点，教师设计了以下几个环节：唤醒经验→观看视频→实景体验→经验迁移→延伸活动。在唤醒经验环节中：通过谈话的方法，唤起幼儿的生活经验，说说妈妈在忙的时候，"我"会做什么。观看视频环节中：通过观察生活中的场景，让幼儿进一步了解打扰妈妈的行为，以及妈妈被打扰后的心情和后果，加深幼儿"不打扰妈妈"的意识，真正明白什么样的行为才会不打扰妈妈。实景体验环节中：通过情境体验的方法，让幼儿知道在妈妈忙的时候可以选择去做合适的事情，而不去打扰妈妈。经验迁移环节中：通过亲子辨别游戏，将"不打扰妈妈"的经验迁移到日常生活中，从不打扰妈妈迁移到不打扰他人，提升幼儿人际交往的能力，促进幼儿社会性发展。延伸活动环节：《指南》的解读中指出，"社会领域的某些学习和发展目标具有很强的辩证性"，因此教师抛出"紧急情况下该不该打扰妈妈？"这个问题，引发幼儿和家长进一步思考，让幼儿尝试辩证性地思考问题，以此辨析行为，实现价值澄清。

此次活动的层层递进，目标基本达成，重难点有效突破。

2. 通过其他途径开展幼儿亲子交往教育

（1）区角活动——营造亲情氛围

教师可以在绘本区投放以父子情、母子情甚至祖孙情为主题的绘本，幼儿可以根据自己的喜好挑选绘本进行阅读。当幼儿在阅读区阅读完绘本后，教师还可以进行"亲亲一家人"主题墙的布置。让幼儿搜集与家人的合照，然后带来幼儿园进行主题墙这一区角的布置。这样，在教室里可以营造出浓厚的亲情氛围，让幼儿产生温暖的感觉。

（2）家园共育——邀请家长参与园所或班级活动或者亲子户外社会实践活动，为亲子交往提供互动情境

不同家长有不同的特长、职业与能力，邀请家长来园展示技能、参与活动，不仅可以让幼儿认识与众不同的父母，同时也有助于家长更多思考亲子关系与亲子教育，促进亲子关系的发展。此外，教师可以在三八妇女节、母亲节、父亲节、六一儿童节等节日中，将幼儿父母请到幼儿园里，积极参加亲子活动；还可以开展亲子运动会、各种亲子联谊活动等，让幼儿和父母积极互动，促进亲子交往，增进亲子了解，密切亲子关系。

在亲子社会实践活动中，脱离家庭和幼儿园形成的亲子互动方式，让亲子间在轻松、平等、自由的环境中共同面对社会情境和实践活动，有助于亲子间体验不同家庭中的亲子互动。幼儿园可以组织亲子义卖、亲子郊游等社会实践和参观活动。

二、幼儿同伴交往教育与活动指导

幼儿从家庭生活进入到幼儿园生活的时期，是他们社会化发展的第一步。这一时期，同伴交往是他们成长过程中最需要的人际交往，童年玩伴在他们的成长历程中发挥着重要的作用，他们的社会性发展离不开在同伴交往中所积累和习得的社会交往经验与技能。幼儿同伴交往的质量影响幼儿之间良好同伴关系的建立，也对他们个人未来的社会交往能力产生重要的影响。幼儿园的同伴交往教育是指增进幼儿与同伴之间的了解与认识，培养幼儿对同伴形成积极的情感与态度，促进幼儿与同伴之间相互关心、友好相处，建立良好的同伴关系，并不断提高幼儿同伴交往技能，促进幼儿社会化进程的教育。

（一）幼儿与同伴交往培养目标

从《纲要》相关规定可以看出，"乐意与人交往，学习互助、合作和分享，有同情心"是幼儿人际交往教育的目标。而各年龄段同伴交往的目标，《指南》有明确规定，具体见附录《指南》人际交往子领域目标1"愿意与人交往"、目标2"能与同伴友好相处"。

（二）同伴交往教育内容

根据同伴交往教育的目标，同伴交往教育可围绕"分享、合作、倾听、表达礼貌、助人、冲突解决"等内容展开。具体包括自我介绍、加入同伴的活动、学会称赞别人、接受别人的称赞、

请求帮助、提供帮助、道歉、邀请别人一起玩、应对攻击性行为、协商、给同伴提出建议、学会拒绝、接受拒绝等交往策略和技能。

（三）同伴交往教育活动开展

同伴交往教育活动在幼儿园是开展得最多的，教师掌握相关的教育教学技巧非常重要。

1. 通过专门的社会教育活动开展幼儿同伴交往教育

要开展好教学活动中的同伴交往教育活动，教师需做到以下几点：

（1）对相关活动主题内容进行分析

在幼儿阶段，分享、合作、助人、解决冲突这几个方面是开展最多的活动主题。

①分享。分享是指个人将属于自己的物品及愉快的情感体验与他人共享，从而使他人受益，自己也能感觉快乐的行为，是亲社会行为的一种表现，也是一种非常重要的交往策略。对于幼儿来说，最初的分享主要是分享食物、玩具等。

随着年龄的增长，3~6岁幼儿分享行为和分享意识也在不断地增长。3~4岁幼儿的分享处于"自我"和"不会分享"的水平，随着年龄的增长而下降。4~6岁幼儿的分享处于"均分"和"慷慨"的水平，随着年龄的增长而上升。

幼儿会出现不爱分享的行为，与他对分享事件的认识误区有关，常见的认识误区主要有三种：一是认为"分享是必须的"。当幼儿逐渐体会并认识到分享是一种能够获得他人物品的有效途径时，他们就会要求他人把物品分享给自己。这种情况在3~4岁幼儿那里最为常见，经常有幼儿向老师告状："老师，××不分享玩具。"这个时候教师要告诉幼儿"分享是一个你情我愿"的过程，如果对方不愿意分享，也不能强制要求他分享；如果想要他人分享，就必须使用一定的技巧来征得对方的同意。二是认为"分享意味着失去"。大多数不愿分享的幼儿会认为，把自己的东西跟别人分享了，自己拥有的就少了。但是分享并不意味着失去，比如分享能获得内心的快乐。但是对于5岁以下幼儿来说这种感受是不易体察出来的，因此教师要多利用生动形象的绘本故事等向幼儿传递分享不是减法，而是加法。三是认为"分享是利益的交换"。有的幼儿在分享时会特别强调互惠互利的原则，如果对方没有足够吸引自己的物品作为交换，就不愿与人分享，这是一种功利性质的分享。教师和家长要反思自己在日常生活中是不是对幼儿的行为进行了过度表扬等。

各年龄班分享意识和行为培养的侧重点：

小班：爱分享，引导幼儿养成分享的习惯，感受分享的快乐。

中班：能分享，引导幼儿学习分享的方法，巩固分享的观念。

大班：会分享，引导幼儿理解和尊重他人，学习精神分享。

[知识点视频]
如何培养幼儿的分享行为

②合作。合作是指互相配合做某事或共同完成某项任务。幼儿合作是指在日常生活中（如游戏、学习中）能与同伴协调关系、商量解决方法、分工合作，从而确保活动顺利进行，以达到某种目的的过程。关于合作的概念，教师要能理解四点：一是合作什么——合作是指互相配合做某事或共同完成某项任务；二是为什么合作——合作是为了共同完成某项任务或者实现目标，如果不合作就需要花费更多的精力乃至无法完成；三是合作情境——在多人共同面临某项难以独立完成的任务时需要合作；四是怎么办——要同他人相互配合、协商、分工才能有效完成任务。

幼儿合作能力随着年龄的增长呈上升趋势；合作能力发展存在性别差异，女孩的合作能力水平显著高于男孩。各年龄班幼儿合作能力具体表现见表4-1。

表4-1 不同年龄班幼儿合作能力具体表现

年龄班	具体表现
小班	空窗——萌芽期（我行我素，游离或跟从） 幼儿合作水平较低；合作过程缺乏同伴协商，需成人给予引导和帮助；往往采用较为单一的活动策略；合作的时间较短
中班	冲突——磨合期（各自为政，策略单一） 幼儿合作动机增强，合作行为增多；合作策略增多，能使用多种分工协商策略协调小组内部矛盾
大班	竞争——协商期（喜欢群体性活动，出现领头人） 幼儿合作动机强烈；合作策略多样化

各年龄班合作能力培养的侧重点：
小班：培养幼儿的合作意识，愿意和大家一起完成任务。
中班：学习合作策略，学会协商分工，共同完成一件事。
大班：熟练合作程序，提高合作效率。

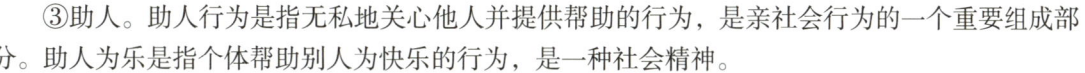
[知识点视频]
如何培养
幼儿的合作能力

③助人。助人行为是指无私地关心他人并提供帮助的行为，是亲社会行为的一个重要组成部分。助人为乐是指个体帮助别人为快乐的行为，是一种社会精神。

幼儿之间经常会出现自发助人行为，但并不一定是完全自我牺牲的行为，更多的是一种互助。只要幼儿的行为给被帮助者带来利益，都可以视为助人行为。助人行为和安慰行为在表现形式上有一定重叠，当人们采取言语的形式助人时，通常可视为安慰行为。

各年龄班幼儿助人行为具体表现见表4-2。

表4-2 不同年龄班幼儿助人行为具体表现

年龄班	具体表现
小班	懵懂期，这一时期的幼儿对助人无动于衷，或者盲目地学着旁边的小朋友、家长去表现出助人的行为
中班	被动期，在教师和家长的指导下，会帮助别人，但是坚持性不强
大班	主动期，当小伙伴或者爸爸妈妈有困难的时候，会主动去帮助，并能想出一些好办法

各年龄班助人行为培养的侧重点：
小班：学会情绪识别，表达和求助。
中班：学会需求辨别和主动助人。
大班：丰富助人策略和升华助人动机。

[知识点视频]
如何培养
幼儿的助人行为

④解决冲突。同伴冲突是幼儿交往过程中的常见现象。幼儿同伴冲突是指幼儿在与同伴玩耍或相处过程中发生的相互抵制或对抗，表现为交往双方在行为、言语或情绪等方面的对立。冲突与攻击性行为存在不同，攻击行为是有意伤害他人的行为，经常是单向发生，而冲突一定存在于双方的相互对抗之中。

心理学家研究指出，儿童与同伴之间的社会性冲突在出生后第二年就已开始，并随着年龄增长呈现出下降趋势。3~4岁幼儿间的冲突主要是因争夺物品而起；4~5岁幼儿间的冲突主要由违反规则和同伴交往两种原因引起；5~6岁大班幼儿间的冲突主要由违反规则和维护正义引起。

小班幼儿冲突解决策略主要以告状求助、身体攻击和物品争抢为主；而中、大班幼儿开始出现了交换策略和公德意识，表现出一种双向、互惠策略的萌芽。幼儿的交友、语言沟通和让步协商等冲突解决策略随着年龄的增长而增加。

📖 案例分析

结合下面的案例，谈一谈幼儿间产生冲突的原因，教师应该如何引导幼儿解决冲突。

一天午饭后，吃完饭的幼儿陆续搬椅子坐到旁边玩小玩具或者看书。然然和婷婷两人拿到书后没有坐到自己的小椅子上看书，而是在玩起了"公主"的游戏。两个人商量着各自扮演什么公主，玩得很高兴。这时小温也想参与，然然说："我们在玩公主的游戏，是女孩玩的，男孩不能玩！"小温还是说："我想一起玩。"一边说着一边想往前面闯，然然站起来伸出一只胳膊做出阻止他进入的姿势："我们在这玩儿，你不能进来。"小温不听然然的劝阻，执意要进去，两人开始了身体对抗，在对抗过程中然然将小温推倒在地。小温跑去找老师告状，然然一边试图阻止小温去找老师，一边摸着他的后背跟他说："对不起，小温，我不是故意的。"

参考答案： 引导解决冲突的重点是体会幼儿的感受与需求。当小温来找教师告状时，教师应首先体会到双方委屈和生气的感受，满足幼儿被理解、被尊重的需求；其次，引导幼儿理解对方感受，对幼儿提出具体的请求并做出示范和提示，找到双方都接受的方法，促进幼儿冲突的解决。教师在解决冲突引导中要发挥"鹰架"作用。案例中的然然是比较懂事的小姐姐形象，懂礼貌，能够跟同伴友好相处，而小温是一个交往技能比较弱的幼儿，引导过程中教师应做出较多的示范和提示，发挥"鹰架"的作用。随着幼儿年龄的增长以及交往技能的提高，教师应逐渐撤掉自己的"鹰架"，最终目标是让幼儿成为冲突解决的主体，增强幼儿自主解决冲突的能力。

各年龄段冲突解决能力的培养重点：
小班：在教师的帮助下解决冲突。
中班：在教师的帮助下，尝试协商解决冲突。
大班：幼儿自己协商解决冲突。

［知识点视频］
如何培养幼儿解决冲突的能力

（2）掌握同伴交往教育活动设计的基本环节及实施要点

幼儿同伴交往教育活动设计的基本环节如下：

①创设人际交往教育情境。通过创设的情境，即导入，引导幼儿参与活动的兴趣以及调动幼儿学习的主动性，让他们在轻松、友好、快乐的氛围中参与交往。导入的方式一般有讲故事、引导幼儿看图片、欣赏视频资料、情景表演等。例如，中班社会活动"玩具大家玩"导入部分可以这样设计：出示电动小汽车、变形金刚、芭比娃娃等各类玩具，引起幼儿的兴趣，启发幼儿讨论：班上有那么多小朋友，老师这里只有8个玩具，大家都想玩，应该怎么办？再如，在大班社会活动"找快乐"中，教师可以通过故事"小花籽找快乐"导入主题，帮助幼儿理解快乐的真正含义。

②引导幼儿学习同伴交往的具体技巧。交往技巧的学习主要有两种方法：一是直接呈现法，即直接学习人际交往的具体技巧，如使用礼貌用语、交朋友等，让幼儿感受到这种交往技巧能够给他人带来快乐，从而愿意使用这些交往技巧，这种方法适合在小班使用；二是间接呈现法，即教师引导幼儿进行讨论，逐步引出正确的同伴交往技巧，这种方法适合在中、大班使用。在讨论活动中，移情训练、榜样示范、积极归因等是较为有效的策略。例如，在中班社会活动"玩具大家玩"活动中，教师设置了两个环节：分析幼儿玩玩具活动中的表现及存在的问题；引导幼儿进行讨论，帮助幼儿掌握"共同玩"与"轮流玩"的具体方法，并一同讨论出进一步的活动规则。

再如，在讲绘本故事《花斑马永远快乐》时，教师可以在花斑马遇到哭泣的小猪时稍作停顿，提出一些问题来引发幼儿思考，可以问幼儿："小猪怎么啦？它的心情怎么样？你们碰到什么事情会伤心（难过）？碰到伤心（难过）的事情时你是怎么想的？又是怎么做的？如果你是小猪，你希望花斑马怎么帮你？如果你是花斑马，你会怎么帮助小猪？"通过这样的提问，可以有效提高幼儿情境识别、价值判断的能力。在此基础上，教师引出适宜的助人策略。

③组织幼儿运用同伴交往技巧。在学习之后，教师要提供条件和机会，让幼儿学习使用这些技巧，这是同伴交往教育活动的核心环节。在这一环节中，教师可以采用角色扮演法，设计一些需要运用交往技巧的情境，让幼儿分组或者集体表演；可以采用实践练习法，让幼儿在具体情境中练习技巧等。在开展情境性问题解决活动时，教师要注意引导幼儿自主发现和解决问题，要帮助幼儿归纳总结问题解决的策略，要帮助幼儿充分理解"为什么做""怎么做"等问题。例如，在中班社会活动"玩具大家玩"活动中，在讨论了分享的具体方法之后，教师让幼儿再次体验玩玩具，启发幼儿体会与别人分享、合作玩的乐趣，并巡回观察和指导幼儿学习与同伴商量着共同玩、轮流玩、交换玩的方法；活动结束后，请幼儿说说是怎样与别人一起玩的；鼓励幼儿说说和大家一起玩的感受。通过让幼儿情境实践，体验分享与交流，促进分享技能的掌握。

④总结良好的人际交往技巧。这个环节主要是对所学习的人际交往技巧的具体方法、使用场合、使用对象及这些技巧带来的益处等进行小结。例如，在中班社会活动"玩具大家玩"活动的结束部分，教师是这样总结的：在与同伴玩玩具时要谦让，不要争抢。小朋友们可以商量着玩，你玩一会儿，我玩一会儿，大家轮流玩，也可以大家一起友好地交流，共同玩。

小班社会活动：小熊，你好

活动目标

1. 愿意与好朋友打招呼，感受与人交往的乐趣。
2. 了解多种打招呼的方式，学会用语言"你好"和不同的肢体动作与人问好。
3. 认识到与人打招呼是一种礼貌的交往行为，克服害怕、害羞的心理。

[活动视频]
小熊，你好

活动准备

PPT课件、小象鼻子贴纸、小熊手偶、大骰子。

活动过程

1. 认识新朋友。

师：今天我们班来了一位新朋友，它是谁呢？（小熊）让我们一起和它打个招呼吧。

2. 分段欣赏故事，感受各种问候方式。

（1）小熊和小猴，挥挥手说"你好"。

师：小熊走啊走，走到大树下，它说了一句话，我们来听听它说了什么？（播放录音）

师：猜猜小熊在和谁说"你好"呢？（小猴）

师：小熊和小猴是怎么说"你好"的？你会用挥挥手的方式和朋友说"你好"吗？一起来试试吧。

（2）小熊和小刺猬，相互鞠躬说"你好"。

师：小熊这次遇到了谁呢？（小刺猬）你觉得小熊会怎么和小刺猬说"你好"呢？你会和朋友鞠个躬说"你好"吗？

小结：好朋友见面可以挥挥手说"你好"，也可以鞠个躬说"你好"。

（3）情景"不害羞的小象"，尝试用自己喜欢的方式与朋友问好。

师：走着走着，小熊又碰到了谁？小熊和小象打招呼，可是小象看上去怎么样？你们是害羞

的小朋友吗？不害羞的小朋友把手举起来。（为幼儿贴上小象鼻子贴纸）

（4）请幼儿说说还有什么和好朋友问好的方式。

（5）游戏：小象问好。幼儿投掷骰子，用对应的方式和好朋友问好。

小结：原来，和朋友见面可以挥挥手、抱一抱、鞠个躬……说"你好"。

3. 跟着视频舞动，与朋友自由地互说"你好"，感受与朋友打招呼的快乐。

4. 情感迁移，用不同的方式和客人老师问好。

师：小熊今天认识了很多新朋友，你们想不想去认识新的朋友呢？（带领幼儿和客人老师问好，离开活动室）

中班社会活动：粗鲁的小老鼠

活动目标

1. 对人际交往活动感兴趣，树立初步的讲文明、懂礼仪的意识。
2. 学习正确与人交往的方法，懂得初步的交往礼仪。
3. 在角色扮演游戏中，能有礼貌地与人交往。

［活动视频
粗鲁的小老鼠］

活动重难点

重点：树立初步的讲文明、懂礼仪的意识，学习与人交往的正确方法。

难点：能有礼貌地与人交往。

活动背景

班上有小朋友和同学相处不够融洽，老师和他谈话指出问题所在，他仍然毫不在意，所以选择了与朋友友好相处的活动，通过该活动来协助矫正他不文明的行为。

活动准备

1. 经验准备：有一定的文明意识，知道与人相处要有礼貌。
2. 物质准备：小老鼠、蜗牛、小猪、小鱼胸饰各一个，幼儿日常不文明行为照片若干。

活动过程

1. 情境导入，引发活动兴趣。

指导语：你们觉得小老鼠的性格怎么样？最近森林里发生了一些事，有好几个小动物过来投诉它，说它太嚣张，不想和它做朋友，你们知道为什么吗？那我们一起来了解一下吧。

2. 完整地欣赏故事，从故事中体会粗鲁带来的不良后果。

（1）教师带感情地讲述故事，幼儿完整欣赏。

（2）引导幼儿讨论，了解粗鲁行为带来的不良后果。

指导语：你觉得故事里的小老鼠怎么样？小老鼠踢了蜗牛，蜗牛的感受是怎样的呢？小老鼠对河里的小鱼做了什么？小鱼的心情会变得怎么样？小老鼠的脚怎么肿起来了？它为什么低下了头？

3. 展开故事，分角色扮演，学习正确与人交往的方式。

（1）调动幼儿已有经验，展开讨论。

指导语：如果小老鼠很有礼貌地对待别的小动物，它的脚会不会受伤？如果你是小老鼠，遇到其他动物时，你会怎样做？

（2）依次出示蜗牛、小鱼和小猪头饰，引导幼儿探索正确与人交往的方式。

指导语：你碰到正在慢慢爬行的蜗牛，会怎么做？你想喝水时有条小鱼在游泳，怎么说比较好？小猪在睡觉挡住了你的去路，你该怎么办？

（3）幼儿自选角色，根据提供的情境表演，教师巡回观察。

（4）请幼儿在集体中展示自己的做法，共同梳理、小结并模仿。

小结：碰到正在慢慢爬行的蜗牛，可以这样说："对不起，请让一下可以吗？我想过去！"想喝水有小鱼在游泳时，这样说比较好："小鱼，你好！我口渴想喝水，你能等我喝完水再过来游泳吗？"小猪睡觉挡住了去路时，可以先叫醒小猪，然后对他说："打扰一下，小猪，你睡在这里可不好，别人过马路会不小心踩到你的，你还是换个地方睡觉吧，好吗？"

（5）引导幼儿根据已有生活经验，探讨如何做个讲文明懂礼貌的人。

提问：在生活中，我们还应该怎样做个讲文明懂礼貌的人呢？

鼓励幼儿畅所欲言后小结：不要瞧不起别人；不要打扰别人；要学会谦让；别人有困难时要出手相助；和朋友要友好相处……（你们真棒，我们先把这些小方法告诉小老鼠，看他的动物朋友会不会原谅他）

4. 游戏：我是小法官。让幼儿判断对错，巩固讲文明、懂礼仪的行为。

（1）幼儿分成五组，教师演示PPT课件，请每组幼儿判断对错，对的贴笑脸，不对的贴哭脸，并说明理由。

（2）小结：小朋友们从小要学习文明礼仪，和别人说话时要轻声细语，不要说脏话、粗话；还要虚心，不要像小老鼠那样，自以为了不起，最后吃亏了才后悔。只有懂得尊重别人的人，才能得到别人的尊重。（小老鼠，你还有话想和我们的小朋友说？那我们的小朋友能做到吗？）

大班社会活动：大熊的拥抱节

活动目标
1. 感受被他人拥抱带来的温暖，体验用拥抱表达情感的快乐。
2. 理解拥抱的含义，懂得人与人之间要相互宽容和体谅。

活动准备
1. 经验准备：幼儿在班上有自己的好朋友，与他人拥抱过。
2. 物质准备：《大熊的拥抱节》故事PPT课件，大熊图片。

［活动视频］
大熊的拥抱节

活动过程
1. 开展小游戏——"我的好朋友"，体验与他人拥抱的感觉。

指导语：你的好朋友有哪些？请找到你的好朋友和他抱一抱。和好朋友拥抱有什么感觉？

2. 分段讲述故事《大熊的拥抱节》，感知朋友之间需要相互宽容。

（1）讲述故事第一部分（从开头到"一滴又一滴"），引导幼儿猜想为什么没有小动物愿意拥抱大熊。

指导语：大熊为什么会哭？没有人拥抱的大熊心情是怎么样的？

（2）讲述故事第二部分（"天黑了"至"大熊的眼泪一滴一滴落下来"），请幼儿帮助大熊想解决办法。

指导语：为什么没有人愿意拥抱大熊？你有什么办法可以让大熊重新获得小动物们的拥抱吗？

小结：当自己犯了错误，我们要勇于改正；当别人犯了错误，我们要宽容、体谅他。

3. 开展小游戏，激发幼儿思考朋友之间处理矛盾的办法。

（1）展示大熊处理矛盾的办法，分组讨论还有哪些解决矛盾的办法。

指导语：大熊用了三种办法，你们还有什么办法？和大熊比一比看谁想出来的办法最多。

（2）进一步讨论、分享解决矛盾的办法。

指导语：请说一说你们想到了什么解决办法？

小结：当我们和同伴发生矛盾时，我们可以送个小礼物，给好朋友一个拥抱，可以对他说声"对不起"……

中班社会活动：团结力量大

活动目标
1. 通过观看情境表演，初步感知团结力量大。
2. 积极参与团结协作的游戏，体验团结互助的成功和喜悦。
3. 通过多种方式的互助合作，幼儿能大胆表达自己的想法并有意识地与同伴合作交往。

活动重难点
重点：积极参与团结协作游戏，体验团结互助的成功与喜悦。
难点：活动中主动与同伴合作交往。

活动背景
在区间活动中，老师发现孩子们选择区间材料后自己玩自己的，喜欢将材料分得很清楚，并且向老师告状有争抢材料的现象。特别是建构区的小朋友，不会主动与同伴合作搭建，导致建构区每次呈现的作品不突出。

活动准备
1. 经验准备：幼儿玩过合作游戏。
2. 物质准备：红豆、黄豆、黑豆混在一起的操作材料，纸杯、盘子若干。

活动过程
1. 情境导入，初步感知团结力量大。
（1）观看表演前半段。
提问：你们看到了什么？小蚂蚁遇到了什么问题？你们觉得它会怎么做？
（2）观看表演后半段。
提问：小蚂蚁是怎样把豆子搬回家的？为什么小蚂蚁一开始搬不动，后来又搬起来了呢？
（3）交流讨论，初步感知团结力量大。
提问：你们喜欢故事中的小蚂蚁吗？为什么？
小结：团结力量大，我们也要像小蚂蚁一样学会团结，学会合作。
2. 实践操作，体验团结协作、共同完成任务的快乐。
（1）教师介绍操作内容，交代任务要求：老师不小心把红豆、黑豆、黄豆混在了一起，请小朋友们帮忙将红豆、黑豆、黄豆分别拣出来，放在三个杯子里。
提问：我想快速地把这些豆子分拣出来，你们有什么好的办法吗？
（2）引导幼儿交流比赛的情况和感受。
提问：哪一组小朋友拣得最快？你们心里有什么感受？
如果是一个人做这件事，需要多久？大家一起做，又是什么样的结果？
小结：如果是老师一个人做需要很长时间，老师请大家一起帮我，很快就分出来了，你们帮助老师快速完成任务我非常开心，谢谢你们。
3. "彩虹伞"游戏，有意识地与同伴合作游戏。
（1）彩虹伞做蛋糕，教师一人或两三人玩做蛋糕的游戏。
提问：为什么我们的蛋糕做不起来呢？
（2）全体幼儿一起玩做蛋糕的游戏。
提问：为什么我们的蛋糕做得不够大呢？
（3）总结经验，全体幼儿再次一起玩彩虹伞的游戏。
4. 迁移经验。
（1）提问：生活中还有什么事情需要大家一起合作，才能将事情做得又快又好又省力呢？

（2）幼儿大胆表达自己的想法。
（3）教师小结，结束活动。

大班社会活动：合作真快乐

活动目标
1. 乐意与同伴合作完成任务，体验游戏中相互合作的快乐及获得成功的满足，有一定的集体意识。
2. 懂得合作的重要性，知道生活中的许多事情需要合作。
3. 在游戏中发展动作协调性和反应能力。

活动准备
桌面玩具、大型拼搭积木、塑料筐、篮球、《合作真快乐》故事PPT课件、游戏音乐。

活动过程
1. 进入活动室，发现散落在地的玩具。
2. 引导幼儿观察散落在地的玩具，提出问题，引发思考。

提问：有哪位小朋友愿意主动帮忙收纳玩具？
（1）请一位幼儿清理收纳玩具。
（2）请五位幼儿共同收纳整理。

小结：一位幼儿收拾玩具时速度会很慢，而我们共同整理时速度会快一些，人多力量大。

3. 展示生活中团队合作的照片，了解生活中的合作。

提问：师幼共同探讨图片上的人物在做什么？为什么需要合作？

4. 播放图片，引导幼儿思考朋友之间应该相互合作。

指导语：在幼儿园生活中我们还有哪些事情是一个人完成不了的？需要两个人或者更多人一起合作完成的呢？

小结：区角结束后整理材料、户外活动时玩跷跷板、跳绳、拔河、踢球……需要朋友相互合作，共同完成。

5. 游戏"运西瓜"。
（1）创设情境，提出问题。

指导语：地里的瓜熟了，农民伯伯需要把瓜运放到框里送到集市上卖，可是这么多瓜，他一个人怎么都搬不了，他可真恼火！

（2）师幼共同商讨搬运的方法。
（3）比赛看谁运得快。

规则：在同一时间内，看哪队运送西瓜又快又稳。
方法一：双人运瓜，两位幼儿面对面站，双手共同捧着西瓜。
方法二：双人背对背运瓜。
方法三：三人运瓜，三位幼儿围成圆圈站好，双手共同捧住西瓜。
方法四：站成一竖排，相互传递过去。
……

6. 请幼儿说一说游戏感受。

提问：和朋友一起玩游戏的心情怎么样？要怎么样才能在游戏里获胜？

小结：和朋友一起玩游戏的心情是开心、激动的。只有朋友之间相互配合、团结一心，才能获得游戏的胜利。

7. 放松活动，离开活动室。

大班社会活动：接受拒绝

（一）活动目标

1. 知道在生活中自己的请求不是都会被接受的，被人拒绝是很正常的情况。
2. 能记住"接受拒绝"技能的口诀，并能够在实际情境中尝试运用"接受拒绝"技能。
3. 锻炼情绪处理能力和共情能力，能够乐观地面对与他人交往中被拒绝的情境。

（二）活动准备

物质准备：绘本《金色的房子》。
经验准备：幼儿有拒绝过别人或者被别人拒绝的经验。

（三）活动过程

1. 活动导入，激发幼儿学习的兴趣。

师：小朋友们，老师今天给你们带来了一本绘本，名字叫作《金色的房子》。请小朋友们用上我们"倾听"的技能，认真听老师讲故事，一会儿老师有问题要问大家。

教师为幼儿阅读绘本《金色的房子》，当讲到"小姑娘说完了话，就自个儿走进房子里去，'砰'的一声把门关上了"时暂停并提问。

师：小朋友们，小鸟、小狗、小猴、小羊这个时候进到小姑娘的金色的房子里面了吗？

教师出示小女孩的图片，向幼儿提问：他们为什么会被小姑娘拒绝？你们觉得他们此时的心情会是怎样的？如果你是他们，你会怎么做？

2. 学习"接受拒绝"技能的口诀，引导幼儿理解"接受拒绝"技能的内涵。

（1）理解什么时候可能会被人拒绝。

师：小朋友们，你们有没有像故事中的小动物一样，被别人拒绝过？请小朋友们说一说，你们什么时候被别人拒绝过？

师：原来小朋友们都被拒绝过，看来被人拒绝是大家都面对过的事情。

师：小朋友们要知道，每个人都有不一样的想法，我们有拒绝别人的时候，所以也要在被别人拒绝的时候能够换位思考，理解别人。

（2）共同分析为什么会被别人拒绝。

师：小朋友们回想一下，刚刚故事中的小动物为什么会被小女孩拒绝？小女孩拒绝的时候，她是怎么说的？（如果幼儿忘记，教师可以适当带幼儿回顾绘本内容）

师：小朋友们刚刚说了很多被别人拒绝的时刻，那请小朋友们想一想，为什么我们会被别人拒绝呢？（引导幼儿讨论被拒绝的原因）

教师总结幼儿的回答。

（3）讨论被人拒绝之后可以做什么。

师：老师想问小朋友们一个问题，你们被别人拒绝之后，心情会是怎么样的？

师：那我们可以做些什么呢？请小朋友们来说一说。

师：（教师总结幼儿的回答）小朋友们说了好多办法，可以做一些其他让自己分散注意力的事情，比如吃点好吃的、一个人冷静一会儿、不强迫别人、做点别的游戏……

（4）学习"接受拒绝"口诀，教师总结。

师：小朋友们刚刚说得特别好，那老师也要教给大家一个"接受拒绝"的口诀："你想和同伴一起玩；别人却说不愿意；坦然接受别生气。"请小朋友们和老师一起说一遍。

师：小朋友们记住口诀了吗？谁记住了请举手，老师请你说一遍。

师：请小朋友们谨记这个"接受拒绝"的口诀，下次当我们被别人拒绝的时候，想到这个口诀，我们就不会那么难过啦！

3. 情境表演，进一步巩固"接受拒绝"技能。

教师创设一些被人拒绝的情境，请幼儿运用该技能进行表演。

（3）同伴交往教育活动开展注意事项

开展同伴交往教育活动，教师要做到以下几点：①根据幼儿在实际生活中遇到的真实问题，致力于解决真实的交往问题。充分利用日常生活和交往中的典型事例生成课程，帮助幼儿提升交往能力，引导他们解决交往当中遇到的问题，促进幼儿与同伴友好相处。基于真实交往情境的教育活动，解决真实的交往问题，更容易被幼儿理解和接受，对幼儿而言更有实际意义。②注意正面教育，尽可能引用正面事例。典型的正面事例会给幼儿积极、正面的同伴交往活动支持。虽然有的老师会引导幼儿发现案例中的错误做法，并讲出正确做法，但是不良的同伴交往行为难免会给正在发展中的幼儿以暗示，被幼儿模仿，特别是年龄较小的幼儿。③引导幼儿学会移情，学会理解他人。在组织教学活动时，应注意引导幼儿站在他人的角度思考问题，理解他人的情感和行为，这样更容易激发幼儿之间学会理解，解决交往冲突。

2. 通过其他途径开展幼儿同伴交往教育

（1）一日生活各个环节中的同伴交往教育

日常生活环节中的同伴交往教育。幼儿在园一日生活中，生活环节（来园、离园、盥洗、如厕、饮水、餐点、做操、值日、午睡等）占在园生活60%以上。如何帮助幼儿走出自我中心，学会使用礼貌语言与人交往、轮流与等待、能与小朋友共同合作、学会分享、关心他人、解决冲突等，是日常生活环节中培养幼儿良好同伴关系的重要内容。例如，来（离）园的时候，可以渗透礼貌教育，引导幼儿如何待人接物；餐点环节可以渗透分享教育；值日可以渗透为他人服务教育；在自由活动中，如果幼儿为争夺玩具、器材发生争执，教师应该渗透团结友爱的教育，并交给幼儿具体的解决方法；当有的幼儿无法加入到别人的游戏中，教师可以教给他一些人际交往的技巧，也可以鼓励其他幼儿邀请他加入游戏，锻炼合群性等。

> **案例**
>
> 在户外活动中孩子们各自搭伙玩耍，有的孩子在玩滑梯，有的孩子在玩秋千，还有一些男孩子追逐打闹，一位小男孩跑过去推正在荡秋千的一位小女孩，因为用力较大，女孩从秋千上跳下来趴在了地上，手擦伤了皮，流了血，小女孩哭了起来，这时旁边的小朋友都跑过来围观，班主任把刚刚的那位小男孩叫了过来，问："你受伤流血的时候是什么感觉？"他说："疼。"班主任说："那现在应该怎么办？"他说："对不起，我错了，去医务室抹紫药水吧。"老师问："那应该谁和她去？"男孩说："我去。"接着，旁边的好多小朋友也都跟着说："我也去，我也去……"最后班主任允许几个小朋友陪着小女孩一起去了医务室，在去的路上，小男孩过去和小女孩说："对不起啊，我不是故意的，你是不是很疼啊？"小女孩说："嗯。"班主任对小女孩说："没事的，这点伤过几天就会好起来，要勇敢点好吗？你看这么多小朋友都来陪你了，更得坚强，我们班的小朋友是最勇敢、最坚强的……"
>
> **分析**：在这次突发事件中，教师首先用移情的方式，让幼儿去换位思考摔伤小女孩的感受，让围观的幼儿对小女孩的伤势产生了同情、关怀的情感。而后，教师通过引导

做错事情的小男孩主动承认错误态度并承担责任的行为，培养了幼儿的责任感，同时，也使班内的幼儿得到了感染，萌发了关心爱护同伴以及对集体的责任感。最后，通过对女孩的鼓励，教育小女孩面对痛苦应具有坚强勇敢的品质，又进一步扩展到对班集体幼儿的教育。由此可见，教师要充分地发掘日常生活中的教育契机，让幼儿在真实的情景中通过生活体验获得同伴交往技能。

区域游戏中的同伴交往教育活动。游戏是幼儿最喜欢，且对他们的人际交往能力的发展最有效的活动。教师要根据幼儿发展的需要，自己创作适合幼儿同伴交往能力发展的各种教学游戏，不断改进游戏指导策略，使幼儿在玩中学交往，在乐中学交往。其中互动型游戏最能发展幼儿的同伴交往能力，为了成功地在一起游戏，游戏同伴必须遵守相同的规则，认同相同的游戏内容和框架，并在虚拟的游戏角色扮演中相互配合，增强其合作意识，他们会有意克制、调控自己的行为，与同伴保持和谐关系，完善其人际交往态度。在"找朋友"的游戏中，教师指导小朋友们先介绍自己（名字、班级以及交友愿望等），然后各自寻找自己的朋友，找到朋友的小朋友可以获得玩具。同时，老师也要鼓励没有找到好朋友的幼儿，并让获得玩具的幼儿邀请他们一起玩。这样既训练了幼儿的语言交流能力，给找到朋友的幼儿以成功的经验和自信，也给没有找到朋友的幼儿以示范和鼓励。这样的活动可以多次进行，让幼儿多加锻炼，自然就内化为自己的技能。

案例

幼儿园美工区里，孩子们正在开心地涂涂、贴贴。琪琪一个人坐在角落里，手里拿着一盒油画棒，几名幼儿先后向她借油画棒、邀请她一起做游戏，都被她拒绝了，老师看到了这一幕，便挨着琪琪坐下，对她说："你怎么不和小朋友一起玩呢？你看他们玩得多开心，把油画棒分给小朋友，和他们一起给大树涂颜色好不好？""他们会把我的油画棒弄坏的，我不和他们一起玩。""不会的，不会弄坏的，小朋友要学会和大家一起分享玩具，不能总是自己占着，知不知道？老师帮你一起把油画棒分给小朋友吧。"说着，老师将油画棒从琪琪手里拿出来，想把它分给别的幼儿，可是琪琪一看老师这样做，立刻大声哭闹起来，见此情景，老师只好将油画棒还给琪琪，并不再要求琪琪与其他幼儿一起使用油画棒。于是，在接下来的涂色游戏里，琪琪一直抱着油画棒，不与同伴交流，也不参与游戏，直至活动结束，教师也未再次对琪琪进行指导。

分析：

本案例中，教师对幼儿的指导遭到幼儿的抵触，最终并未成功，这其中有某些细节值得注意。首先，教师在发现该名幼儿存在独占行为时，直接向幼儿提出了建议，建议她与同伴分享物品；其次，并未向幼儿了解原因，当幼儿拒绝该建议并向教师说出自己的担心，即物品有可能被损坏时，教师没有及时注意到这一点，并采取有效措施缓解幼儿的焦虑，依旧以主观的想法对幼儿进行指导，导致幼儿的情绪失控；最后，当幼儿情绪失控后，教师向幼儿做出了妥协行为，重新将幼儿独占的物品还给幼儿，同时中断了对其进行的指导。

从这个案例可以看出，教师在对幼儿进行指导时，没有关注到幼儿的内心活动，未能真正从幼儿的角度出发选择合适的指导方式，结果加强了幼儿对于分享的抵触情绪；

同时，由于教师出现的妥协行为和中断指导的行为，反而可能导致幼儿养成霸道、自私以及任性的不良性格，这无疑为后续的指导带来了更大的难度，也使幼儿分享行为的养成变得更加困难。

作为集体教学活动的补充，区域活动也是幼儿园社会教育的途径之一。在区域活动中，幼儿可以自主选择，自发活动。在角色游戏中，需要有人扮演司机，有人扮演警察，在游戏中，幼儿知道司机的职责是开车，他要听从警察的指挥，而交警的职责是指挥车辆和行人。在医院的游戏中，需要有人当医生，有人当病人，有人当护士。为了游戏的顺利进行，教师必须让幼儿明白自己角色的重要性，如果缺少一方的参与支持，游戏都无法进行，幼儿认识到了这一点，就会主动与对方合作，促进幼儿合作意识的发展。在多次与人合作的游戏中，幼儿逐渐从心理上认识到合作的重要性。

案例

美发厅向来是孩子们很爱参与的区域活动之一，今天，甜甜当上了理发师，负责给客人剪发，而晓敏则是助理，帮助客人洗头。美发厅的生意特别红火，甜甜和晓敏忙得不可开交，可是不一会儿，甜甜和晓敏就因为一个电吹风吵了起来。原来甜甜认为电吹风是理发师用的，而晓敏却说电吹风是助理用的，两个人谁也不让谁，吵吵嚷嚷的声音吸引了老师的注意，老师走过来进行调解。在了解了事件情况的基础上，老师对她们俩说："你们俩都是美发厅的店员，当然都可以用电吹风，但是电吹风只有一个，所以你们可以轮流用，甜甜给客人剪头发的时候晓敏用，晓敏给客人洗头发的时候甜甜用，这样你们都有机会可以用这个电吹风，好不好呢？"甜甜和晓敏愉快地接受了老师的建议，在接下来的活动中，两个人相互协调，你玩一会儿，我玩一会儿，欢笑声重新回到了美发厅当中。

活动结束后，老师针对今天活动中出现的这个"插曲"组织全体幼儿进行了问题讨论：如果再遇到这样的问题该怎么办，孩子们积极地说出自己的想法，老师最后进行总结——玩具可以轮流玩或者一起玩，这一点最终得到了所有幼儿的认可。

分析：

这一案例是教师在角色游戏区域中遇到幼儿争抢玩具的情况下进行的指导。本案例中的教师以向幼儿提出可供他们选择的建议的方式对幼儿进行指导，语气柔和，态度积极，让幼儿能够愉快地接受教师的建议，不仅让活动继续顺利进行，也使幼儿学会了分享，有效增加了幼儿的分享行为出现。

另外，在活动结束后教师对全体幼儿进行了更加深入的指导，即组织幼儿讨论相似问题出现的应对策略，成功地将幼儿的观念由"老师让我怎样做"转变为"我自己想怎样做"，不仅充分尊重了幼儿的主体性，也为下一步的分享培养打下了良好的基础，最终全体幼儿在老师的引导下都学会了遇到分享问题的解决办法（玩具可以轮流玩或一起玩），并树立了相应的分享观念。

开展日常生活中的同伴交往教育，有以下注意事项：

① 观察幼儿同伴交往水平。幼儿经常是一个人玩，还是与人合作？合作时处于什么位置

（小领袖、积极分子、服从者）？他们是怎样表达自己的请求和愿望的？会不会与同伴轮流分享？是否经常与人发生冲突？经常采用什么样的方式解决冲突？不同的表现反映着幼儿不同的同伴交往水平。

②尽可能做好相应的记录或资料收集工作。例如，教师观察到有两名幼儿在互相帮忙脱衣服，就把这个情景拍摄下来粘贴到娃娃家和角色扮演区中，以供其他幼儿模仿学习。

③针对不同幼儿的同伴交往水平进行个别指导。教师要善于发现幼儿之间的个体差异，对个别同伴交往发展水平较低的幼儿要特别注意提供帮助和指导，以提高幼儿的人际交往水平，增强自信心。及时表扬表现出亲社会行为和良好交往技巧的幼儿，及时引导行为不当的幼儿。例如，有幼儿安慰一位正在哭泣的幼儿时，教师对这位在安慰他人的幼儿微笑，并说声"谢谢"。有幼儿想独占自己先拿到的玩具，不给其他小朋友玩时，教师及时引导他和其他小朋友"一起玩玩具"，促使其学习分享行为。

④教师要尽量让幼儿自己去探索、发现、思考，不要急于提供答案，要善于引导幼儿之间讨论问题，共同探索、交流自己的心得发现，包括同伴交往的技巧等。

（2）注重与不同领域的整合教育

除了专门的社会领域集体教学活动之外，其他领域的集体教育活动同样蕴含着丰富的社会教育契机，教师应该加以利用，从而提高幼儿的同伴交往能力。例如，在健康领域踩高跷、接抛球、跳绳、玩皮球等活动中，引导幼儿要相互协助、相互合作、相互体谅。语言领域活动中，绘本故事《城里最漂亮的巨人》可以教育幼儿学习帮助关心他人，《小羊过桥》可以教育幼儿互相谦让。在艺术领域活动中，可以利用各种艺术作品和歌曲、音乐欣赏等让幼儿与同伴交流沟通。

（3）家、园、社区协同共育中的同伴交往教育

以参观、郊游、做客、亲子等活动为载体，挖掘校园、社区、家庭教育中对幼儿人际交往能力发展有利的教育潜能，利用有效资源，进行科学、规范的活动。

幼儿园及教师应指引家长学习正确的幼儿教育理论知识，幼儿园可以开展相关的《指南》解读讲座，教师应当指导家长学习《指南》，认真阅读社会领域幼儿交往能力的目标，深刻认识到幼儿期交往能力是幼儿智力发展的前提。各班级应该广泛搭建家长学习平台，如在家长会、网站或QQ群中开辟"家长论坛"。学习解读《指南》社会领域，根据《指南》中社会领域的目标，教师抛出幼儿现状的问题："当幼儿发生争执时，你认为最为合理的处理方式是什么？""你认为拳头能解决一切幼儿交往问题吗？""当幼儿出现打架现象时，你是如何引导幼儿的？"幼儿教师是家长最密切的指导者，在幼儿教育的领域中，应当针对提出的典型问题展开讨论，开展相应的论坛讨论、体会学习等，同时结合家教栏向家长宣传正确的理论知识，给家长正确的幼儿交往能力的理论指导。

周末的时候爸爸妈妈可以带孩子一同走进邻居家、走进公园，和周边熟悉的小朋友一同分享自己的玩具，交换礼物，共同制作沙画、手工、分享食物、一起放风筝，等等。通过这样的活动，让教师和家长明白，当幼儿出现交往障碍时，更应当关注的是该创设怎样的条件让幼儿去交往。

案例

家长如何处理孩子间的冲突？

哥哥和弟弟在一堆积木面前争抢一个玩具汽车，哥哥推倒弟弟，把玩具汽车抱在怀里。弟弟嘹亮的哭声让正在做饭的父母听到了，他们闻声而至……如果您是这两位小朋友的家长您会怎么做？请选择：

1. 大声呵斥："又怎么啦？怎么老是抢玩具？都放手！谁先拿到的给谁！谁先抢玩具的要说对不起。"

2. 把哥哥手里的玩具抢过来："抢！就知道抢，再抢让警察叔叔来抓你们！"

3. 迅速再拿一个一样或者类似的玩具汽车给弟弟，温柔地说："乖，妈妈再给你一个一样的，你们一人一个，你们是好兄弟，不抢啊！"

4. 将哭得厉害的弟弟抱过来，安慰说："别哭了，妈妈再给你拿一个一样的，好孩子是不抢东西的，你们要友好地一起玩儿。"告诉哥哥："你是哥哥要让着弟弟啊！"

那么各位家长选择哪一项呢？到底哪个是正确答案呢？

1. 选此项的属于指责型家长，一旦孩子和同伴发生冲突，家长就会职责说：怎么老是抢玩具？怎么老是打人，快说对不起。这样很容易给孩子贴标签，让孩子认为：我就是一个爱抢玩具爱打人的小孩。家长们要注意，您很有可能会让孩子成为一个自私暴力的冒失鬼，长大后不会顾及父母的感受。

2. 选此项的属于威胁恐吓型家长，多次威胁恐吓之后，孩子会对您的言行产生不信任，也有可能为了逃避责任和惩罚而撒谎。孩子在青春期以后会更加叛逆，走两个极端，不是暴力就是软弱。

3. 选此项的属于包办代替型家长，为了减少或者避免孩子间冲突带来的不愉快，家长会通过自己接手冲突或者直接告诉孩子怎样解决来搞定此问题，这样也让孩子失去了一个解决问题的机会。这样的家长是个老好人，孩子会觉得妈妈很温柔，但并不理解他人，不会和妈妈谈心交流。

4. 此项家长是老师式的家长，看似公平，却自以为是地说教，孩子表面照做但却难以诚服，长而久之，就像大话西游里面对唐僧说教不服的孙悟空，总有一天会烦躁地爆发不满和厌倦。

作为老师应该为家长提供一些帮助孩子学习化解冲突的重要步骤，其中包括冷静气场、安抚情绪、收集信息、复述问题、想出不同化解冲突的办法。当然，孩子学习这些技能时，需要成人的帮助和练习。这些重要的自我调节能力可以增强孩子的自信心和交友能力，对化解与朋友同伴间的冲突是必不可少的。

步骤1：冷静气场

遇到孩子正在大哭大闹切忌头脑一热大呼小叫，先迅速冷静自己，以一个平和温柔的气场介入孩子的混乱现场，蹲下身子或是并排坐在两个孩子中间。这样可以停止两个孩子由于冲突可能带来的任何伤害行为，孩子紧张不安的情绪也可以得到缓解。

步骤2：安抚情绪

家长的态度要中立，不偏向任何一方，要对孩子的情绪表现出理解和尊重。千万不要说："别哭了"，三个字脱口而出，立马关闭了孩子即将敞开的心扉。不妨这样说："你看起来很难过？"或者"我知道你哭了是因为很伤心或是很生气"，抱抱孩子，抚摸孩子的后背，帮助孩子获得安全感。

在这个环节中，如果孩子情绪迟迟无法平静下来，可以教孩子做个腹式呼吸（深长而缓慢地用鼻子吸气，用嘴巴呼气）。练习腹式呼吸前，准备两只毛绒玩具，可以说："我们和小动物们来玩腹式呼吸吧。先仰卧在地板上，把一只动物玩具放在肚子上。我们来试着把空气吸进肚子里去，让小动物慢慢地升起，呼气时再让小动物慢慢地落下。"腹式呼吸可以让孩子强烈的情绪得到缓解。

步骤3：收集信息

收集在冲突中发生的信息，是找到解决方法的方式。当孩子的情绪平静下来后，可以通过询问孩子有关冲突的问题，但是要注意提问的方式。比如"你为什么要那样做？""你为什么要打人？"这样的问题听起来好像是在指责，不能引起详细的回应。而"发生了什么事？"或者"怎么了"这样的有效提问能够引出解决办法所需要的具体细节。

在这个环节中，孩子懂得如何用言语描述所遇到的问题，而不是抢夺或者出手打人，是一项重要的能力。所以，当遇到冲突时，家长要鼓励孩子用言语表达出自己的感受，例如："那件事情让我觉得或者这件事情我很伤心，因为……"平时多多练习，孩子就会在与同伴相处中较好地说出所遇到的问题，重要的是帮助孩子注意别人在冲突中可能会有的感受，鼓励孩子问类似的问题："你没事吧？"或者"你感觉怎么样？"帮助孩子理解别人的情绪。

步骤4：复述问题

在孩子分享了有关情境信息后，接下来的步骤就是重复这个问题。在大多数情况下，要简单地重述孩子说过的话，可以说："所以，问题是……"

步骤5：想出不同化解冲突的办法

在这一步，让他们讨论可能的解决方法，并且选择一个每个人都同意的方法。比如："你想怎样来解决这个问题？"鼓励孩子们思考解决方法。家长在这一步的关键作用就是抓住孩子的想法并向他们重复。如果孩子想不出来，家长可以提醒他们之前并未得到充分考虑的建议。

对于案例中两个孩子抢玩具的正确做法应该是：

首先，冷静气场。家长应该平静地走到孩子们面前坐在两个孩子中间，把玩具汽车控制在自己手中，避免矛盾升级。

其次，安抚情绪。可以说："你们两个看上去都很生气。先都静一静，一起做几遍腹式呼吸。"

接下来，收集信息。家长可以说："发生了什么事？"或者"说说我们的问题吧"，然后请两个孩子轮流描述问题。

待孩子描述完问题之后将孩子的话中的关键信息重述一遍。

最后，找到解决冲突的办法。妈妈可以说："你们两个都想玩这个玩具，那我们想想解决的办法吧。"先让孩子自己说出解决方法，如果孩子想不出，家长可以帮助孩子出点子。例如，两个人一起玩这个玩具，或者轮流玩，然后说："你们想试试哪种方法？"让孩子选择一种或者多种方式来尝试。

三、师幼交往教育与活动指导

在幼儿园中，师幼之间的交往互动贯穿于幼儿园一日生活中。师幼关系不仅影响着教育教学活动的进程和效果，而且还会通过教师与幼儿之间的情感交流和行为交往对幼儿自我意识、社会情绪情感、社会行为、道德等方面的发展产生重大影响。可以说，教师与幼儿的交往质量在很大程度上决定着幼儿的社会性发展。师幼交往教育是旨在增进幼儿与教师之间的相互了解与认识，培养幼儿对教师形成积极的情感与态度，促进师幼之间相互关爱、友好交往，建立良好的师幼关系，不断提升幼儿人际交往能力的教育活动。

（一）幼儿与教师交往培养目标

根据《指南》社会领域目标要求，3～6岁幼儿与教师交往培养目标见表4-3。

表 4-3　幼儿与教师交往培养目标

3~4岁	4~5岁	5~6岁
愿意与老师一起参与活动；老师讲话能认真听，并能听从老师的要求	愿意与老师交流，有事情会告诉老师；会用礼貌的方式向老师表达自己的要求和想法；能关心、体贴老师	有问题愿意向老师请教；有高兴或有趣的事愿意与老师分享；能给老师提供力所能及的帮助，尊重老师

（二）幼儿与教师交往教育内容

根据师幼交往培养目标，师幼交往教育可围绕"亲近老师""尊重与理解老师""关爱老师"等内容展开。例如，可选择"我和老师做朋友""我爱老师""老师，您辛苦了""教师节快乐"等作为具体教育内容。

（三）师幼交往教育活动开展

在师幼交往中教师与幼儿建立良好的师幼关系是教师工作的首要任务。

1. 通过专门的社会教育活动开展师幼交往教育

教师应根据幼儿身心发展规律和特点，选择适宜的内容，运用生动有趣的教育手段，促进师幼之间的交往。例如，对于刚入园的小班幼儿，教师可以组织"猜猜我是谁"的活动，与幼儿相互认识，增进了解；还可以组织"我爱老师"的活动，让幼儿了解老师工作的辛苦与对幼儿的付出，从而增进对老师的信任感和喜爱感。中班可以开展"我和老师做朋友"的活动，教师可以设置活动情境，以客人或者朋友的身份加入幼儿的游戏中。大班幼儿喜欢竞赛性游戏，教师可以开展"夸夸我的好老师"的活动，教师可以以对手的身份加入幼儿的比赛中，看看谁能说出老师一天为大家做了什么；还可以把交往的对象扩大到幼儿园其他岗位工作者，例如开展"幼儿园工作的人们"活动，让幼儿知道幼儿园每一位工作人员的辛苦付出与自己是息息相关的，要尊重每一个岗位人员的劳动成果。

开展师幼交往教育活动要注意以下几点：①教育性是师幼交往教育活动设计和实施过程中的首要目标。师幼间互动的目的是为了促进师幼双方特别是幼儿的学习、认知和社会性的发展。教师不能为了取悦家长、幼儿或者领导，在教育过程中丧失了自我和教育目标，放任甚至纵容幼儿的不当行为。②交往过程中教师要做到关注整体，兼顾个体。③师幼互动必须是真正意义上的，而非形式上的。在教学活动实施过程中，要避免幼儿"被互动"现象的产生。

小班社会活动：我爱老师

活动目标
1. 知道9月10日是中国的教师节。
2. 了解老师工作的辛苦与对孩子们的付出，从而增进对老师的信任感和喜爱感。
3. 能用自己喜欢的方式表达对老师的祝福与感谢之情。

活动准备：
幼儿熟悉的3~5位幼儿园老师工作的视频和照片；海绵纸剪成的若干朵小花；歌曲《老师》的视频等。

活动过程

一、唱唱跳跳引主题

1. 情境引入：唱唱跳跳。

老师随着歌曲《老师》的音乐边唱边跳进入课堂，引起幼儿的注意。紧随其后引领幼儿一起唱跳，热情地和每个幼儿打着招呼，蹲下拥抱每一个幼儿并悄悄地说上一句话："你笑得真可爱！""你好有精神啊！""我好喜欢你！"……随后引领幼儿围成一个半圆形落座，老师坐中间，以便照顾每个幼儿。

2．谈话：我认识的老师。

提问1：小朋友们好，我是谁呀？

提问2：你们还认识其他老师吗？

提问3：你们是在什么地方认识这些老师的呢？

二、玩玩猜猜看视频

1．指导语：现在我们来玩一个游戏，游戏的名字叫"看看猜猜"

2．教师播放三段事先录好的视频，让幼儿猜猜是哪位老师。猜到后就将这位老师劳动的照片贴在黑板上。

提问1：这位老师在干什么呢？她为什么要帮这个小宝宝盖被子？

提问2：这位老师又在干什么呢？她在写什么字呢？

提问3：那这位老师在做什么呢？她为什么要教小宝宝洗手？

3．教师小结性提问：这些老师还帮你们做了些什么事情？

4．采访这些老师：了解她们为什么要帮我们做这么多事情。

三、高高兴兴做介绍

师：小朋友们，老师们今天可高兴啦，大家知道为什么吗？因为小朋友有一个属于你们自己的节日叫"儿童节"，我们老师也有一个属于我们自己的节日叫"教师节"。你们知道是哪一天吗？

师：9月10日是教师节。老师们平日里都很辛苦，为小宝宝们做了很多事，那在9月10日这一天里，你们想对老师们说点什么呢？

四、欢欢喜喜送礼物

师：老师们为我们做了好多好多的事情，教师节快到了，我们是不是应该送点小礼物给她们呀？老师这里准备了很多的小花花，你可以给老师送花花，也可以去亲亲老师，抱抱老师，或者请老师跳个舞。

在歌曲《老师》的音乐伴奏下，幼儿们欢欢喜喜地用自己的方式表达对老师的喜爱，结束活动。

活动评析

人际交往和社会适应是幼儿社会学习的主要内容，能感受爱、学会爱是幼儿社会活动的重要目标。但对于刚入园不久的小班幼儿来说，对老师既喜爱又陌生。怎样让幼儿在积极健康的人际关系中建立安全感和信任感，发展自信和自尊呢？本活动通过唱唱跳跳、玩玩猜猜等有趣的活动，在高高兴兴、欢欢喜喜中达成目标，其成功主要依靠于以下3个方面的因素。

1．主动亲近，营造平等、尊重的教育环境。在本次活动过程中，老师蹲下来和幼儿做朋友。通过摸摸、亲亲、抱抱以及悄悄话等方式，与幼儿相互之间产生积极的互动。教师和幼儿始终都保持愉快心情，让幼儿感到教师可亲、可近、可信赖，体会集体的温暖和交往的快乐，感受自己受到的关心与尊重，从而学会关心、尊重他人。

2．回归生活，选择贴近幼儿生活的教育。本活动中，视频素材来源于幼儿园日常生活，是幼儿园一日生活中老师对幼儿教育、照顾的点点滴滴。例如：给幼儿盖被子、教幼儿洗手、老师精心备课，为幼儿打造温馨、舒适的环境等。视频唤醒幼儿生活的已有经验，激发幼儿学习兴趣，拓宽幼儿视野。细小的点滴体现了生活的大教育。

3．儿童为本，创造自主选择的教育氛围。在活动的最后一个环节，老师请幼儿自主选择自己喜欢的表达方式进行表达，给幼儿自由选择的空间，给幼儿大胆表达的机会，充分尊重幼儿的意愿，尊重幼儿的个体差异，让幼儿真正成为了学习的主人，促进每个幼儿富有个性的发展。

2. 通过其他途径开展幼儿师幼交往教育

师幼交往主要在日常生活中进行。在日常生活中进行师幼交往教育，要注意以下几点：

①根据师幼日常交往的特点进行师幼交往教育。师幼日常交往具有遭遇性、生活性和非正式性的特点，因此，在日常交往中，教师要用"口语化"的语言、随意的动作、夸张的表情等与幼儿进行交流与互动，使师幼之间交往呈现完全放松的状态。例如，轻轻地拍拍幼儿肩膀，摸摸头发、碰碰小脸，都能让孩子放松自己紧张的神经，唤起孩子美好的情感体验。

②为幼儿创建一个情感支持性的环境。教师需要了解每位幼儿的性格、特点，尤其是新入园的幼儿，在一日活动中教师都需要格外关注新入园的幼儿，加强与幼儿的情感交流，给幼儿足够的安全感。教师幼儿的情感交流可以是面向全体幼儿，也可以是面向幼儿个体，既可以在活动中渗透，也可以是单纯的情感交流。教师要真诚地接纳每一个幼儿，并且从幼儿的角度体验他们对人、对物、对事的感受，要对幼儿表现出友好、关心等积极的情感态度。

③加强对幼儿观点的关注。有的老师为了把活动流程走完，对幼儿的提问会不予回应；有的老师为了把游戏进行到结束，即使许多幼儿已经明显表现出不想再继续这个游戏了，教师依然继续，没有关注到幼儿的想法。教师应加强对幼儿观点的关注，多关注幼儿的表达，关注幼儿的兴趣，强调幼儿的主体地位。例如，在美化班级环境时，教师让幼儿出谋划策，动脑思考如何布置环境，用什么来装饰环境，然后再和幼儿一起动手装扮教室。

④发挥教师的榜样示范作用。幼儿教师是幼儿社会知识的传授者和社会行为的指导者、引领者，教师的一言一行都会被幼儿模仿，因此，教师要时刻关注自己的言行。教师在与幼儿互动时，通过自身的示范会影响幼儿在人际互动上的技巧，幼儿会将这样的经验迁移到未来的校园生活，并影响其人格、价值观以及良好品质的形成。

四、幼儿与其他人交往教育与活动指导

随着幼儿年龄的增长，其交往的范围也越来越大，如父母的好友、社会上各种公共场所的工作人员等。与社会上不同人员接触，能够提升幼儿的交际能力，开拓幼儿的交往视野，锻炼幼儿的口语表达能力，促进幼儿社会适应能力的发展。幼儿与其他人交往的教育是指增进幼儿对家人、朋友、邻里即其他社会成员的了解和认识，培养幼儿对他们的积极情感与态度，学会关爱家人、朋友、邻里和需要帮助的人，掌握与这些人交往的技能技巧，促进幼儿的社会化进程，增强幼儿的社会适应能力的教育。

（一）幼儿与其他人交往培养目标

结合《指南》社会领域目标要求，3~6岁幼儿与其他人交往培养目标如表4-4所示。

表4-4 幼儿与其他人交往培养目标

3~4岁	4~5岁	5~6岁
在家长或老师提示下，能够与他人打招呼问好	在特定公共场所，能够与其他人员进行简单交流；了解身边为我们服务的人，有关心、体贴的表现	在特定公共场所，愿意与其他人交流，并且能够表达自己的意愿；尊重为大家服务的人，珍惜他们的劳动成果；接纳、尊重与自己生活方式或习惯不同的人

（二）幼儿与其他人交往教育内容

根据幼儿与其他人交往培养目标，幼儿与其他人交往教育可选择"做客或待客""为我服务的人""烈日下工作的人""世界各地的朋友"等内容。

（三）幼儿与其他人交往教育活动开展

幼儿人际交往中，家长、同伴和教师都是他们熟悉的人，他们可以灵活应对，并且喜欢与他们交往。而与其他人交往则需要家长和教师引导，在实践中让幼儿习惯并且乐意与其他人交往。

1. 通过专门的社会教育活动开展幼儿与其他人交往教育

教师应遵循渐进性和适度性的原则，选择适宜的教育内容，采用多种教育手段，促进幼儿与其他人的交往。例如，可以在小班开展"做客"的活动，让幼儿在游戏情境中学习如何做个礼貌的小客人；可以在中班开展"为我服务的人"的活动，让幼儿先了解身边为我服务的人，如售货员、警察、医生、清洁工等，可以通过观看相关视频，参观他们工作的场所，邀请相关行业的人到幼儿园，让幼儿了解他们的工作内容，还可以通过角色扮演、生活体验等，进一步体验他们工作的辛苦与责任，学习他们在平凡岗位上默默无闻、任劳任怨的美好品德，由衷地对他们产生尊重和崇敬之情；可以让大班的孩子进一步了解各行各业的工作者，还可以让他们接触不同文化、不同种族的人，让他们理解人与人之间是平等的，应该相互尊重、友好相处。

中班社会活动：为我服务的人

活动目标

1. 感受到为我们服务的人的伟大，萌发尊重他们劳动成果的情感。
2. 能帮助老师把美工区的材料按照一定标准摆放好。
3. 知道生活中有哪些为我们服务的人，学习尊重和回馈他们的方法。

活动准备

经验准备：在日常生活中见过保安、环卫工人等工作人员，知道他们的主要工作是做什么。

物质准备：环卫工人、保安、交警、老师、抗疫志愿者等为人们服务人员的图片；纸鹤、荧光笔、蜡笔、彩色卡纸、扭扭棒、蝴蝶和小鸡发卡、不织布等美工材料；秩序混乱、环境脏乱的图片；打扫卫生的视频。

活动过程

1. 谈话导入。

指导语：小朋友们，你们的爸爸妈妈除了上班，回家后会做什么？你们的爸爸妈妈回家做这些事是为了照顾好小朋友们和整个家，但有些叔叔阿姨、哥哥姐姐除了在家里会做一些家务，在外面还要做一些比较累的工作，你们见过哪些辛苦工作的人？

2. 放映为人们服务的人的图片，了解生活中为人们服务的人，感受他们的辛苦和伟大。

指导语：这是谁？他在做什么？他脸上的表情是怎样的？他看上去累吗？

3. 观看公共场所缺少为人们服务的人的图片，知道那些为人们服务的人的重要性。

指导语：让我们来看看，如果没有这些人辛苦工作，我们的生活会变成什么样子。你们能看出这里发生了什么吗？他们在干什么？（闯红灯）你们喜欢在这样的环境中生活吗？

4. 思考怎样尊重和感谢为人们服务的人。

（1）观看视频，学习其他小朋友是怎样表达尊重和感谢的。

指导语：既然他们的工作那么重要，又那么辛苦，我们是不是应该尊敬他们以及他们的劳动成果？我们要做些什么才能表达对他们的尊重和感谢？让我们来看看视频里的小朋友是怎么做的。

（2）幼儿讨论交流：除了视频里的做法，还有哪些行为可以表达感谢和尊敬。

指导语：电视里的小朋友做了什么？你们能想出其他的方法吗？

（3）教师小结。

指导语：我们的小朋友真有想法，想出了很多向那些为人们服务的人员表达感谢和尊敬的办法。比如，可以对门卫叔叔说"谢谢"，对老师说"您辛苦了"，不把垃圾往地上乱扔，过马路遵守交通规则等。

5. 幼儿动手操作，体验尊重别人时的快乐。

指导语：昨天下午离园的时候，保育员妈妈才把我们的美工区整理干净，但是今天小朋友们到美工区玩了之后，把许多不同的材料混合在一起，变得特别乱，这给我们的保育员妈妈的工作增加了难度，小朋友们愿意和老师一起来把美工区整理好吗？需要按照什么标准来分类整理？

6. 评价总结活动。

指导语：小朋友们今天的收获真不少，不仅知道生活中有哪些为我们服务的人，还知道要怎么去表达对他们的感谢和尊重。希望小朋友们以后都能用上这些方法，比如，不乱扔垃圾，见到门卫叔叔、老师们都能大声地说"谢谢！您辛苦了"。

活动延伸

在家就餐时，能主动帮助爸爸妈妈摆放筷子；在幼儿园午睡后，能在老师的指导下将被子叠整齐；认真吃饭，不把饭菜弄到桌子或地板上。

2. 通过其他途径开展幼儿与其他人交往教育

在幼儿园的一日生活中都可以渗透幼儿与其他人交往的教育。例如，角色区可以开展"医院""我是小交警""商店购物"等主题活动。

此外，教师要充分利用社区资源、社区环境。教师可以带幼儿到社区的超市买东西，在这个过程中，幼儿成了顾客，在不知道所要买的物品在哪里时，就要同售货员交流，寻求他们的帮助，这个过程发展幼儿克服困难、人际交往和适应环境的能力。重阳节可以带幼儿去社区敬老院表演节目，老幼同乐，激发幼儿爱老敬老的情感。

课后练习

课后思考：

1. 幼儿同伴交往的发展特点是什么？
2. 幼儿人际交往的意义是什么？

实训练习：

请分别设计一个以促进亲子交往、促进同伴交往、促进师幼交往以及促进幼儿与社会上其他人交往为目标的活动方案，并选择一个在幼儿园组织实施。

案例分析：

阅读以下案例，思考在"开商店"的角色游戏中，教师采用了哪些策略帮助幼儿提升交往能力？

角色游戏：开商店

大班区域游戏中途交流，轮到峰峰时，他嘟着嘴说："我到好几个地方找工作，他们都说不要人。"教师说："那你想干什么？""我想卖冷饮。"峰峰答道。"我觉得天气有点热，我也想吃冷饮。"

教师说："那我们开冷饮店吧！峰峰、丁丁、娇娇你们几个可以过来开冷饮店，我是顾客。"教师提醒大家说。大胆的峰峰开始忙碌起来："丁丁，搬个箱子来做冰柜，我去批发冷饮。"用什么呢？峰峰到结构区去找了些积木，娇娇往冰箱里放冷饮，大家忙碌着，教师到其他的区角去了。过了一会儿，怎么没人买东西？几个人在忙着给冰箱加电，摆放冷饮。教师又走了过来："有没有一元钱的小奶糕？""有，有，"峰峰拿了个小积木递给老师，其他小朋友都笑了起来，接着，有几个小朋友过来了，充当小顾客，冷饮店里热闹起来。教师又提议说："我们还可以做什么？""卖汽水。""卖水果。""卖食品。""开个小卖部吧！山羊伯伯的小卖部。"一个小朋友提议，大家纷纷同意，可是谁来当山羊伯伯呢？大家纷纷说出自己的想法，教师在一旁默默地看着，小卖部的游戏有声有色地进行着。

第五单元 幼儿社会行为规范教育

学习目标

① 了解幼儿社会行为规范的内涵、特点,理解幼儿社会规范教育的意义。

② 掌握幼儿园集体规范、公共场所规范、基本道德规范教育的培养途径和方法。

③ 能够根据相关的理论方法设计并实施幼儿社会行为规范教育活动。

学习导图

- 幼儿社会行为规范教育
  - 幼儿社会行为规范概述
    - 幼儿社会行为规范的内涵
      - 幼儿社会行为规范的概念
      - 幼儿社会行为规范的分类
    - 幼儿社会行为规范的特点
    - 幼儿社会行为规范教育的意义
    - 《指南》中相关内容
  - 幼儿社会行为规范教育与活动指导
    - 幼儿园集体规范教育与活动指导
      - 幼儿园集体规范教育的目标
      - 幼儿园集体规范教育的内容
      - 幼儿园集体规范教育活动开展
    - 公共规范教育与活动指导
      - 公共规范教育的目标
      - 公共规范教育的内容
      - 公共规范教育活动开展
    - 基本道德规范教育与活动指导
      - 基本道德规范教育的目标
      - 基本道德规范教育的内容
      - 基本道德规范教育活动开展
    - 安全健康规范教育与活动指导
      - 安全健康规范教育的目标
      - 安全健康规范教育的内容
      - 安全健康规范教育活动开展
    - 人际交往规范教育与活动指导

案例导入

"熊孩子"问题究竟孰对孰错？

案例一：一名女孩的亲戚带着6岁的孩子来家里做客，当时女孩有事出门了一趟，等她回家走进房间时发现，房间被亲戚的孩子搅乱，桌上的化妆品全部被打碎了。女孩看到后崩溃大哭，表示化妆品是自己攒钱买的，还有朋友送的生日礼物。爸爸得知情况后给亲戚打电话，亲戚赔偿了女孩1000元钱。

案例二：唐山某小区，有人亲眼目睹了几个熊孩子的"作案"过程：几个孩子找来一些砖头，爬到高处，二话不说瞄准停在楼下的一辆汽车就砸了下去，不用几下，汽车的前挡风玻璃就被砸得面目全非。砸完车后的孩子们欢快地叫嚷着"好玩好玩"。

案例三：四川平川县某广场突发巨响，白烟弥漫，多个井盖飞了起来。目击者称，是一名小男孩点燃鞭炮扔入下水道引发的爆炸，而男孩及其母亲被炸伤住院。

（资料来源：网易新闻https://www.163.com/dy/article/H0D91LUV0538USLA.html.）

理论阐释

多年来，类似的"熊孩子"事件层出不穷，有些行为扰乱了公共秩序，有些破坏了他人财产，有些甚至威胁了他人和自己的人身安全，造成了难以挽回的损失。从幼儿社会学习与发展的角度来看，这类事件的发生往往都与幼儿缺乏对特定社会行为规范的认知和习得有关。由此可见，系统地对幼儿进行社会行为规范教育具有重要意义。那么，如何帮助幼儿习得社会行为规范呢？本单元将走进幼儿社会行为规范教育。

项目一　幼儿社会行为规范概述

幼儿期是社会化的关键期，幼儿在成长过程中，学习各种社会行为规范，并形成遵守社会行为规范的意识，养成遵守社会规范的行为习惯，初步掌握社会各种制度、习俗传统等行为规范，是幼儿获得社会成员资格、走向社会、适应社会的基础。

一、幼儿社会行为规范的内涵

（一）幼儿社会行为规范的概念

关于"规范"的含义，《说文解字》中提到，"规，规矩，有法度也，从矢，从见"。里面将"规"解释为"有法度"。《古汉语实用词典》中对"规"的解释如下："规指规范、准则"。《现代汉语词典》中对"规范"的含义有三个方面的规定："①大家都应遵守的制度和章程；②法律、法则；③不管在结构、形状或是分布都遵循一定的方式"。《不列颠百科全书》网络版中对单词"rule"的解释是："①一种行动指南；②宗教成员须遵守的法律和规章制度；③公认的程序、习俗或习惯；④法院以书面形式所制定的命令与指令，通常用以规范政党行动与法庭实践；⑤合法的规则或学说"。

社会行为规范是社会学、心理学等多学科研究的重要内容。关于社会行为规范的定义，不同学科从不同的角度给出了定义：社会学认为，社会行为规范是历史形成或规定的行为与活动的标准，社会行为规范执行一系列调节的、选择的、系统的、评价的、稳定的和过滤的功能；心理学认为，社会行为规范是一种社会行为规则，它是组成社会群体成员可接受或不可接受行为的各项文化价值标准。

综上可以看出，社会行为规范一方面是指国家、集体所制定的，在特定范围内要求其成员遵循的具有一定约束力的、成文的行为标准。另一方面是指一种得到大众认可的、具有普遍性的社会行为规范。

结合以上观点，笔者认为，幼儿社会行为规范是指幼儿在社会生活中，为了维护公共集体利益，维持社会秩序而必须遵守的行为准则。

（二）幼儿社会行为规范的分类

根据规范性质的不同，可以把幼儿社会行为规范分为以下5类。

1. 幼儿园集体规范

幼儿园集体规范主要包括幼儿园日常活动、学习活动和娱乐活动规范。幼儿园集体规范用于保障教师开展教育活动、幼儿参与班级活动、幼儿运用物质材料开展游戏活动等。例如要睡午觉、回答问题要举手、集体活动要听指挥不乱跑等。

2. 公共规范

公共规范主要指公共场所中的、全社会都应该共同遵守的各种规则，包括公共交通、公共卫生、公共财产、公共秩序等规则。例如在看电影时不能大声喧哗、不能随地吐痰等。

3. 基本道德规范

基本道德规范主要指涉及是与非、对与错、爱与憎、诚实与虚伪、权利与义务等方面的道德问题。例如，诚实守信、尊敬师长、不抢占别人的物品等。

4. 安全健康规范

安全健康规范主要指涉及幼儿安全与健康的行为准则。例如不给陌生人开门、安全用火用电等。

5. 人际交往规范

人际交往规范主要指以培养幼儿人际交往能力、帮助幼儿适应群体生活为主要目标的规范。例如使用礼貌用语、见面打招呼、学会轮流等。

二、幼儿社会行为规范的特点

[知识点视频]
幼儿社会行为规范
概念及内容划分

各种社会行为规范的内涵和性质各不相同，应对规范进行合理的类型划分，对各类规范的范围和特点进行合理的界定，处理好规范间的关系。

（一）幼儿园集体规范

幼儿园集体规范为幼儿在群体中的行为方式提供了共同的期望模式，当幼儿的行为影响到了班级或团体生活的秩序化，阻碍了班级教学活动的正常运转，对班级或集体的整体利益造成了损害时，教师要利用制度性规范对幼儿的违规行为进行约束。

幼儿园集体规范具有可改变性、相对性、情境性和一定的强制性。例如，不同幼儿园的一日生活常规是有区别的，在幼儿园和在家中的某些规范要求也是不一样的。从幼儿角度看，幼儿园集体规范有利于幼儿认知探究，有利于幼儿对班级各种教育资源的充分利用和对班级事务的参与管理；从教师角度看，幼儿园集体规范有利于教师节约管理时间。

> **案例分析**
>
> 结合下面的案例，谈一谈案例中幼儿的行为是否违反了社会行为规范，教师应如何进行针对性指导？
>
> **该收玩具了，没有搭完怎么办？**
>
> 活动区游戏时，大班幼儿谦谦小朋友选择的搭砖房活动吸引了另一个同伴的关注。鹏鹏凑过来说："谦谦，你搭的房子真好，我能和你一起玩吗？"谦谦点点头。接下来，他们一起玩起来。
>
> 收玩具的音乐响了起来，谦谦和鹏鹏在准备把没有搭完的砖房子共同搬运到用于展示的小桌上时不小心掉了几块砖，于是他们心急地把房子重新放回到桌子上，小心翼翼地把掉了的砖重新修补好。可是还没等他们修完，思齐小朋友就急匆匆地走过来跟他们说："收玩具了！"边说边用手推砖房。鹏鹏说："老师同意我们摆了，可以不收！"思齐仍然坚持让他们收玩具，并最终把房子推翻了。
>
> 谦谦看着自己用心搭好的房子就这么呼啦一下全塌了，着急地用手去抢救房子，鹏鹏站在一边忍不住了，生气地喊起来："你为什么推倒我们的房子？"思齐理直气壮地说："谁让你不赶紧收玩具啊？你没听见收玩具音乐已经响了吗？"鹏鹏马上解释道："赵老师同意我们不收，同意我们把房子搬到展示台上展示呢！我们搭了半天才搭好的！你真讨厌！"思齐仍不服气地说："我是看到你的房子破了，所以想帮你快点把它收起来。"谦谦自始至终都没说什么话，一直听着两位同伴的争论，但从表情看，他并不高兴。
>
> **参考答案：** 到时间了收玩具属于一种幼儿园集体规范。案例中的思齐在听到收玩具的音乐响起时，能够遵守规则，积极收玩具，并不是存心捣乱，但他有些自我中心，没有尊重他人；谦谦和鹏鹏辛辛苦苦搭建的作品，不舍得拆掉，虽然与规则不符，但确实是满足幼儿成就感的需要并且已经获得老师许可，其行为也无可厚非。因此出现这个矛

盾的主要原因还是在教师。前期教师单方面制定的规则本身在某些方面缺乏合理性，所以容易引起矛盾，后期又根据个别幼儿需要临时做决定改变规则，使收玩具的规则变得混乱，导致了冲突。

由此可以看出，大班幼儿已经能够自己想办法解决问题了，教师要尊重幼儿的年龄特点，倾听他们的想法，在满足他们游戏愿望的基础上，依据他们的年龄特点，和他们一起制定班级制度性规范，满足他们的内心需求。规则不一定开始就是完美的、合理的。在规则执行的过程中，教师要从幼儿的角度反思班级集体规范建立是否适宜，在不适宜的情况下，要和幼儿共同制定与修改。只有这样，幼儿才能更好地理解和执行规则。遇到出现的问题，教师应具备职业的敏感性，反思自己，要用专业的评判能力去克服工作的随意性，使幼儿能自觉、自律地去执行规则。

（二）公共规范

公共规范是在公共环境中全社会成员都应遵守的规范，具有普遍适用性。特定的公共规范与特定的社会环境相互关联、密不可分。幼儿公共规范教育就是引导幼儿认识生活中常见的公共场所或机构设施的职能、特点、从业人员及其工作方式，并理解和掌握与之相适应的社会行为规范。

案例分析

结合下面的案例，谈一谈为什么要把社会环境教育与公共规范教育结合起来。

"超市"里的纠纷

某班幼儿第一次玩"超市"游戏就发生了争执。"超市收银员"妙妙一边指着亮亮，一边大声说："小偷！"亮亮不服气地说："我不是小偷！""你买东西不给钱！""我给了！"……正当两人争执不下时，老师走过来向妙妙问道："我是超市经理，这位顾客买了什么东西？多少钱？""一瓶酸奶，五元钱。"妙妙答道。老师问亮亮："是吗？"亮亮点点头，补充道："我给了钱的。"老师又问："你把钱给谁了？""我给妙妙的时候，她没理我，我就放在桌子上了。"妙妙大声说："可是我没看到钱！"老师说："我们一起找找看，是不是掉到哪儿了。"最后在两个"货柜"的夹缝中找到了亮亮给的钱。

参考答案： 顾客到超市购物需要遵守购物流程及相应行为规范，超市收银员也要遵守收银的工作规范，如果不到真实的超市中去观察和体验，幼儿是很难具备这些经验的。

（三）基本道德规范

基本道德规范具有内在性、普适性和一致性的特点。内在性表现在基本道德规范的是一种自律力量，道德行为应是一种自主、自愿的行为；普适性和一致性表现在道德违规在任何场景和文化背景下都是成立的。根据纳希的观点，判断某一规范是否属于道德性规范，往往根据下列标准进行：①规范的一致性：某行为之所以错误是因为支配性的规范或社会准则的存在吗？②规范的可变性：废除或改变现有的标准，对不对？③规范的普遍性：在别的社会或文化中没有相应的规范或准则，行不行？④行为的普遍性：若某一社会或文化中没有关于某种行为的准则，其成员做了这种行为，对不对？

> **案例分析**
>
> 请分析案例中教师的做法。
>
> 谁谦让，谁就是好孩子
>
> 幼儿A是中班的小朋友，性格内向、个子矮小，不大说话，但也能与小朋友友好相处。在平时的游戏活动中总是比较被动，有争抢的场面总是后退一步。有一天，幼儿A刚从玩具架上取下一套插塑玩具，高兴地玩着，突然幼儿B走过来说也要玩，幼儿A不给，于是两个人争夺起来。老师看见了说："我看谁谦让，谁就是好孩子！"幼儿A极不情愿地把插塑让给了幼儿B，幼儿B以胜利者的姿态玩起了插塑，幼儿A则失望地离去。
>
> **参考答案**：谦让是一种良好的品德行为，但应是发自内心的。幼儿年龄尚小，要求其进行无私谦让是不符合其身心水平的。在上面的案例中，谦让成了一种达成目的的工具。

（四）安全健康规范

安全健康规范具有效用性、普适性的特点，是对幼儿的一种外在约束力量，当幼儿违反了安全健康规范，教师必须对其做出迅速的反应，以保障幼儿的安全和健康。

（五）人际交往规范

人际交往规范具有协商性、可改变性和相对性的特点。人际交往规范的习得是幼儿社会化的重要步骤，是发展较高水平的社会性成分（如道德规范）的基础。对幼儿的人际交往规范教育重点在于帮助幼儿学会轮流、协商、合作、分享、表达等，从而适应群体生活。

三、幼儿社会行为规范教育的意义

社会行为规范教育对幼儿成长和发展具有重要的意义，主要表现在以下3个方面。

1. 社会行为规范教育有利于幼儿对社会行为规范的认同和践行

国内外研究者对于幼儿社会行为规范习得的阶段和特点进行了大量的研究。瑞士儿童心理学家皮亚杰在《儿童的道德判断》一书中根据儿童对弹珠游戏的认知，把儿童的规则实践分为四个阶段，并将之与对应的规则意识分为三个阶段。规则实践的第一阶段是"具有纯粹运动性质和个人性质的阶段"，是"简单个人的规则性"；第二阶段是"自我中心阶段"（2～5岁），以一种自我为中心的态度模仿长者；第三阶段是协作阶段（7～8岁）；最后是规则编辑成典的阶段（11～12岁），儿童对于规则本身感兴趣。

我国学者李幼穗认为，儿童对社会约定俗成的规则和一般规则的理解，经过了三个阶段：第一阶段是"无规则概念"阶段，此阶段儿童对社会行为规范概念的理解几乎为零，他们虽然也知道遵守规则，但不知道为何要遵守；第二阶段是"成人即规则"阶段，此阶段儿童以老师或父母作为社会规则，因而对这些成人的权威有"必须绝对服从"的概念；第三阶段是"清楚认识"阶段，此阶段儿童已经知道了生活规则、约定俗成在维持全体社会成员生活中的重要性，已经开始了解个人与社会是相互作用的，必须学会遵守社会规则。

由此笔者认为，学前期幼儿习得社会行为规范的过程可以分为以下两个阶段。

（1）服从阶段

幼儿出于对教育者的依恋和崇拜，或者因害怕可能受到某种惩罚，从而去服从和遵守教育者所提出的行为要求。一般来讲，4岁以前的儿童主要处于这一阶段。在这一时期，幼儿基本不能以自己的价值标准判断是非，没有真正认识到社会行为规范的必要性。

（2）模仿阶段

幼儿通过对别人行为的观察而模仿该行为，这也是幼儿习得社会行为规范的必经阶段。

[知识点视频]
幼儿社会规范
学习的特点

幼儿了解和接受社会行为规范，才会知道哪些行为是正确的、合法的、善良的，哪些行为是错误的、非法的、丑陋的，从而自己做出正确的行为选择，并且对别人的行为做出正确的评价。随着幼儿思维的发展以及理解水平的提升，幼儿对社会行为规范的掌握会更加系统，所形成的规则意识也就更加完整，对社会行为规范的践行也就更加稳定。

2. 社会行为规范教育有利于幼儿的社会化

社会化是个体内化社会价值标准、学习角色技能、适应社会生活的过程。幼儿通过学习社会行为规范，在适应社会环境、参与社会生活、履行社会角色的过程中，逐渐从一个自然人转变为一个社会人。

3. 社会行为规范教育有利于幼儿园集体活动的有序开展

幼儿园班级是一个集体，规则是班级生活有序进行的重要前提。在集体活动中，幼儿遵守规则意味着替别人着想，同时要限制自己不符合社会行为规范的行为。只有幼儿理解并遵守这些社会行为规范，集体生活和幼儿园中的各种教育活动才能顺利开展。

四、《指南》中相关内容

《指南》中，社会领域子领域"社会适应"之子目标2"遵守基本的行为规范"，子领域"人际交往"之子目标2"能与同伴友好相处"、子目标4"关心尊重他人"等内容，都指向了幼儿社会行为规范教育。具体内容见附录《指南》。

项目二　幼儿社会行为规范教育与活动指导

开展幼儿社会行为规范教育，促进幼儿对幼儿园集体规范、公共场所规范、基本道德规范、安全健康规范和人际交往规范的理解与遵守，主要在于要掌握不同类型社会行为规范教育活动的目标、内容以及开展策略。

一、幼儿园集体规范教育与活动指导

对幼儿开展幼儿园集体规范教育，目的在于培养幼儿的秩序感、初步的归属感和集体责任感，同时也有利于保障教师组织的各项教育活动的正常运行。无论教师还是幼儿，都需要和谐、有序的环境来保障保教工作的质量，从而使幼儿获得更好的发展。

（一）幼儿园集体规范教育的目标

1. 《指南》和《纲要》中的目标

《纲要》中明确指出，要"引导幼儿参加各种集体活动，帮助他们正确认识自己和他人"。《指南》中指出，要"让幼儿体会到没有规则的不方便，鼓励他们讨论制定规则并遵守规则"，可以"经常和幼儿玩带有规则的游戏，遵守共同约定的游戏规则"。

2. 幼儿园集体规范教育的目标

在幼儿园教育实践中，许多教师评价幼儿规则行为表现评价的标准依然是幼儿是否乖巧听话，活动是否有序进行，至于幼儿对集体规则存在的意义是否理解、遵守集体规则的意识是否树立、教师规则教育的方式方法是否有效并不是很受关注。幼儿园班级是幼儿离开家庭后的第一个非常重要的社会群体，在班级里，幼儿面对的是由规范组成的同伴关系和师幼关系，幼儿要学会如何在集体中生活，学会协调自身需要与集体规范之间的冲突。一方面，使幼儿对集体规范能普遍认同并较好地遵守，在规范、有序的班级生活中获得安全与舒适感；另一方面，应以平等和相互尊重的原则，建立更加民主的班级氛围，使幼儿能共同参与集体规范的制定及相关事务的决策。

因此，笔者认为幼儿园集体规范教育活动的目标主要有三个层次：一是认知层次，指儿知道基本的幼儿园集体规则的内容，理解幼儿园集体规则的意义；二是情感层次，体验幼儿园集体规则的作用，逐步养成遵守集体规则的意识，热爱幼儿园集体生活，有初步的集体荣誉感；三是行为层次，能初步掌握幼儿园的集体规则，能与教师、同伴协商和制定游戏和活动规则，逐渐适应幼儿园的生活环境。

3. 不同年龄班幼儿园集体规范教育的目标

（1）小班

能理解幼儿园日常生活中教师发出的规则性信号，初步学会等待、轮流等；了解幼儿园集体生活中的基本规则，知道一日生活中的主要环节和要求（如卫生要求、饮食要求、睡眠要求等），养成良好的生活习惯；初步体验规则的作用，逐步适应幼儿园的集体生活。

（2）中班

能够按要求执行教师发出的规则性信号，遵守基本游戏规则，需要时学会等待、轮流和排队；初步学会克制自己，遵守基本的集体规则，完成一定的任务，养成一定的规则意识。

（3）大班

能自觉遵守幼儿园活动纪律和游戏的规则；能与同伴共同协商，按意愿进行活动，以及在活动中协商自己和他人的行为。

（二）幼儿园集体规范教育的内容

根据幼儿园集体规范教育的目标，教育内容可围绕"认识幼儿园集体规则""遵守幼儿园集体规则""制定幼儿园集体规则"等内容展开。例如，可选择"我会收玩具""听指令做动作""我们班的班级公约"等作为具体教育内容，目的是让幼儿认识幼儿园集体规范、感受规范的意义、学会遵守规范。

（三）幼儿园集体规范教育活动开展

幼儿园集体规范教育可以开展专门的集体教学活动，也可以渗透在幼儿园一日生活之中。

1. 通过专门的社会教育活动开展幼儿园集体规范教育

教师可以开展与幼儿园集体规范相关的教学活动来帮助幼儿体验集体规范、理解集体规范和践行集体规范。

开展幼儿园集体规范教育活动，有以下注意事项：

（1）活动应促进幼儿在认知、情感态度和行为方式三个维度上的综合发展

要科学设计集体教学活动的环节，以保证幼儿在认知、情感态度和行为方式方面的发展都能

得到兼顾。由于幼儿园集体规范通常与大量的知识直接相关，在幼儿园开展的集体规范教育活动容易走入重社会认知、轻社会情感和社会行为技能与习惯的误区。因此，教师在设计幼儿园集体规范教育活动时，不仅要在目标设定上妥善处理好社会认知、社会情感与社会行为技能与习惯之间的比重关系，还需要在活动中多提供实践练习的机会给幼儿，防止流于单纯的说教。

（2）通过游戏、儿歌和创设情境，引导幼儿理解、内化规则

游戏、儿歌或创设情境等方式，能形象化地帮助幼儿理解、认知和内化幼儿园集体规则和行为规范。

> **资料卡**
>
> 规则歌
>
> 1. 洗手歌
>
> 吃饭之前要洗手，轻轻拧开水龙头，先把小手打打湿，再用肥皂搓搓手。搓手心，搓手背，甩甩小手真干净。
>
> 2. 入园歌
>
> 早入园，不迟到，见老师，要问好。小朋友，也问到，别父母，勿忘掉。
>
> 3. 排队歌
>
> 上下楼梯，要靠右行，一个一个，不推不挤。把住扶手，不跳不跑，保持安静，安全第一。

（3）在活动过程中引导幼儿参与规范制定

如果教师只是自己以口述的方式将幼儿园集体生活常规对幼儿讲述，如"不准讲小话""不能乱扔玩具"，幼儿往往会将所谓的幼儿园常规等同于大人们禁止他们做的事，只会使幼儿感受到不理解、被否定、被约束。优秀的幼儿教师能够善于发现和利用教学过程中幼儿参与的契机，发挥幼儿的主体性地位，以引导者的身份发展幼儿制定、遵守幼儿园集体规范的意识和能力。

> **案例分析**
>
> 请分析案例中老师是如何建立"电脑大家玩"的集体规则的，你如何评价老师的做法？
>
> 电脑大家玩
>
> 幼儿园为大班新配备了电脑，里面有许多益智游戏，激起了幼儿极大的兴趣和热情。可是大家都想玩，每到活动区游戏时间，孩子们就一窝蜂地跑到那里，一个小小的鼠标居然有七八只小手在争抢，又吵又闹，局面一片混乱。而老师也疲于奔命地充当"救火员"的角色，一台小小的电脑竟然引起了那么多人的不愉快。这样下去可不是办法，于是，老师组织了专门的讨论活动。
>
> 首先，孩子们都明确表示电脑前只能坐一个人玩。"怎么才能让想玩电脑的小朋友都玩上呢？"问题一出，孩子们几乎不假思索地说："排队玩儿！"老师说："说得对，可是玩电脑不像洗手、接水那么快，而是要玩上一段时间，那么排队的小朋友都站在那儿等着吗？"孩子们一时无语。还是聪明的峰峰打破了沉默："不用站在那儿等，咱们记时间

吧，到时间就要换人！"琪琪说："老师记时间，到时间老师叫我们！"听了她的话，孩子们纷纷表示同意。老师说："我不太同意！老师也有许多事情要做，要忙着照顾所有的小朋友，如果老师总是盯着钟表，那什么事也做不了。"于是有孩子又说："那就自己记吧，到时间就去找玩的小朋友说'该我玩了'！"这个提议得到了大家的一致认可。于是老师告诉孩子们活动区游戏时间是60分钟，孩子们都认为每人玩10分钟时间太短，因此确定为每人玩20分钟。

而问题又出现了，有幼儿提到："那我们一个上午能几个小朋友玩呢？""谁先玩呢？"晶晶说："3个人，找老师报名，到时候老师就大喊一声'已经够3个人了，别报了'！"她的办法引发了一阵笑声。涵涵说："可以像值日生一样插卡。"峰峰也说："对，做3个口袋和3张卡片，谁先来谁就插卡，插满了就不能再来人了。"听了他的话，老师高兴地说："这个办法真好！"孩子们又制定了几条其他规则，老师最后将规则进行了整理并在电脑区进行公示。

- 每天上午只能3个小朋友玩，早饭后插卡，插满了就不能再来人了。
- 不要站在那里干等着，而是在旁边玩一些好收的玩具或看一会儿图书。
- 每个人都自己看好玩的时间，玩完的人按时去叫下一个玩的人，要玩的人按时接替玩完的人。
- 玩完的人一旦看到有人按时来接替要立即停止游戏，否则取消下次玩的资格。
- 别人玩电脑时，其他人禁止围观。

<u>参考答案：</u>专门的教育活动是指根据幼儿发展现状和问题，依据教育目标精心设计和开展的社会教育活动。幼儿不知道如何玩电脑才能够让自己方便，别人也方便，也不知道如何用规则来解决问题，因此在游戏中出现了无序或者不遵守规则，导致游戏不能愉快进行的现象，他们很自然地请求教师帮忙。案例中的教师正是发现新投放电脑之后出现了问题，因此组织幼儿开展了专门的讨论活动。因为是全班幼儿共同关注的问题，这个时候，教师适时介入，开展了专门的集体规范讨论活动，引导幼儿围绕生活中的这一真实事件进行讨论，共同制定了玩电脑的规则，解决了游戏当中的问题。这正是专门的教学活动和游戏活动相结合带来的良好效果。

小班社会活动：猜猜我是谁

一、活动目标
1. 了解保持安静、轮换、等待等游戏规则。
2. 感受规则的重要性，愿意遵守游戏规则。
3. 能按保持安静、轮换、等待规则进行游戏并有意识地维护规则。

二、活动准备
经验准备：幼儿之间相互熟悉，能够说出小朋友的名字。
物质准备：一块遮眼布、欢快的背景音乐。

三、活动过程
1. 规则讲述，初步感知规则。
教师："下面我们要用小朋友的名字来玩一个游戏。请一个小朋友来到教室中间，用布蒙上眼睛，其他的小朋友手拉手围成一个圈儿，把蒙住眼睛的小朋友围在中间，然后大家跟着音乐转起来，不要发出声音。音乐停下时，小朋友们也停下来，把手放下，这时站在中间的小朋友正对面的小朋友悄悄地走出来，提问中间蒙住眼睛的小朋友'猜猜我是谁？'其他的小朋友不要告诉他，看看蒙住眼睛的小朋友能不能正确地说出提问小朋友的名字。"

教师:"如果猜对了,小朋友们要怎样奖励他呢?如果猜错了的话呢?"

2. 游戏体验,体验规则快乐。

按游戏规则进行游戏,引导幼儿感知遵守规则的快乐与破坏规则的后果。

在游戏的环节中,教师要关注幼儿是否理解游戏规则,能否遵守游戏规则,享受遵守游戏规则带来的愉悦感,感受破坏游戏规则带来的负面影响。

3. 讨论互换,理解规则作用。

如果游戏中出现幼儿在拉手转圈时讲话、在音乐停止后没按照要求一起往前走或幼儿往前走的过程中其他幼儿没保持安静,说出了名字时,暂停游戏,进入讨论环节。

(1)出现幼儿违反保持安静规则情况的时候。

教师:"我请明明(蒙着眼的小朋友)来说一说,刚刚小朋友们围着你拉手转圈的时候你有什么感受?"

明明:"听不清声音,很烦躁。"

教师:"如果你们也站在中间的话,会希望四周都是说话的声音吗?你们希望怎样来游戏呢?"

幼儿:"安安静静地玩游戏。"

教师:"小朋友们要按照规则悄悄地转圈,看看明明还能不能猜到你是谁,我们再来玩一遍吧!"

(2)出现"抢答"行为,违反等待的游戏规则的时候。

教师:"明明小朋友,你感觉怎么样?为什么?"

明明:"我不开心,我还没猜呢小华就说出来了。"

教师:"让我们再来玩一次,小华(抢答的小朋友)站在中间猜。"

教师:"小华小朋友,你的感受如何?为什么?"

小华:"不高兴,我还没猜呢。"

教师:"只有遵守游戏的规则,才能享受游戏的乐趣。"

(3)出现不轮换规则的时候。

教师:"刚刚在做游戏的时候,同时有两个小朋友一起去问了'猜猜我是谁',牛牛小朋友,遇到这种情况,你感觉怎么样?"

牛牛:"分不出是谁在说话了。"

教师:"丽丽小朋友(遵守面对面规则,提问的小朋友),刚刚你在提问时,你有什么感觉?"

丽丽:"轮到我来问了,可是大力也出来了。"

教师:"大力(没按照规则,自己走出来的小朋友),你有什么感受?"

大力:"他都猜不到是谁了。"

教师:"所以我们要遵守游戏规则,才能愉快地游戏!"

4. 游戏延伸,行为泛化。

请幼儿结合自身经验,讲述他们所了解的生活中的规则,如过马路的规则、去超市的规则、看电视的规则、吃饭的规则等。

【活动评析】

不遵守规则是在小班幼儿中经常出现的现象,产生这一现象的原因除班级一日常规教育不当、规则设置不科学以外,主要是与幼儿的家庭教育经验与幼儿的认知发展水平及自控力发展水平局限有关。小班的幼儿难以理解教师所提出的规则,不明白为何偏偏要按照规则来做,往往习惯按照自己在家中的习惯来表现,在遇到一些新的情境时,其行为也会习惯与从家庭中的行为模式泛化而来。

本活动从认知、情感、行为三个方面,围绕"游戏规则"这一关键词进行了设计。其中,行为方面的目标作为活动的重点也是小班幼儿所急需解决的问题,围绕这一重点,老师应动之以情、晓之以理，让孩子们了解规则，体会规则的运用，更重要的是感受在规则下游戏的快乐及不遵守游戏规则的不愉快体验，进而感受规则的重要性，进而将遵守规则的行为泛化到其他活动中。

2. 通过其他途径开展幼儿园集体规范教育

（1）区域活动

区域活动中的规则提示保障了活动的基本进程，保障了幼儿在活动中的基本权利，制约了不符合集体规范要求的行为，能帮助幼儿了解集体活动规则的意义，调整自己的行为。在幼儿的区角活动中，幼儿可以通过同伴间的互动交往进行幼儿园集体规范的学习。教师可以在区角中设置人数提示、时间提示、等待提示等。例如，可以采用"进区插卡""按脚印图案"的方式入区，让幼儿了解活动区的人数限制；可以面向小、中班幼儿设计专门的音乐来提醒幼儿活动时间结束，教会大班幼儿独立看钟表，独立结束活动；可以为提前结束区域任务的幼儿提供安静的活动，让幼儿逐渐改变自我为中心，学会等待。

（2）渗透在一日生活中的幼儿园集体规范教育

幼儿的一日生活虽然看似平常琐碎，但在潜移默化中却对幼儿有着不可忽视的影响。幼儿园集体规范教育内容大多渗透在幼儿在园的一日生活之中，因此一日生活成为实施集体规范教育的重要阵地。教师要充分利用幼儿入园、用餐、过渡环节、自由活动等环节，及时针对幼儿出现的情况进行随机教育，将幼儿园集体规范教育渗透在一日生活中。

> 🔗 **资料卡**
>
> **幼儿在生活中应掌握的基本礼仪**
>
> 一、交往礼仪
>
> 1. 早上起来会与家人说"早"，例如："爸爸早上好！"
> 2. 遇见客人或熟人会说"好"，例如："阿姨好！"
> 3. 请人帮助会说："请您帮我……好吗？"
> 4. 接受别人帮助后会说："谢谢！"
> 5. 别人说话时，不随意打断，实在需要时会说："对不起，打扰一下。"
> 6. 知道提问、回答问题的方法（提问要有礼貌，回答别人问话时要有问必答、有礼有节等，如还不知道怎么回答时要告诉别人"对不起，我还没想好"。）
> 7. 跟人说话时，音量大小适宜，常保持微笑。
>
> 二、生活礼仪
>
> 1. 衣裤弄脏了及时换洗，出门时保持衣着整洁。
> 2. 吃东西前、如厕后及外出回来都会洗手。
> 3. 进餐时不用手抓饭菜，不含食物说话，餐后会漱口和擦嘴。
> 4. 不用衣袖擦嘴巴和鼻涕，会使用手帕或餐巾纸。
> 5. 打喷嚏时会用小手捂住嘴巴或转向别处。
> 6. 经常洗头洗澡（夏天应每天做到）。
> 7. 不吮吸手指及用手指挖鼻孔。
> 8. 每周检查和修剪一次指甲。
> 9. 不乱扔垃圾，不随地大小便。
> 10. 上完厕所随手冲水。

（3）家园共育

家庭在幼儿社会规范认知和习得方面有着重要的作用。作为家长，首先要注意自己的一言一行，要求子女遵守的规范，家长首先应自己成为遵守规范的好榜样。在家庭生活中，家长可以将一定的系统的规范灌输到幼儿的意识中，并且使得遵守这些规则成为幼儿的行为习惯和内部的需要。除此之外，家长还应协助幼儿园的常规教育，将幼儿园的集体规则在家庭中进行巩固。

> **案例**
>
> 家园合作建规则
>
> 君君小朋友每天早上都会高高兴兴地来到班上进行各项活动，并且特别喜欢进入娃娃家去游戏。但是每次她进入娃娃家离开后，娃娃家便会狼藉一片，有时会是一地的菜，有时会是一地的水，有时会是一地的锅碗瓢盆……尽管老师通过各种方式引导幼儿遵守收放玩具的规则，但是君君从来没有把东西收放好再离开的意识。
>
> 老师找到了君君的妈妈，向她了解了君君在家的情况，并且与她沟通了君君在幼儿园的情况。从沟通中老师得知君君跟着妈妈和奶奶一起居住，君君在家就像个小公主，什么事都是奶奶包办代替，每次在家里玩玩具也是一会儿玩积木、一会儿玩泥土，弄得满地都是，最后由奶奶来收拾。
>
> 在几次与君君妈妈沟通后，老师和君君妈妈达成了共识：在家里给君君树立良好的行为榜样；及时发现和鼓励君君的点滴进步，促使她体会成功的快乐。
>
> **分析**：教师应充分认识到家长在规则教育中不可替代的重要作用。家长规则意识的增强，有利于幼儿理解规则的意义，愿意遵守规则。反之，如果经过幼儿园的培养使幼儿具有了规则意识和遵守规则的意愿，却没有得到家长的支持和帮助，幼儿的规则意识和行为不仅不能得到增强和巩固，还可能使教育效果流失。案例当中的教师正是充分把握了上述规则教育的要点，从而使得幼儿逐步建立良好的规则行为和习惯。

二、公共规范教育与活动指导

对幼儿开展公共规范教育，目的在于帮助幼儿逐步了解身边常见的社会组织或机构及其从业人员的工作内容，并逐步掌握与这些社会组织、机构或场所相适应的行为要求，是发展幼儿社会适应能力，帮助幼儿融入社会生活的需要。

（一）公共规范教育的目标

1.《指南》和《纲要》中的目标

《纲要》中指出，"要教育幼儿爱护玩具和其他物品，爱护公物和公共环境"。《指南》中指出，要引导幼儿"爱护身边的环境，注意节约资源"，可以"利用实际生活情境和图书故事，向幼儿介绍一些必要的社会行为规则，以及为什么要遵守这些规则"。

2. 公共规范教育的目标

公共规范指全社会都应该共同遵守的规范，主要包括公共交通规则、公共卫生规则、公共惜物规则和公共场所规则。

公共规范教育活动的目标主要有三个层次：一是认知层次，指幼儿了解有关公共交通、公共卫生、公共惜物、公共场所的基本行为规则，熟悉有关标志；二是情感层次，愿意遵守公共规范，形成初步的环保意识和社会责任感；三是行为层次，能按公共场所标志的提示和要求行动，初步懂得爱惜劳动成果、爱惜公物，当发现他人不当的行为举止时，敢于劝阻。

3. 不同年龄班公共规范教育的目标

（1）小班

认识周围社会生活环境，认识几种常见的交通工具，掌握基本的交通规则和交通安全常识，如红灯停、黄灯准备、绿灯行、过马路要走人行道等。认识商店、公园等公共场所，让幼儿懂得在这种地方不能大哭大闹，不能随地吐痰及大小便，不能乱扔果皮纸屑。在成人提醒下，能遵守公共场所的规则，能爱护公共物品。

（2）中班

认识常见的交通工具，了解其特点以及与生活的关系，认识常见的交通标志，知道要遵守交通规则。了解简单的公共规则，如不随地吐痰、不乱扔果壳纸屑、不大声喊叫，并能基本遵守。进一步了解周围的社会机构及其行为规范，有初步的公德意识。在成人提醒下，能节约粮食、水电等。

（3）大班

熟悉有关安全、交通、环保的标记，理解他们的作用并能自觉遵守，尝试为生活中的某些事物设计标记。确立环境保护意识，爱护身边的环境，注意节约资源。初步养成社会公德意识，当发现他人不当的行为举止时，敢于劝阻。

（二）公共规范教育的内容

根据公共规范教育的目标，可选择的公共规范教育内容包括：

①公共交通规则：红灯停、绿灯行；过马路时走人行横道线；不随意横穿马路；尽量走天桥或地下通道；不在马路上玩耍打闹等。

②公共卫生规则：不随地吐痰、不乱扔果皮纸屑、不乱涂乱画等。

③公共惜物规则：爱护公共财物、不随意践踏草坪等。

④公共场所规则：遵守购物规则，例如：在超市购物时要排队、付款前不打开物品的包装袋等；在公共休闲娱乐场所讲文明、懂礼貌，不大声喧哗、大吵大闹，遵守工作人员的提醒等。

可围绕"认识公共规则""遵守公共规则"等内容展开。例如，可选择"设计公共规则标志""参观活动""我身边的规则"等作为具体教育内容，目的是让幼儿认识公共规范，感受公共行为规范的对人们日常生活的重要性，在公共场所学会遵守基本行为规范。

> 🔗 资料卡
>
> **公共礼仪**
>
> 一、特定公共场所礼仪
>
> 1. 影剧院：观众应尽早入座。如果自己的座位在中间，应当有礼貌地向已就座者示意，请其让自己通过。通过让座者时要与之正面相对，切勿让自己的臀部正对着人家的脸，这是很失礼的。应注意衣着整洁，即使天气炎热，袒胸露腹也是不雅观的。在影剧院万不可大呼小叫，笑语喧哗，也不可把影院当成小吃店大吃大喝。演出结束后观众应有秩序地离开，不要推搡。
>
> 2. 图书馆、阅览室：图书馆、阅览室是公共的学习场所。
>
> （1）要注意整洁，遵守规则。不能穿汗衫和拖鞋入内。就座时，不要为别人预占位置。查阅目录卡片时，不可把卡片翻乱或撕坏，可用笔在卡片上涂抹画线。

（2）要保持安静和卫生。走动时脚步要轻，不要高声谈话，不要吃有声或带有果壳的食物。

（3）图书馆、阅览室的图书、桌椅板凳等都属于公共财产，应该注意爱护，不要随意刻画、破坏。

二、乘车礼仪

1. 骑自行车：要严格遵守交通规则。不闯红灯，骑车时不撑雨伞，不互相追逐或曲折竞驶，不骑车带人。遇到老弱病残者动作迟缓，要给予谅解，主动礼让。

2. 乘火车、轮船：在候车室、候船室里，要保持安静，不要大声喊叫。上车、登船时要依次排队，不要乱挤乱撞。在车厢、轮船里，不要随地吐痰，不要乱丢纸屑果皮，也不要让小孩随地大小便。

3. 乘公共汽车：车到站时应依次排队，对妇女、儿童、老年人及病残者要照顾谦让。上车后不要抢占座位，更不要把物品放到座位上替别人占座。遇到老弱病残孕及怀抱婴儿的乘客应主动让座。

三、旅游观光礼仪

1. 游览观光：凡旅游观光者应爱护旅游观光地区的公共财物。对公共建筑、设施和文物古迹，甚至花草树木，都不能随意破坏；不能在柱、墙、碑等建筑物上乱写、乱画、乱刻；不要随地吐痰、随地大小便、污染环境；不要乱扔果皮纸屑、杂物。

2. 宾馆住宿：在任何宾馆居住都不要在房间里大声喧哗，以免影响其他人。对服务员要以礼相待，对他们所提供的服务要表示感谢。

3. 饭店进餐：尊重服务员的劳动，对服务员应谦和有礼，当服务员忙不过来时，应耐心等待，不可敲击桌碗或喊叫。对于服务员工作上的失误，要善意提出，不可冷言冷语，加以讽刺。

（资料来源：中国政府网http://www.gov.cn/ztzl/2005-10/27/content_85259_2.htm.）

（三）公共规范教育活动开展

公共规范教育可以开展专门的园内集体教学活动，也可以组织外出参观体验活动，还可以渗透在幼儿一日生活之中。

1. 通过专门的社会活动开展公共规范教育

幼儿园在专门的教学活动中对幼儿进行公共规范教育，有以下注意事项。

（1）从幼儿的兴趣和发展需要中提炼出公共场所规范教育的主题

在幼儿园一日活动中，幼儿对与公共场所规范有关的话题产生兴趣的机会有很多，如自由活动时幼儿之间自发的谈话、外出参观时幼儿自发的讨论、幼儿在活动中遇到的引起同伴共鸣的具体问题等。教师应当重视在一日活动过程中观察幼儿的表现，从中分析提炼出幼儿最感兴趣的，同时对幼儿具有重要发展价值的主题。

案例

参观美发厅

某幼儿园教师与幼儿共同商量调整活动区。在讨论的过程中，教师发现幼儿对美发厅比较感兴趣，他们都愿意把自己打扮得漂漂亮亮的。为了满足幼儿的愿望，激发他们创作的欲望，教师与幼儿开展了"幼儿园美发厅"的主题活动。其中包括"为美发厅起名字""参观美发厅""我是美发厅小老板"等一系列活动。

幼儿在为美发厅起了名字之后，教师提出了问题："美发厅里有什么呢？该怎样布置呢？"孩子们想了想，又摇摇头。"我们怎样才能知道呢？"教师反问幼儿，想让他们通过解决问题，引导他们到理发店参观。在活动中，幼儿想出了许多方法来解决出现的困惑。"我们看电视吧，电视里有。""我们看书吧。""我让爸爸妈妈带我到理发店去看看不就知道了吗？"凯凯小朋友说。"对，我们到理发店去参观。"

一些幼儿开始响应凯凯的想法。"那我们到理发店要看什么呢？"教师又提出了问题。大家开始讨论了起来，有的说："我要看怎样洗头。"有的说："我要看剪头发。""我要看那里有什么。""我要看烫头。"……幼儿都有了自己想要看的东西。最后，教师和幼儿归纳出到理发店要看什么，如理发店里有哪些工具，它们都是干什么用的，理发店里的布置是什么样的，理发师是怎样工作的，等等。

幼儿园的附近就有一个美发店。于是，教师与他们联系，带幼儿去参观。在参观的过程中，幼儿认真地看着阿姨的每一个动作：怎样为顾客洗头，怎样剪头发。在做这些事情之前，还要先为顾客围上一块布，以免弄脏了顾客的衣服。在参观中，教师还引导幼儿观察了剪头发用的剪子。幼儿发现，有两种不同的剪刀：一种是剪短用的，另一种是削薄用的。幼儿还发现，烫头用的是一个大大的罩子，用大小不同的发卷把顾客的头发卷起来，然后让顾客坐在罩子底下，最后再滴上药水，头发就烫好了。幼儿还看到，理发店里有电视、钟表、不同的椅子，有许多的毛巾、洗发水……

在参观后的交流中，教师和幼儿一起分享了自己的所见所闻。

分析： 案例中的教师在与幼儿的日常交谈中发现了幼儿对美发厅的兴趣，善于调动幼儿的兴趣点，引导幼儿进一步探讨美发店的环境、工作人员、工作职责和行为规范等问题，并充分利用幼儿园周边的社区环境，开展"走出去"的参观活动，创设了一次生动的幼儿园与社区合作的公共场所规范教育活动。

（2）根据幼儿生活范围选择适当的公共场所规范教育内容

不同年龄的幼儿，其生活范围不同，所接触的公共场所和相应的行为规范也会有所侧重。幼儿首先建立了幼儿园生活、活动规则的理解和遵守，随着年龄的增长，其生活范围逐渐扩展，幼儿开始逐步认识和体验公共交通规则、公共卫生规则等幼儿园外的规则。幼儿对公共规范的学习一定是基于其生活经验，并为满足其实际生活需要为主的，因此应根据幼儿的活动范围选择恰当的教育内容。

（3）根据公共场所的典型特点和标志确定教育的具体内容

不同的公共场所因其功能不同，导致其建筑物的外观、标识等不同。因此公共场所规范教育要从引导幼儿对不同公共场所的识别开始，从了解不同的建筑名称、外形构造、特殊标志等开始，帮助其深入感知不同环境的特点，了解不同场所的规范要求。

（4）通过真实的社会环境开展幼儿公共规范教育

幼儿公共规范教育的最大特点就是与真实的社会生活联系密切，因此，教师可以充分利用真实的社会场所开展活动。这种类型的社会教育活动，需要教师带领幼儿离开幼儿园，前往与特定主题相关的社会场所参观访问。通过观察学习的方式，获得关于特定的公共场所中社会规范的认识。如果可能，还可以与相关人员进行互动，以帮助幼儿更加直观、深入地了解社会公共规范。

在真实社会环境中开展与在幼儿园中开展的教育活动，在设计的步骤上并没有太大区别。只是在活动过程的设计上，需要教师更多考虑如何引导幼儿针对特定公共场所的特点进行观察和讨论，以何种方式组织幼儿在真实社会环境中进行实践和探索，以及特别针对安全管理工作进行设计等。

①做好安全工作。教师需要制定好充分的安全防范措施，如邀请家长一起参与，统一幼儿的着装等，防止出现幼儿意外伤害或走失的问题。同时，还要准备好紧急安全问题处理预案，做到有备无患，以防万一。

②做好与相关部门和人员的衔接工作。为保证在真实社会环境中开展教育活动的实际效果，教师需要提前做好与特定公共场所有关的部门或人员的联系与沟通工作。例如，到医院参观，需要先取得医院的同意，还需要医院方面为保证教育效果适当做些准备和接待工作，而这些都需要在教师提前进行联系与沟通的前提之下才能做好。

③将在真实公共场所开展的活动与在幼儿园开展的活动有机衔接。幼儿园组织一次外出活动很不容易，一定要设计周密，保证取得最大的教育效果。一方面，在幼儿前往真实的社会场所开展活动之前，教师应当在幼儿园中已经开展过一些先行活动，帮助幼儿做好经验准备，保证幼儿对将要前往的社会场所有一定的了解，同时又有一定的疑问，带着目的参与活动。另一方面，在真实社会场所的活动结束后接下来的几天，教师最好在幼儿园继续组织几次活动，如以谈话或画画的方式总结观察和实践所得到的经验，并引导幼儿巩固和提炼这些经验。

④多提供给幼儿实践练习的机会。教师应当设计出与幼儿的现有发展水平和特定的社会场所相符合的实践活动，尽可能给幼儿创造充分的实践练习的机会，避免将活动简单停留在"走马观花式"的观察层面上。

案例

中班社会活动：超市购物

设计意图

跟着妈妈逛超市是中班幼儿生活中较为熟悉的活动，也积累了一定的生活经验，但是根据家长的反映，有不少幼儿在逛超市的过程中存在不同的社会性问题。教师设计这样一个真实场景的社会教育活动，希望借助它来实现提高购物方面的幼儿社会性目标。

活动目标

1. 认识超市的购物环境，学习与掌握超市购物的相关知识和行为规范。
2. 形成自己解决在购物中遇到的困难的正确态度。
3. 培养责任感和自我服务的能力。

活动准备

家长为孩子准备轻便的双肩背包和运动鞋，每人带10元钱到幼儿园作为前往超市购物之资。

活动过程

1. 老师带幼儿到附近的超市参观，并为即将举行的郊游活动选购物品。提醒幼儿购物时要有礼貌，要文明，不要随意摆弄物品，不要的物品看完后一定要物归原位。选购的物品价格总和不能超过10元。
2. 幼儿回园后从物品的价格、用途、包装等方面相互交流，讨论各自购买的物品。
3. 评价购回的物品：你认为谁买的东西在用途和价格方面最合理？为什么？
4. 指导幼儿自己整理背包，相互检查衣服、鞋袜。

活动延伸

小朋友在回家后，和家人继续讨论超市为人们日常生活带来的便利、在超市购买物品的经验和常识，学做一个小小持家人。引导幼儿初步认识货币，并让孩子持有小数额的货币，让其根据意愿独立采购商品。

分析：

以上案例属于典型的在真实社会场所开展的幼儿公共规范教育活动，其优点包括两点：第一，所选择活动主题和场所对幼儿社会性的发展很有价值。超市等购物场所是与幼儿的日常生活关系十分密切的经济活动场所，符合幼儿社会性发展的水平和需要，因此组织幼儿到真实的超市进行购物活动十分必要。第二，在活动目标的设定上，较好地体现了社会认知、社会情感、社会行为技能三个方面的统一。

案例存在的主要问题及改进思路：

第一，活动的环节设计过于简单，无法有效保证三条活动目标的充分实现。尤其在社会行为技能的培养方面，应当通过设置一定的活动任务的方式，引导幼儿展开充分的实践练习，否则难以保证社会行为技能目标的实现。

第二，活动前的经验准备不足。应当在前往超市之前，先在幼儿园组织一次专门的教育活动，并进行简单的模拟练习，保证幼儿对超市购物的基本行为规范有充分的了解，并掌握一些基本的技能，如会使用礼貌用语向超市工作人员咨询相关问题、初步认识10元以内的钱币等。

第三，对于在真实社会环境中组织的公共场所规范教育活动而言，其活动延伸应当比在幼儿园中组织的活动要丰富得多，这样才能保证活动的教育效果得到最大的发挥。除了案例中提到的延伸思路外，还可以考虑在引导幼儿在幼儿园的游戏角自己设计并建造一个"幼儿园小超市"，这样一方面能让幼儿通过实践操作进一步巩固对超市环境的认识，另一方面又可以为幼儿创造持续体验在超市中的行为规范和练习超市购物的行为技能的机会。

案例

小班社会活动：小老鼠进城

活动目标

1. 认识常见的交通标志，了解交通标志的特征和作用。
2. 乐意参与游戏活动，树立遵守交通规则的意识。
3. 能在活动中遵守游戏规则。

[活动视频]
小老鼠进城

活动重难点

重点：认识常见的交通标志，了解交通标志的特征和作用。

难点：说出生活中需要的交通标志。

活动准备

经验准备：幼儿已经在家长的带领下，认识了一些交通标志。

物质准备：老鼠头饰；各种交通标记；乡下老鼠进城的地图；玩具汽车。

活动过程

1. 情景导入，引出主题。

（1）演示接到小老鼠贝特的电话，激发幼儿兴趣。

指导语：刚刚老师接到乡下老鼠贝特的电话，说碰到了一个难题，想请我们帮个忙。

（2）教师有感情地讲述故事，引起幼儿认识交通标志的兴趣。

2. 回顾故事里的交通标志，根据幼儿的回答，详细讲解每个交通标志的名称和意义。

(1) 出示图片（禁止通行、禁止鸣笛、红绿灯标志），引导幼儿认识交通标志。

指导语：瞧！小老鼠贝特把这些奇怪的牌子都给画了下来，小朋友们想知道这些奇怪的牌子是什么意思吗？我们一起来看看吧。

●出示图一，提问：这个红色的小圆圈里有一个小汽车，还有一条斜线是什么意思呢？

教师小结：表示禁止一切机动车辆通行，经常设置在禁止通行的路口。

●出示图二，提问：那么第二个红色的圆圈里有一个小喇叭，也有一条斜线，想知道是什么意思吗？

教师小结：你们可真棒！它代表的意思就是禁止鸣喇叭，这个标志经常设置在禁止鸣笛的路段。

●出示图三，提问：这个标志小朋友们都不陌生吧？

教师小结：我们经常在马路上见到，它表示前方有红绿灯，经常设置在前面红绿灯不易被发现的路口。

(2) 通过设想，感受交通标志的意义。

指导语：如果我们生活中没有了这些交通标志，那会变成什么样子呢？

3. 出示系列图片，引导幼儿认识常见的交通标志。

指导语：还有哪些交通标志需要我们认识呢？我们一起来看看吧！

教师小结：小朋友们，你们都明白了吗？交通标志在我们的生活中作用是非常多的，相信大家学习过后，肯定可以帮助小老鼠贝特进城，完成它去公园玩的愿望，我们一起来帮助它吧！

4. 通过游戏，进一步巩固对交通标志的认识，树立规则意识。

(1) 游戏一："趣味骰子"。

玩法：老师投骰子，骰子落地一面幼儿能正确地说出此交通标志。

(2) 游戏二："乡下老鼠进城"。

玩法：教师邀请少数幼儿进行游戏，将参与游戏的幼儿带到提前布置的老鼠贝特进城路线中，将老鼠进城时所遇到的标记摆放在路线旁，让幼儿体验交通规则的意识，帮助乡下老鼠进城。

5. 教师小结。

指导语：小朋友们，今天我们学到了这么多的交通标志，那在以后的生活中一定要遵守交通规则呦！

2. 其他途径中的公共规范教育

（1）区域活动

作为一种基于结构化的环境创设和材料投放的自主活动，区域活动可以提供大量的机会，让幼儿体验各种特定的公共场所，并练习相应的公共行为规范。为此，教师可从以下几个方面着手：

①联系相关的真实社会场所，进行区域整体环境创设和材料投放。从促进幼儿社会性发展的角度看，幼儿园在开展区域活动时，除了"娃娃家""餐厅""医院"等常规的角色区外，建构区、表演区、语言区、美工区、运动区以及其他区域也都可以有意识地设计成角色区，以赋予幼儿特定社会角色的方式，让其一边从事自主游戏活动，一边体验相应的社会行为规范。例如：建构区可以设计为"建筑工地"，在投放用于搭建的积木等建构材料的同时，还可以同步投放安全帽和建筑图纸等辅助材料，以赋予幼儿建筑工人的角色感。如果是在户外大型建构区域，幼儿园投放

了空心砖、大型积木等建构材料，则除了投放安全帽和建筑图纸外，还可以投放建筑工人手套、铅垂线、小推车，甚至小型滑轮吊臂等辅助材料，使得建构区更加贴近真实的建筑工地。这样可以给幼儿更加强烈的角色感，不仅幼儿开展相关活动的兴趣会更加强烈，也能更加全面和直观地体验建筑工人的工作内容和建筑工地的安全守则等社会规范。

②按照角色区域所对应的社会场所中的主导活动设计各区域的具体活动规则。

表演区可以设计为"小剧场"，让幼儿在玩表演游戏的同时，也能获得演员或观众的角色感，并在游戏中学会遵守剧场的行为规范。例如：表演开始前，观众要有序入场入座，主持人要在观众坐定后，对观众表示欢迎，介绍节目及演员；表演过程中，演员要尊重观众，认真表演，而观众要保持安静，不随意走动，适时鼓掌；表演结束后，演员要集体谢幕，观众要热情鼓掌致谢。

语言区可以设计为"图书馆"，让幼儿获得图书馆管理员和借阅人的角色感，按照图书馆借阅书籍的方式阅读图书，逐步熟悉图书馆借阅图书的规则，在不断的练习中养成良好的阅读习惯。

美工区可以设计为"加工厂"，让幼儿在游戏中获得设计师和工人的角色感，把美工活动变成工艺品生产，或根据其他区域游戏活动的需要生产相关的产品，如为"小剧场"设计制作门票和宣传海报，为"餐厅"设计制作菜单和价签、制作菜肴等，从而使幼儿在持续的体验中不断熟悉工厂设计和生产活动中一般的流程规则和行为规范。

运动区可以设计为多种角色区，如户外攀爬类运动区可以命名为"军营"，让幼儿以士兵开展军事训练的方式开展游戏，球类及其他运动区域可以命名为"小小运动场"，让幼儿以运动员开展体育运动比赛的方式开展游戏，在游戏的过程中不断熟悉军营训练场和体育运动场上的规则。

> **案例**
>
> 角色游戏区活动："医院游戏"
>
> 幼儿园里，浩浩和俊俊在角色游戏区玩起了医院游戏。浩浩扮演医生，俊俊则扮演病人。俊俊装作生病的样子，跟浩浩说："医生，我生病了，要看病。"浩浩认真地说："看病要先挂号。"于是便拿出挂号单写写画画，替"病人"挂了号。然后"医生"拿着听诊器放在"病人"的胸口上认真地听着，听完之后又让"病人"张开口查看了一番，最后判定"病人"是感冒了，于是就给"病人"开了些治感冒的药方，并嘱咐"病人"去交款、拿药……
>
> **分析：** 案例中呈现的角色游戏是幼儿期非常典型、非常富有特色的游戏之一，是幼儿对现实社会生活的主动反映，并与幼儿的社会生活经验紧密联系。在幼儿园里，角色游戏区的主题通常除了"医院"外，还有如"娃娃家""超市""餐馆"等与幼儿生活比较贴近的角色游戏活动。幼儿通常对扮演这类社会角色的兴趣十分浓厚，且往往可以带有一定创造性地、持久深入地开展下去。

角色游戏就是一种以角色扮演法为主要方法开展的幼儿社会规范教育活动。教师通过有目的地引导幼儿扮演某种社会角色，创造性地重演特定社会场合下的行为或事件，除了能够加深幼儿对特定社会环境及相应的社会规范的认识，还可以帮助幼儿初步体验特定公共场所规范的价值，并感受特定公共场所中相关角色的情绪情感状态，从而有利于情感态度目标的实现。

（2）家、园、社区共育

家长可以为幼儿园提供幼儿成长方面的信息，他们不同的知识和职业背景，可以为幼儿园提供丰富的知识信息来源。幼儿园可充分利用家长资源，为开展幼儿公共规范教育提供主体来源、丰富参与主体、充实教育内容。

案例

家长的职业

幼儿园大班的王老师为了培养幼儿对不同社会机构和职业，及其工作场所规范的了解，决定邀请全体同学的家长参加班级组织的家长报告会，报告会的主要内容就是选择部分家长与孩子们进行互动交流和模拟游戏。

王老师根据班上幼儿家长的职业选择了从事消防、环卫、建筑机械、餐饮等职业的5位家长作代表。活动具体的要求是：

①参加报告会时，这5位家长必须都穿上自己平时的工作服装；

②通俗易懂地向幼儿介绍自己的工作内容、基本工作规范以及工作中遇到的各种各样的故事；

③回答幼儿的提问并参加职业游戏活动。

在此基础上，王老师又搜集了一些与这些职业和场所相关的图片和影视资料，经过组织加工后，与5位家长的报告相配合，以帮助幼儿更好地理解和体会。

王老师组织报告会的目的就是希望通过让幼儿与身边熟悉的、从事各种职业的人亲密接触，了解他们的工作场所和工作体会，进行情感和认知互动，同时增进对不同社会场所及其规范的理解。结果表明，这个活动完全实现了既定的目的。

鉴于这种情况，王老师在后续的活动中，又陆续邀请其他不同职业的家长做报告。

案例分析

结合下面的案例，谈一谈怎样通过家、园、社区合作共育，做好幼儿公共规范教育。

"捡垃圾的幼儿园"

某幼儿园有个环保倡议，幼儿每天来园时，如果看见路边有空饮料罐就捡起来，带到幼儿园。教室后墙上贴有一张简单的图表，供幼儿自己在上面记录，即在哪里捡的空罐，就在图表上所标的那个场所的直线上画一个圈，十分简单，每天来园时幼儿自己即可完成，不占用多少时间。每个周末，幼儿会很认真地数圈，数出每个地方的空罐数并写在最后一个圈的边上。每个月末，教师会提醒幼儿把几周的数字"统计"一下，写在每个场所的标志下面，然后把它存放起来，再画一张新的空白表贴在墙上供下月记录用。学期末，教师会指导幼儿把几张表的"统计"看一看，看哪个地方捡到的空罐最多。

统计发现，幼儿园前面的十字路口画的圈最多。之后，一场自发的热烈讨论开始了，幼儿七嘴八舌地发表自己的见解，分析原因。教师提示幼儿，想个什么办法可以解决这个问题？经过讨论，赞成在马路口增设一个空罐收集箱的人最多。于是幼儿口述，老师执笔，给街区负责人写了一封信。在教师幕后的积极策划、联系下，幼儿的要求变成了现实。街区负责人到幼儿园来感谢幼儿，夸奖他们"有根有据"的建议。以后每当幼儿看到那个空罐箱时，总是很得意地说"这个箱子是我们放在这儿的"。教师后来用同样的方法引导幼儿记录天气，并在适当的时候让幼儿比较降雨天数，组织幼儿投入到社区"节约用水宣传周"的活动中。

分析：《纲要》指出："社会学习是一个漫长的积累过程，需要幼儿园、家庭和社会密切合作，协调一致，共同促进幼儿良好社会性品质的形成。"教师如果经常带着幼儿走进社区、亲近社区、融入社区，久而久之，幼儿就会逐渐形成保护社区、服务社区、为社区分忧的意愿。案例中教师鼓励幼儿将环保意识落实到行动中，引导幼儿用自己的力量投入到社区的环保行动中，通过家、园、社区合作的方式，达到了良好的公共环境保护教育的效果。

三、基本道德规范教育与活动指导

道德规范是依靠社会舆论、人们的内心信念、风俗习惯来调节人与人、人与组织、组织与组织之间关系的行为准则之和。对于幼儿来说，基本道德规范主要是一些涉及道德问题的规则，如涉及是非、对错等道德问题的判断。

（一）基本道德规范教育的目标

1.《指南》和《纲要》中的目标

《纲要》中明确指出，幼儿应"能努力做好力所能及的事，有初步的责任感"，"学习自律和尊重他人"。《指南》中指出，成人要"遵守社会行为规则，为幼儿树立良好的榜样"，成人应"教育幼儿要诚实守信"，可以"经常给幼儿分配一些力所能及的任务，要求他完成并及时给予表扬，培养他的责任感和认真负责的态度"。

2. 基本道德规范教育的目标

基本道德规范要求一个人进行自我约束，没有外在的力量强迫其干什么和不干什么，首先应是一种自律的力量。其次，基本道德规范通常要求人们具有一定的利他思想。对幼儿来说，要求幼儿像成人一样遵守道德性规范是很困难的。幼儿最早的道德问题集中于对自己或别人的伤害上，表现在幼儿非常关心自身的利益，也能理解伤害别人客观上是错误的。

基本道德规范教育活动的目标主要有三个层次：一是认知层次，指幼儿知道哪些行为是正确的，哪些是错误的，知道别人的和集体的东西不能随便占为己有；二是情感层次，指幼儿感受到周围生活中美好的事物，形成初步的是非感、道德感及社会责任感；三是行为层次，指幼儿能区分常见行为的好坏、美丑、善恶，能做到诚实守信，知错就改。

3. 不同年龄班基本道德规范教育的目标

（1）小班

能判断一些简单行为的对与错；遇到纠纷时，能做到不打人、不骂人；知道不经允许不能拿别人的东西，借别人的东西要归还；学会把用过的玩具、用品放回原处，养成初步的责任感。

（2）中班

不私自拿不属于自己的东西，知道不能把集体的或他人的东西带回家占为己有；知道说谎是不对的；接受的任务能努力完成。

（3）大班

爱惜物品，用别人的东西时知道爱护；做了错事敢于承认，敢于面对自己的缺点和错误，有改正的愿望与行动；逐步养成勇敢、诚实、善良等良好的道德品质。

（二）基本道德规范教育的内容

幼儿的道德违规主要表现在：推人、打人等身体上的伤害；取笑别人、骂人等心理上的伤害；独占玩具、破坏财物等公平方面的问题。积极的道德行为表现主要包括乐于助人、谦让、分享等。根据基本道德规范教育的目标，基本道德规范教育的内容可围绕"谦让""诚信""助人""善良"等主题开展，可选择"我会谦让""我是诚实的好孩子""花儿好看我不摘""给有需要的人送温暖"等作为具体教育内容，目的是为了让幼儿能进行简单的是非、对错、善恶等道德行为的认知和判断，并逐步养成良好的道德品质。

（三）基本道德规范教育活动开展

开展基本道德规范教育，可以从小在幼儿心中播种一颗善的种子，教师可以开展相关的教学活动，从小培养幼儿基本的是非观、善恶观，养成初步的是非意识和责任感。

1. 通过专门的社会教育活动开展基本道德规范教育

幼儿园在专门的教学活动中对幼儿进行基本道德规范教育，有以下注意事项。

（1）选取正能量的案例

现实生活中有各种各样的榜样，有的是诚实、勇敢、乐于助人、舍己为人、勤劳、善良的好榜样，而有的是欺诈、懦弱、冷漠、损人利己、懒惰、险恶的消极案例。鲜明生动、形象具体的人和事对幼儿具有更大的吸引力和感染力，幼儿更容易理解和模仿，这种具体形象的榜样对幼儿行为的影响作用更快、更大。而当榜样一致时，教育效果也更好。因此，教师在设计基本道德规范教育活动时，应尽量选取正能量的案例，一方面是为了避免幼儿因好奇而模仿，另一方面是为了避免引起幼儿对他人、对社会的过度恐惧。

（2）利用故事、艺术作品等陶冶幼儿的社会情感，激发幼儿的道德行为

开展基本道德规范教育时，多种形式、生动形象的素材的运用有助于激发幼儿的同情心、羞愧感、是非感、爱憎感等。

案例分析

教师是如何利用这个故事开展基本道德规范教育的？

鲸鱼与海豚的故事

在漂亮的海洋馆里有许多可爱的海豚。一天，海洋馆的叔叔阿姨们给海豚带来了一个新的朋友——鲸。鲸鱼来到海豚的家非常高兴，它们活蹦乱跳，结果把许多海豚弄伤了，海豚非常伤心。叔叔阿姨们为了制止鲸鱼对海豚的伤害，于是就降低了海豚区的水位，结果是海豚由于身体小而可以在水中自由地游动，而鲸鱼却由于身体大而水位太浅，游不动了。所以，鲸鱼非常烦恼和忧伤。可爱的海豚们发现后，它们并没有远离鲸鱼而去，而是靠近它，安慰它，并给鲸鱼跳舞、唱歌。叔叔阿姨们发现后很感动，他们赶快把水位升起来，鲸鱼又可以自由地游泳了。但是它这次游泳时非常小心，以免伤害它的海豚朋友。

分析：在教师讲完故事后，可以观察幼儿对故事做出的反应，尤其是关注那些曾经有过"欺负弱小"行为的幼儿的反应。教师应组织幼儿对故事开展讨论，启发幼儿说说海豚为什么怕鲸鱼，海豚被鲸鱼伤害时的感受如何，鲸鱼需不需要朋友，海豚对鲸鱼进

行安慰好不好？等等。引导幼儿明白不能欺负弱小，而"欺负弱小"者有时候可能不是有意的，他们也需要友谊和关心。

2. 通过其他途径开展基本道德规范教育

道德性规范的生成以幼儿与同伴间的多次互动为基础，幼儿只有在冲突解决中多次体验，才能促成道德性规范的生成。当幼儿之间出现冲突时，教师要以冷静的态度引导幼儿进行思考。幼儿间发生道德性违规时，常常伴有强烈的情绪反应，但是教师要尽可能在幼儿面前控制自己的身体语言和语气腔调，这有利于幼儿保持冷静，从而对冲突事件进行思考。教师通过冷静地谈话帮助在争执中的幼儿冷静下来，使得问题能够得以解决。

教师和家长可在日常生活中通过和幼儿的交谈，帮助其生成鼓励性规范。鼓励性规范是指用正面、积极的语言对规范进行表述，鼓励性规范以鼓励而不是禁止为主，给人一种协商式的感受。例如，"禁止打架"与"大家和平相处"给幼儿的感受是不一样的，前者强调的是一种"绝对律令"，而后者注重的是大家共同的权利和义务。

中班社会活动：诚实守信

一、活动目标
1. 懂得诚实守信是中华民族的传统美德，做人要诚实守信。
2. 愿意做一个诚实守信的人。
3. 能做到说话和做事一致，学会处理事情。

二、活动准备
1. 视频片段。
2. 花、椅子、书的图片。

三、活动过程
（一）欣赏故事《诚实的咪咪》，激发幼儿兴趣，导入活动。
1. 早上好，小朋友们，今天老师带来一个有趣的故事叫作《诚实的咪咪》，看完故事小朋友要告诉老师故事中有谁？发生了什么事？
2. 妈妈回到家里发现鱼没有了，咪咪是怎样回答妈妈的？
3. 妈妈听了咪咪的话是怎样的？
4. 咪咪没有跟妈妈说实话，这种行为对不对？为什么？如果你是咪咪，你会怎么做？
小结：通过看故事让幼儿思考问题，使其知道说谎是不对的。
（二）继续欣赏故事到故事结束，咪咪向妈妈认错，告诉幼儿要诚实守信，让幼儿知道知错就改还是好孩子。
1. 咪咪接下来会怎么做？
2. 咪咪向妈妈认错了，妈妈又说了什么？
3. 你喜欢第一个说谎的咪咪还是第二个诚实、认错的咪咪？为什么？
小结：通过看咪咪向妈妈认错的片段，让幼儿知道知错就改还是好孩子，好孩子要诚实。
（三）完整地看一遍故事，让幼儿理解这个故事。
1. 我们完整地看一遍故事，看完要告诉老师这个故事告诉我们什么道理好吗？
2. 你们生活中有没有做到诚实守信？
小结：这个故事告诉我们的道理是要诚实守信，并要将这种美德延伸到现实的生活中。

（四）出示图片，让幼儿看图片讨论。

1. 出示花的图片，这个是什么？它怎么了？哦，这个花被小朋友弄倒了，如果是你把花弄掉下来了，你会怎么做？

2. 出示椅子的图片，这个是什么？它怎么了？哦，这个椅子被小朋友弄倒了，如果是你把椅子弄倒了，你会怎么做？

3. 出示图书的图片，这个是什么？它怎么了？哦，这个书被小朋友撕坏了，如果是你把书撕坏了，你会怎么做？

小结：出示摔倒的椅子，被小朋友撕坏的图书，被小朋友弄倒的花，问小朋友如果是他弄坏的，他会怎么做，通过重复地问这些在他们身边常常发生的事情，让幼儿学会做事和处理事情的能力和方法。

四、安全健康规范教育与活动指导

由于幼儿年龄较小，缺乏社会生活经验，安全健康规范教育不可缺少。安全健康规范与幼儿的安全与健康有关，教师主要通过强制力量来禁止幼儿的某些行为，从而保证班级生活的和谐以及幼儿的安全与健康。

（一）安全健康规范教育的目标

1.《指南》和《纲要》中的目标

《纲要》中明确指出，幼儿应"知道必要的安全保健常识，学会保护自己"。《指南》中指出，幼儿应"具备基本的安全知识和自我保护能力"，"在提醒下能注意安全，遵守安全规则"。成人应"结合生活实际对幼儿进行安全教育，教给幼儿简单的自救和求救的方法"。

2. 安全健康规范教育的目标

安全健康规范教育的主要目标在于确保幼儿的安全和健康，具体来说，安全健康规范教育活动的目标主要有三个层次：一是认知层次，指幼儿了解周围环境中的不安全的事物，认识常见的安全标志，如小心触电、小心有毒、禁止下河游泳、紧急出口等；二是情感层次，初步形成自我保护意识；三是行为层次，能注意安全，不去危险的地方，不做危险的事，遵守基本的安全规则，如不动热水壶，不玩火柴或打火机，不摸电源插座，不攀爬窗户或阳台等。

3. 不同年龄班安全健康规范教育的目标

（1）小班

在成人提醒下能不做危险的事。不吃陌生人给的东西，不跟陌生人走。不用危险物品做玩具，遇到危险能向成人求救。初步掌握一定的危险防范措施和自救方法。

（2）中班

认识常见的安全标志，能遵守安全规则。知道在公共场合不远离成人的视线单独活动。知道简单的求助方式，记住自己家庭的住址、电话号码、父母的姓名和单位，一旦走失时知道向成人求助，并能提供必要信息。

（3）大班

更多地了解灾难的应急措施，知道一些基本的防灾知识，知道各种急救电话号码，遇到火灾或其他紧急情况时，知道要拨打110、120、119等求救电话。能自觉遵守基本的安全规则和交通规则。

（二）安全健康规范教育的内容

根据安全健康规范教育的目标，安全健康规范教育的内容可围绕"安全意识""安全知识""求助方法""自救措施"等主题开展，可选择"远离危险物品""不给陌生人开门""火灾预防"等作为具体教育内容，目的是为了培养幼儿树立基本的安全意识，掌握一定的安全知识和求助方法。

（三）安全健康规范教育活动开展

在安全健康领域，当某一行为对幼儿自身或别人带来安全或健康的危害时，教师必须快速反应，对幼儿做出及时的反应以制止其行为，从而确保幼儿的安全与健康。

1. 通过专门的教学活动开展安全健康规范教育

幼儿园在专门的教学活动中对幼儿进行安全健康规范教育，可以多采用情景模拟等直观手段，以保证活动效果。

在幼儿园开展的安全健康规范教育，优点是效率较高、组织难度较低；缺点是远离真实的社会环境，直观性较差，在一定程度上削弱了活动的实际效果。为此，在幼儿园开展的安全健康规范教育活动需要教师充分借助直观手段，为幼儿营造模拟的社会情境，以生动形象的方式，引导幼儿通过参与活动，并引导幼儿联系自己的经验，从而保证活动的实际效果。幼儿园可利用图书、视频等材料对幼儿进行逃生和求救方面的教育，并运用游戏方式模拟练习。幼儿园也应定期进行火灾、地震等自然灾害的逃生演习。

2. 通过其他途径开展安全健康规范教育

成人应创设安全的生活环境，提供必要的保护措施。例如：要把热水瓶、药品、火柴、刀具等物品放到幼儿够不到的地方；阳台或窗台要有安全保护措施；要使用安全的电源插座等。在公共场所要注意照看好幼儿；幼儿乘车、乘电梯时要有成人陪伴；不把幼儿单独留在家里或汽车里等。

五、人际交往规范教育与活动指导

幼儿社会规范教育中的人际交往规范教育主要侧重于待人接物的一些礼仪与规则，主要包括：接待客人或做客礼仪、不同民族和国家的习俗规则等。

（一）人际交往规范教育的目标

《纲要》中明确指出，要"引导幼儿参加各种集体活动，帮助他们正确认识自己和他人，养成对他人、社会亲近、合作的态度，学习初步的人际交往技能"。成人应"为幼儿提供人际间相互交往和共同活动的机会和条件，并加以指导"。《指南》中指出，幼儿应"有礼貌地与人交往"，并能"接纳、尊重与自己的生活方式或习惯不同的人"。

（二）人际交往规范教育的内容

人际交往规范教育的内容可围绕"交往态度""待客礼仪"等方面展开，选择如"学做小主人""学会做客"等主题开展活动。

（三）人际交往规范教育的开展

人际交往规范教育主要是为了帮助幼儿遵循一定的交往规范，应为幼儿创设宽松、平等的交往环境，引导幼儿学习并践行特定的人际交往规范和技巧。

中班社会活动：我是小主人

一、设计意图

中班幼儿通过一定的社会性教育，已经初步懂得要认识朋友、爱护朋友，但是在具体怎样跟朋友相处、怎样接待朋友方面，还缺少基本的技能技巧，因此，需要有专门的教学环节来引导和演示一些交往知识，并让幼儿通过模仿练习或游戏活动来掌握技能。

二、活动目标

1．知道自己在家是个小主人，懂得小主人要礼貌地招待客人。
2．体验按照小主人礼仪招待客人的满足和快乐。
3．形成履行小主人基本礼仪的初步能力，能够用打招呼、端茶、分享玩具与点心等方式招待客人。

三、活动准备

1．反映幼儿在家里接待客人情境的正确做法的图片6张或视频6段、错误做法的图片3张或视频3段。
2．幼儿有过招待客人和做客的经历和体验（请家长配合）。

四、活动过程

（一）导入部分：引出新经验。

1．教师依序出示两幅正确做法的图片，引导幼儿仔细观察图片上画了什么，讲的是什么事情。
2．幼儿先跟身边的同伴交流，再举手发言。
3．教师小结：图片上的小朋友看到客人会很有礼貌地和客人主动打招呼，会端上茶给客人喝，大人在说话时不随便插嘴……她真是一个有礼貌的好孩子。

（二）基本部分：习得新经验。

1．回顾旧经验："家里来客人了，你是怎么做的呢？"
（1）教师通过讲述，引导幼儿联系自己的经验思考问题：刚才我们看到图片上的小朋友很能干，家里来了客人，知道主动打招呼问好，会端上茶给客人喝。那么，平时你家来了客人，你是怎么做的呢？
（2）幼儿先与同伴自由交流，再举手发言，教师即时予以引导。
（3）教师根据幼儿的发言情况进行小结：小朋友们都讲得非常好，那我们再来看看这几个小朋友怎么做的。

2．学习新经验：家里来客人了，我应当这么做。
（1）教师依序出示剩下的四张反映接待客人的正确做法的图片，引导幼儿观察、思考，并依次讲解。
（2）教师小结："家里来客人了，我应当首先……然后……"

3．总结新经验：分析与判断："他这样做，是对的吗？"
（1）教师依次出示三张错误做法的图片，引导幼儿分析错在哪里，并说说怎么做才是对的。
（2）教师根据发言情况进行小结。

（三）结束部分：应用新经验。

1．新经验应用——角色扮演。
教师请幼儿扮演角色，表演怎样来做有礼貌的小主人。
2．引导幼儿欣赏儿歌《我是小主人》。

儿歌"我是小主人"

家中门铃叮咚响，小小客人到我家。
你好你好快请进，我请客人快坐下。
找来玩具让他玩，拿出糖果招待他。
两人一起做游戏，大家乐得笑哈哈。
我做主人有礼貌，爸爸妈妈把我夸。

五、活动延伸

1. 在活动区角里增加招待客人的相关材料，引导幼儿在区角活动时间进行招待客人的练习。

2. 要求家长配合，幼儿回到家里，当有客人来的时候，让孩子参与接待，做一些力所能及的招待工作，如迎客送客、端水果、使用礼貌用语等；特别是家里来了小朋友以后，引导教育幼儿怎样对待小客人，如与小客人一起玩玩具、做游戏等。同时还应要求家长经常与幼儿沟通，以及学习到小朋友家做客时应注意哪些礼节，并做到持之以恒。

活动评析

案例属于典型的幼儿园中开展的人际交往规范教育活动，其优点也恰恰是在设计幼儿园中开展的人际交往规范教育具体活动方案时应该注意的问题：

第一，活动的设计充分考虑幼儿社会性发展的实际水平和需要，符合所选定的年龄班的年龄特征和实际情况。

第二，在设定目标的时候兼顾社会认知、社会情感和社会行为，且目标设定得比较具体、明确，有利于活动的实施和效果评价。

第三，在活动准备方面，不仅有具体明确的物质准备的说明，也有对幼儿参加本次活动前应当具备的经验准备的具体说明。

第四，活动过程的环节设计和方法采用上紧紧围绕活动目标，采取多种教育方法保证活动目标的实现。

第五，充分利用图片、模拟情景、儿歌等直观手段，联系幼儿已有的感性经验，保证活动的生动形象。

第六，联系本次活动需要幼儿掌握的具体社会行为规范，恰当地设计活动延伸。案例充分利用了区角游戏和家庭生活中的相关材料与场景，保证了社会教育活动渗透于游戏和日常生活中，有利于社会教育活动目标的真正达成。

中班社会活动：做客

一、活动目标

1. 懂得如何热情待客及礼貌做客。
2. 发展交往能力和同伴间的情感。
3. 学会用"请""谢谢"等礼貌用语。

二、活动准备

1. 做客的相关图片若干。
2. 幼儿每人准备一份礼物。

三、活动过程

（一）谈话：观看图片讨论如何做客，路上行走时的安全要点。

1. 带幼儿去做客，让幼儿懂得到别人家做客要先敲门，要有礼貌地称呼主人，作为主人应热情地接待客人，并把家里好吃好玩的东西拿出来招呼客人。

2．和同伴玩耍要有合作、友好、友爱的氛围，学习互相谦让。

（二）情景：做客（请几名幼儿尝试情景表演）。

轻轻敲门→向小主人及家长问好→小主人请大家坐下喝茶→谢谢小主人→小主人请客人吃糖果→小主人拿出玩具请大家玩→小主人向客人介绍玩具名称和玩法→请客人下次再来→客人向小主人和家长道谢并邀请到自己家做客。

（三）尝试去做客

请幼儿准备好小礼物到幼儿园里自己熟悉的老师或班级同学家做客。

（四）请幼儿用简短的语言讲述做客的经过，分享自己是如何礼貌做客的。

课后练习

课后思考：

1. 简述幼儿社会行为规范教育的主要内容。
2. 简述不同类型社会行为规范的特点。
3. 简述开展幼儿社会行为规范教育的意义。
4. 简述开展幼儿社会行为规范教育的途径。

实训练习：

1. 幼儿特别喜欢区域游戏，请在实习的幼儿园观察，教师通过哪些方法帮助幼儿学习区域游戏规则。
2. 请结合以下故事素材，确定适合的年龄班，设计一个幼儿社会行为规范教育活动。

   小鸡和小羊到公园玩，看到许多漂亮的小花。小鸡想用鲜花编一个花冠，而小羊说公园里的花不能摘。忽然，远处传来了哭声，还有"我要妈妈"的叫喊声。小鸡、小羊顺着哭声找去，发现一朵枯萎的小花正躺在地上伤心地哭泣。小鸡和小羊拾起小花，关心地问："小花妹妹，你为什么哭呀？"小花说："我找不到妈妈了。"小鸡说："你为什么找不到妈妈了？"小花伤心地说："一只小老鼠把我从妈妈身上摘下来，拿着玩儿，后来又把我扔在冰冷的地上了。"小羊看着小花，又问："你的脸色为什么这么难看？一点儿精神都没有，是生病了吗？"小花哭得更伤心了："因为找不到妈妈，没有饭吃，没有水喝，所以就变得越来越难看了。"

第六单元 幼儿归属感教育

学习目标

❶ 具备在幼儿园一日生活中培养幼儿归属感的意识。

❷ 了解幼儿归属感的内涵和意义,掌握幼儿归属感发展的特点及幼儿归属感培养的目标,掌握幼儿归属感培养的方法策略。

❸ 能够根据相关的理论和方法,设计和实施有助于促进幼儿归属感发展的教育活动。

学习导图

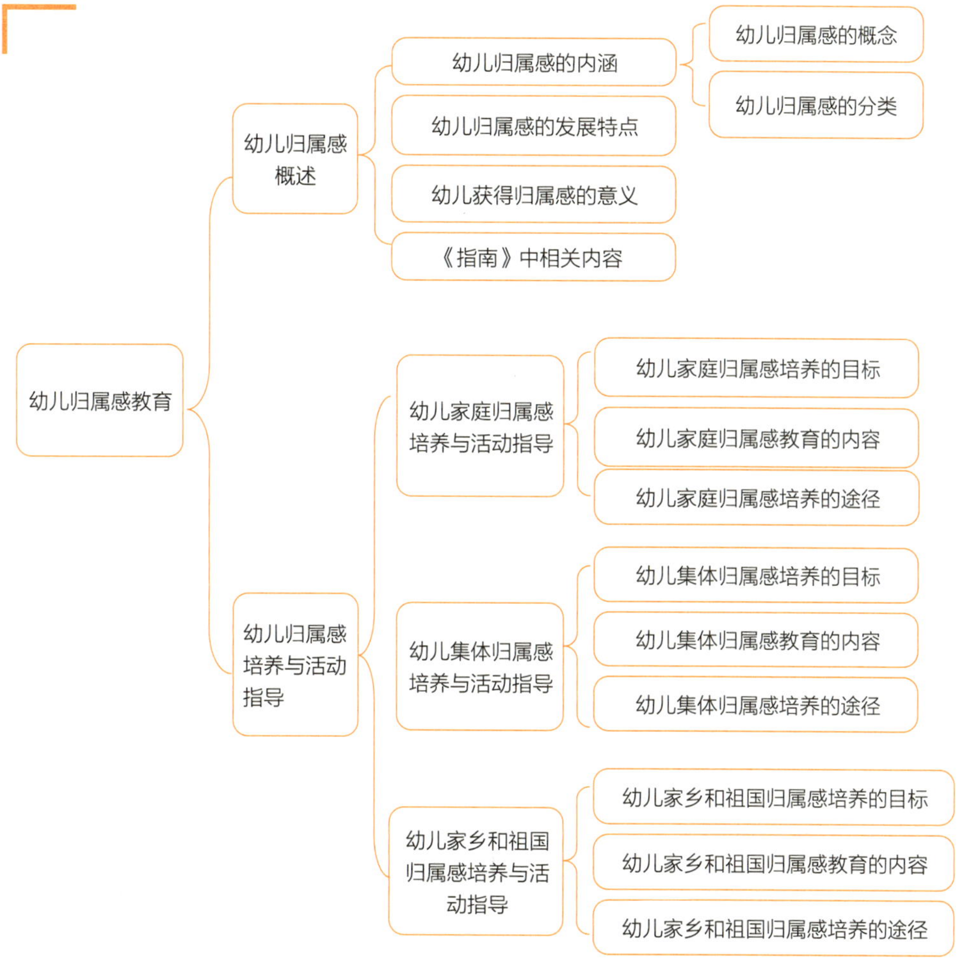

- 幼儿归属感教育
  - 幼儿归属感概述
    - 幼儿归属感的内涵
      - 幼儿归属感的概念
      - 幼儿归属感的分类
    - 幼儿归属感的发展特点
    - 幼儿获得归属感的意义
    - 《指南》中相关内容
  - 幼儿归属感培养与活动指导
    - 幼儿家庭归属感培养与活动指导
      - 幼儿家庭归属感培养的目标
      - 幼儿家庭归属感教育的内容
      - 幼儿家庭归属感培养的途径
    - 幼儿集体归属感培养与活动指导
      - 幼儿集体归属感培养的目标
      - 幼儿集体归属感教育的内容
      - 幼儿集体归属感培养的途径
    - 幼儿家乡和祖国归属感培养与活动指导
      - 幼儿家乡和祖国归属感培养的目标
      - 幼儿家乡和祖国归属感教育的内容
      - 幼儿家乡和祖国归属感培养的途径

案例导入

哭泣的石佳一

新学期开学两周了，小一班的石佳一每天早上来到班级门口就开始撕心裂肺地大哭，双手紧紧搂住妈妈的脖子不放。"佳一乖，不哭啦！妈妈要去上班，老师来抱抱你！""佳一，你看今天希希在干什么？你想不想一起玩？"可无论老师怎么劝说，石佳一依然不肯松开妈妈的脖子，小脸也哭得发红，一边抽泣一边嘟囔着："妈妈别走，宝宝不要上幼儿园，宝宝要回家！宝宝要回家……"

理论阐释

新学期开学，小班幼儿出现分离焦虑的现象是比较普遍的。一般经过两周的幼儿园生活，幼儿逐渐熟悉班级的老师和身边的小朋友，分离焦虑的现象也会慢慢缓解，经过更长时间的相处，幼儿将会逐渐建立起对班级、幼儿园的依恋与归属，不再出现分离焦虑，甚至还会向别人介绍自己的班级和幼儿园。为什么别的小朋友已经不再为入园哭闹而石佳一却哭闹不止？原因就在于他对家庭具有强烈的归属感，但还未形成对新集体的归属感。那么，如何让幼儿尽快适应社会生活，培养幼儿的归属感呢？本单元将走进幼儿归属感教育。

项目一　幼儿归属感概述

归属感是个体适应社会的重要组成部分，对幼儿的人际交往和亲社会行为有着十分深远的影响。归属感的形成让幼儿感受到自己在群体中被他人接受、被他人认为有价值；在思想上，让幼儿把自己认为是群体中的重要一员，在群体中接受信息并认同；在行为上，也会让幼儿自觉地规范约束自己的行为，使其符合团体的预期。因此，对于幼儿来说，归属感是对自己所处群体在情感、思想和行为上的认同与投入，既是幼儿社会适应的基础，也是幼儿适应社会的标志。

一、幼儿归属感的内涵

（一）幼儿归属感的概念

归属感，也称隶属感，是个体对自己有所隶属的一种心理体验，强调个体的自我感知，是个体被接纳和认同而产生的感觉。归属感是外界环境作用于人而产生的一种内部主观意识，这种作用结果又进一步影响着人在环境中的行为。大部分教育学者认为，归属感是自己被他人或团体接纳时对其产生的亲切、自豪的情绪体验，如果一个个体被群体所接纳，他就会产生安全感、信任感。幼儿归属感就是幼儿感受到自己是群体（团体）中的重要一员、被他人接受和认可，并与这个群体（团体）休戚相关的心理体验。

（二）幼儿归属感的分类

按照归属对象对归属感进行分类，幼儿的归属感主要包括家庭归属感、集体归属感、家乡和祖国归属感三大类。幼儿最早期的归属感是对家庭归属，逐渐扩展到群体归属（如班级、幼儿园等），随着幼儿生活经验的不断积累，又将扩展到对所处地域的归属（如家乡、祖国等）。

1. 家庭归属感

幼儿的归属感起步于家庭归属感。在幼儿自我意识发展的同时，也认知到自己的父母或照护者。在家庭生活中，父母会给幼儿带来生理和心理上的满足和安全感，幼儿也逐渐形成对父母的依恋。因此，对于幼儿来说，归属感与安全感、依恋感是密切相连的。随后，幼儿对家庭的归属感不仅仅来自于父母，还将拓展到家族中的其他个人、家庭物理环境、家族声望等。

2. 集体归属感

幼儿的集体归属感主要表现在对班级或幼儿园的认同与融入。学校归属感是学生在学校环境中得到老师和同学们的接受、尊重和支持的感觉，在学校生活和课堂活动中感觉自己是重要的一部分。德沃斯和迪杰斯特拉把学校归属感定义为，学生感觉到自己是班级或学校的重要一员、被他人接受、被他人认为有价值及与他人成为一个整体的一种情感。安德曼指出，学校归属感就是学生在一个特定的学校内感到自己是受人尊重的、是舒服的。学校归属感是学生对自己就读的学校在思想上、感情上和心理上的认同和投入，愿意承担作为学校一员的各项责任和义务，乐于参与学校活动。对幼儿而言，学校归属感即意味着对自己所在班级与幼儿园的认同感和融入感。

3. 家乡和祖国归属感

家乡和祖国归属感既包括地理范围上的归属，还包括对地域的经济、文化等多个领域的归属。随着幼儿认知的进一步发展、生活经验的不断积累，幼儿开始对自己所生活的地域（家乡、祖国）及其文化有更多的认识，并在此基础上逐渐产生爱国主义情感。虽然幼儿可能不能很好地理解国家的概念，但是可以通过具体感受祖国的山川地貌、人文习俗、物产美景等，培养他们的归属感，萌发他们的爱国主义情感。

值得关注的是，幼儿的归属感具有多重交叉性和替代性。多重交叉性指幼儿可同时具有两个或多个群体归属感，并且往往不会只归属于某一个群体。替代性是指某一种归属感可以为另一种归属感所替代，例如当幼儿加入新的组织或群体时，来自新群体的归属感也会代替原来群体的归属感。

[知识点视频]
幼儿归属感的概念及意义

二、幼儿归属感的发展特点

幼儿归属感的发展随着生活半径的扩大而逐渐变化。幼儿首先感受到家庭的归属感，体验父母和长辈的爱。随着活动范围的扩大，幼儿对所生活的社区有初步的了解。在入园后感受到来自幼儿园老师、同伴这一集体的关怀。然后，在成长中经历与了解自己生活的家乡，包括家乡的风俗人情、建筑特色等，再到了解自己国家的民族和文化，萌发家乡和祖国的情感。最后，知道世界是一个大家庭，世界上有不同的国家、不同的民族和不同的文化，但要接纳和学习不同的文化，感受文化的多样性。

总体来看，幼儿的归属感发展呈现出由小到大、由个体到群体、由熟悉到陌生、由具体到抽象的特点。由小到大是指幼儿逐渐建立由家庭、幼儿园、家乡、祖国再到地球的归属感，范围是逐渐扩大的。由个体到群体是指一般情况下，幼儿的归属对象先是父母、老师这些接触最为密切的个体，然后再发展到家庭、班级、幼儿园这样的群体。由熟悉到陌生是指形成归属的对象从亲人到陌生人、从熟悉的生活环境到陌生的社会环境。由具体到抽象是指归属感最初的对象是具体的某个个体或某群人，然后发展到民族、国家等抽象的事物。不同年龄段幼儿的归属感也呈现出不同的特点。

（一）小班幼儿归属感的主要特点

走出家庭，走进幼儿园是3岁幼儿"走向社会"的一个里程碑。小班幼儿对家庭有着较为强烈的依恋，因此，小班幼儿的归属感主要表现为对家庭的依恋，如不愿离开父母长辈，喜欢在父母长辈身边玩耍，愿意在自己家的小区或熟悉的街道玩耍。刚进入幼儿园的小班幼儿，将在一段时期内经历进入新环境后的分离焦虑。分离焦虑是指幼儿因与亲人分离而引起的焦虑不安或不愉快的情绪反应，又称离别焦虑。不同孩子的分离焦虑程度和持续的时间是不一样的。有的幼儿会带着自己的玩具去幼儿园，玩具一刻也不离手；有的幼儿会哭闹不止，反复要求回家，不参与活动，甚至影响到进餐或午睡；有的幼儿持续很长一段时间，即使老师和同伴不断安慰，也会默默地哭泣，不愿参与活动。因此，要让他们尽快在幼儿园中找到依恋的对象，慢慢开始对幼儿园产生归属感，才能尽快摆脱对家庭的依赖。小班幼儿良好的归属感是能够认识自己与家庭、幼儿园之间的关系，既亲近信赖家人又欣然接受幼儿园的集体生活。

📖 拓展资源

分离焦虑

约翰·鲍尔贝通过观察把儿童的分离焦虑分为三个阶段：①反抗阶段——号啕大哭，又踢又闹；②失望阶段——仍然哭泣，断断续续，动作的吵闹减少，不理睬他人，表情迟钝；③超脱阶段——接受外人的照料，开始正常地活动，如吃东西、玩玩具，但是看见母亲时又会出现悲伤的表情。小班幼儿基本上都会经历以上这三个阶段。

（二）中班幼儿归属感的主要特点

中班幼儿的归属感对象由家庭转变为班级或幼儿园。这一年龄阶段的幼儿，不再仅仅依赖亲人，由于人际交往对象的扩展，他们的归属对象扩展到了幼儿园里的老师和同伴，他们的情绪也容易被老师和同伴影响。他们开始关注并在意老师和同伴对自己的评价，当被老师和同伴认可时感到愉悦，当被忽视或指责时则表现出闷闷不乐、沮丧。中班的幼儿也开始产生对班级的认同与集体荣誉感，具体表现为喜欢自己所在的班级和幼儿园，愿意向他人简单介绍自己的班级和幼儿园，并为自己是班集体的一员感到自豪，愿意参加集体活动，比较关心所在班级或小组是否获得荣誉。这一阶段儿童的归属感主要和其集体融合感密切相关。

中班幼儿除了建立班级、幼儿园归属感外，也开始萌发家乡和祖国归属感。他们开始了解和知道自己居住地周围的环境、标志性建筑和特色美食，知道自己是什么地方的居民，意识并且知道自己是中国人，认识国旗，会跟唱国歌。幼儿对周围环境的深入认知是以后产生对家乡、国家及民族归属感的重要基础。

（三）大班幼儿归属感的主要特点

[知识点视频]
幼儿归属感
发展的特点

大班幼儿的归属感不仅有对集体的归属感，更有对家乡、国家、民族的归属感。在集体归属感方面，相比于中班幼儿，大班幼儿的这种情感体验更为深刻，他们的自我控制能力显著提升，表现出更多的自觉性和自主性。他们愿意承担集体的责任，具体表现为更加积极投入地参加集体活动，并在活动中能主动遵守集体规则，会为集体荣誉竭尽全力，他们也非常关注比赛的结果，这一阶段的幼儿归属感与集体荣誉感和责任心密切相关，他们开始关注集体的荣誉和自己在集体中的作用和地位。在家乡和祖国归属感方面，他们喜欢听老师和家长介绍社会热点新闻、家乡的变化以及祖国取得的重大成就，他们知道不同民族的风俗习惯和文化，而且也开始关注国家、民族与自己的联系，为自己是中国人感到自豪，他们对其他民族与文化也具有探究的兴趣。

三、幼儿获得归属感的意义

归属感对于个体的成长和发展具有十分重要的意义。归属感的建立能够满足幼儿的心理需要，为幼儿人际交往中的良性互动做好准备，是幼儿责任感和规则意识形成的助力，也为幼儿成为未来世界公民奠定基础。

1. 获得归属感有助于满足幼儿的心理需要

心理学研究表明，孩子害怕孤独和寂寞，希望自己归属于一个或多个群体，这样可以从中得到温暖，从而消除或减少孤独和寂寞感。美国心理学家马斯洛在"需要层次理论"中指出，"归属和爱的需要"是人的重要心理需要，只有满足了这一需要，人们才有可能"自我实现"。幼儿正是生理需要与安全需要得到满足，归属需要凸显的关键时期，归属感对幼儿幸福感的获得与社会化发展极为重要。大量研究结果显示，个体归属感的建立与其主观幸福感存在正相关，归属感使个体感到安全、快乐，归属缺失则会产生抑郁、悲伤等消极情绪。

2. 获得归属感为幼儿人际交往中的良性互动做好准备

当幼儿融入新集体时，人际交往的对象也将随之扩充，归属感的建立能为幼儿人际交往能力的提升、亲社会行为的出现提供"土壤"。班级作为幼儿园实施教育教学活动的基本单位，是幼儿生活、学习的重要场所，在幼儿园中幼儿接触最频繁的场所是班级，交往频率最高的对象是班级里的教师与同伴。因此，当幼儿在集体中得到教师与同伴的关心、接纳与认可时，也更容易展现出人际交往中的良性互动，若未建立良好的班级归属感，则表现出不合群、不愿与其他幼儿交往。如果幼儿无法建立良好的归属感，幼儿通常容易产生躲避、抗拒、不安等不良情绪，出现不合群、扰乱集体活动规范等行为。

3. 归属感是幼儿责任感和规则意识形成的助力

一般来说，归属感强的人往往具有主人翁意识和责任感，会自动将个人与群体联系在一起，为自己作为群体的一员感到自豪并愿与之共荣辱。例如，拥有集体归属感的幼儿更愿意为集体荣誉而努力，当集体受到外界压力时，也会使其成员增强归属感，使成员之间团结得更加紧密。集体中的个体能自觉接受和遵守群体规则，这在无形中提高了幼儿自我控制能力，也为将来进入社会、自觉遵守社会规范做好准备。

4. 获得归属感为幼儿成为世界公民奠定基础

幼儿将在归属感获得的过程中，感受自己是世界的一员，认识到世界是由许多国家和民族构成，不同的人种、多元的文化构成了纷繁的世界，各国各民族人民应当相互尊重、彼此接纳、团结友爱。让幼儿以客观、公正、开放、包容的态度对待外来文化，培养其初步的文化认知感与判断力。多元文化的体验是帮助幼儿理解、欣赏、尊重其他种族性别、社会经济、语言和文化背景的人，使幼儿能够在一个不同文化的世界生活、学习和交流，为未来在社会生活奠定基础。

案例分析

你如何评价张老师的做法？

中国人用筷子

星星幼儿园大班正开展关于"我是中国人"的主题活动。午餐时，大三班的泽彦小朋友问张老师："今天李老师告诉我们，外国人吃饭不用筷子，他们有的用手抓，有的用刀和叉。张老师，你说为什么呢？"张老师想了想说："外国人不会用筷子，因为他们没有咱们中国人聪明！"

参考答案：张老师的说法是不合适的，这样的说法不利于幼儿正确理解文化的差异性和多元性，容易形成盲目自豪感，幼儿将难以将自己作为世界的一员平等地看待其他民族的人民。应该教育幼儿以客观、公正、开放的态度面对世界其他各族人民。

四、《指南》中相关内容

《指南》中，社会领域子领域"社会适应"之子目标1"喜欢并适应群体生活"、子目标2"具有初步归属感"等内容，都直接指向幼儿归属感。具体内容见附录《指南》。

项目二　幼儿归属感培养与活动指导

培养幼儿的归属感，促进幼儿对家庭、集体、地域的归属感，关键要掌握不同归属类型教育活动的目标、内容以及开展途径和策略。

一、幼儿家庭归属感培养与活动指导

幼儿的家庭归属感是在与家庭成员的互动中形成的，对于幼儿来说，教师和同伴是无法替代幼儿的家庭成员的。因此，在幼儿园培养幼儿的家庭归属感时一方面是持续性地加强幼儿对父母长辈的情感链接；另一方面在于让幼儿成熟地看待自己与家庭的关系，不再时刻恐慌于与家庭的分离，能够坦然接纳自己与家庭既亲密又有距离的联系，从而适应幼儿园的生活。

（一）幼儿家庭归属感培养的目标

1.《指南》和《纲要》中的目标

《纲要》明确指出，要引导幼儿"爱父母长辈"。《指南》社会领域子领域"社会适应"提出"知道和自己一起生活的家庭成员与自己的关系，体会到自己是家庭的一员"，"能感受到家庭生活的温暖，爱父母，亲近与信赖长辈"，"能说出自己家所在街道、小区（乡镇、村）的名称"。

2. 幼儿家庭归属感培养的目标

在《指南》中，幼儿家庭归属感的培养目标主要针对小班幼儿，因此，根据文件精神需要提出幼儿家庭归属感培养的目标有以下几点：①从情感态度维度出发：感受家庭生活的美好，为自己是家庭的一员而感到幸福，爱自己的父母或长辈。②从认知角度出发：认识家庭成员与自己的关系，知道自己亲人所从事的劳动，知道自己家庭所在的社区。③从能力角度出发：能够成熟地看待自己与家庭的关系，不再时刻恐慌于与家庭的分离，能够亲近信任父母长辈，能帮忙做力所能及的家务。

（二）幼儿家庭归属感教育的内容

根据家庭归属感的培养目标，其教育的内容可围绕"感受家庭与家人的爱""认识家庭结构""帮忙承担家庭责任"等内容展开。具体可选择："我的家人""我是家庭小主人"等内容的活动，目的是增进幼儿对家庭和家人的认识、感受家庭生活的美好、帮忙做力所能及的家务事，形成家庭小主人意识。

（三）幼儿家庭归属感培养的途径

幼儿家庭归属感的建立可以从家庭和幼儿园两个方面入手。

[知识点视频]
如何培养幼儿对家庭的归属感

1. 家庭方面

首先，要营造温馨、舒适的心理环境。家长应为幼儿营造一个温馨的环境，多与孩子交流、拥抱，给予表扬和微笑，减少幼儿对于新环境的焦虑。让幼儿感受到家庭的温暖与爱，从而信赖自己的父母与长辈。

其次，要鼓励幼儿参与家庭建设，培养其责任感。家长有时间可以与孩子一起做家务，一方面是很好的亲子活动，另一方面也能亲手给孩子传授家务劳动技能，久而久之，孩子养成了劳动的习惯，认识到了自己的责任，同时还提高了劳动能力。所以，对家庭活动的参与，既能增强孩子的责任感和担当意识，又是其以后步入社会、参与社会活动的前期模拟培训。同时，孩子在参与决策的过程中可以学会负责和担当，参与决策还会增强孩子的认同感和责任感，同时家庭大事与孩子商量，也能够提升他的成就感和家庭地位感，避免产生"这事与我无关""事事与我无关"的游离感。

最后，家长要建立家庭规则，并坚定执行。家庭规则就是规定出来供大家共同遵守的制度或章程。它包括了家庭礼仪、为人处事、齐家守业，是维护家庭稳定的一种手段。所以家庭规则要落实到行动上，做到有法可依，有章可循。比如：遵守作息时间表，按时起床、洗漱、阅读，不拖拉磨蹭，自己的事情自己做，尊重家人的劳动，用过的东西要第一时间放回原处，吃东西后的垃圾要及时扔到垃圾桶中，不得随便乱放等。有了这些家庭规则，一定要坚定地去执行，还要以和善的态度，跟孩子以平等而尊重的方式来沟通，共同建立规则，这样孩子才愿意配合家长执行这些规则。

2. 幼儿园方面

幼儿园教师不能替代家长与幼儿建立或增强"家庭归属感"，因此，幼儿园的教育活动一方面针对小班幼儿的分离焦虑，帮助其度过焦虑期，尽快适应幼儿园生活；另一方面强调幼儿对自己与家人、与家庭、与家庭责任关系的认知，从而间接地增强其家庭归属感。

针对幼儿的分离焦虑现象，幼儿园可以通过调整小班的课程时长、模式、内容等方式，改善幼儿的分离焦虑问题。例如，开设半日制活动，下午家长便可接回家，下午大量的时间留给幼儿和家人。这样的设计减少了幼儿与家人分离的时长，使幼儿在上午的集体教学活动中忘却了与家长分离的焦虑，能够集中注意力在应有的游戏和学习方面。由于我国大部分幼儿家庭为双职工家庭，难以承担半日的养护责任，因此许多幼儿园在小班幼儿入园的第一个学期或第一个月采用阶梯性的亲子共学法来缓解幼儿的焦虑情绪，具体做法是请家长带着幼儿一起在幼儿园里进行一日生活，通常前半段时间是家长全陪，随着幼儿对一日生活规则的逐步掌握，后半段家长逐渐撤出，直至由幼儿自己独立度过幼儿园的一日生活。还有一些幼儿园虽然没有采用亲子共学的办法，但是允许幼儿带着来自家庭的物品进入幼儿园，或在班级环境中投放亲子照片。幼儿园组织开展的活动内容也以了解幼儿园的美好生活为主，让幼儿在生动有趣的活动中感受幼儿园带来的家庭似的温暖。

另外，教师可组织集体教学活动，帮助幼儿认识自己与家人、与家庭、与家庭责任的关系，从而间接地增强其家庭归属感。在活动组织时，要用生动有趣、游戏化的方式组织各环节，设计幼儿自主操作体验的环节。

大班社会活动：我有弟弟妹妹了[1]

一、活动目标

1. 体验迎接弟弟妹妹到来的情感。
2. 理解绘本内容，懂得如何与弟弟妹妹相处，接纳并关心弟弟妹妹。
3. 能学会用轮流的方式弹回，体会与同伴交流讨论的乐趣。

二、活动准备

绘本《妈妈的肚子》PPT课件；幼儿全家福照片。

三、活动过程

1. 欣赏绘本第一部分，介绍凯蒂，引导幼儿猜测凯蒂知道自己有弟弟妹妹以后的心情。

（1）出示PPT1，引导幼儿猜测、体验期待弟弟妹妹的情感。

引导语：猜猜看，凯蒂的心情是怎么样的？她会说些什么？如果你是凯蒂，你的心情会是怎么样的？你会说些什么？

（2）倾听故事第一部分，并小结。

2. 欣赏绘本第二部分，引导幼儿体验由期待到失落的情绪变化。

（1）出示PPT2，引导幼儿观察画面，体验凯蒂失落的情绪。

引导语：凯蒂怎么啦？她为什么不开心了？可能发生了什么事？她的心里是怎么想的？她会怎么做？

---

[1] 来源：http://www.banzhuren.cn/jiaoan/1634028129401244.html. 引用时有改动。

(2) 倾听故事第二部分，引导幼儿体验由期待到失落的情绪转变。

引导语：如果你是凯蒂，你心里会怎么想？想妈妈的时候，你可以做些什么？

(3) 小结：妈妈肚子越来越大，她抱不了你了，你可能会觉得有点不公平；妈妈要生宝宝的时候，可能也会暂时送你去爷爷奶奶家，你会觉得不开心，甚至是担心、害怕。但是没有关系，爸爸妈妈还是爱你的，只是一下子忙不过来，需要先请爷爷奶奶照顾你。你可以做些自己喜欢做的事情来表达对妈妈的爱。

3. 欣赏绘本第三部分，引导幼儿体验弟弟妹妹到来时的快乐，学会接纳和关心弟弟妹妹。

(1) 出示PPT3，引导幼儿欣赏故事结尾部分。

提问：回到妈妈身边以后，凯蒂的心情怎么样？当她看到自己的小弟弟时，她的心情怎么样？她是怎么做的？

(2) 欣赏有弟弟妹妹的同伴拍摄的全家福，引导幼儿分享照顾弟弟妹妹的感受。

(3) 引导幼儿讨论：如果我有一个弟弟（妹妹）。

教师：有弟弟妹妹真是太幸福了！如果你有弟弟妹妹，弟弟妹妹还小的时候，你可以怎么做？弟弟妹妹慢慢长大了，你会带着他们一起做什么？你们在一起玩什么？

小结：如果你也有一个弟弟（妹妹），你也能够照顾他，关心他，陪他一起玩，有人欺负他的时候站出来保护他，就说明你很懂事，你长大了！

四、活动延伸

在区角活动中把你想和弟弟妹妹一起做的事情画下来，带回家告诉爸爸妈妈。

活动评析

整个活动主要采用了讲授法、讨论法、谈话法等方式，各环节内容做到了有机联系，相互渗透。在活动的导入部分，通过提问和谈话来激发幼儿参与活动的兴趣，为幼儿做一个心理上的铺垫，为他们创设一个宽松的心理环境。活动第二个部分是欣赏绘本，体验失落的情绪，该环节的教师提问层层递进，帮助幼儿感受失落的情绪。第三个部分引导幼儿"接纳自己的弟弟妹妹"是整个活动的重点，同时，怎样引导幼儿把自己的行为和感受用语言准确地表达，是本次活动的难点。为了增加分享环节的实效，教师及时观察、捕捉幼儿在活动中的不同表现，有针对性地请幼儿分享经验并帮助他们提升。但该活动的延伸环节设计较为简单，可以考虑将相关的绘本投放到班级绘本区或在角色扮演区表演兄弟姐妹快乐的家庭生活，也可以请二胎家庭"现身说法"，说说有弟弟妹妹的美好。

二、幼儿集体归属感培养与活动指导

多项研究表明，集体归属感的培养不仅能促进个体的自我概念、自我价值、心理弹性等健康心理的发展，也能提升个体的人际交往。有研究发现，学校归属感强的学生会表现出乐于与人交往、待人热情、情绪稳定。因此，有必要采用科学系统的方法手段，培养幼儿的集体归属感。

（一）幼儿集体归属感培养的目标

1.《指南》和《纲要》中的目标

关于幼儿归属感培养的目标，《指南》和《纲要》中都有明确规定。《纲要》明确指出，要引导幼儿主动参与各项活动，体验与教师、同伴等共同生活的乐趣，达成爱老师和同伴、爱集体的目标。《指南》指出，引导幼儿"喜欢自己所在的幼儿园和班级，积极参加集体活动"，"愿意为集体做事，为集体的成绩感到高兴"。

2. 幼儿集体归属感培养的目标

集体归属感是个体被自己所在的群体认可、接纳，并喜欢、信任和依赖集体的一种心理状态。笔者认为幼儿归属感教育目标有三个维度，分别是情感、认知和行为。一是在情感维度上体现为集体中的个体由于归属于集体而产生的喜爱、依赖、投入等情感体验。二是在认知维度上体现为集体中的个体对自己身份的认知、认同和接纳程度；三是在行为维度上体现为集体中个体的归属相关行为，如积极参加班级活动、遵守集体规则、愿意或主动承担班级责任或义务。

3. 不同年龄班幼儿集体归属感培养的目标

（1）小班

对班级或幼儿园的活动感兴趣，喜欢上幼儿园；知道自己是班级或幼儿园中的一员；能在老师的邀请下参与班级或幼儿园的活动。

（2）中班

愿意主动参加班级或幼儿园的活动；认可并喜欢自己所在的班级和幼儿园；进一步认识自己所在的班级和幼儿园，体会自己与集体之间的关系；能基本遵守集体的各项规则，愿意接受集体分配的任务。

（3）大班

愿意为班级或幼儿园做事情，并能为集体的成绩感到高兴；认同集体的规则并主动遵守；能主动承担集体的责任或义务。

（二）幼儿集体归属感教育的内容

根据幼儿集体归属感培养的目标，集体归属感教育的内容可围绕"认识集体""感受集体的爱""认同集体"等内容展开。例如，可选择"来自班级的爱""夸夸我的班级""我爱我的幼儿园""幼儿园像我家"等作为具体教育内容，目的是让幼儿认识集体、感受集体氛围、增进集体荣誉感和责任感。

（三）幼儿集体归属感培养的途径

幼儿集体归属感的建立一般会经历三个阶段。一是认知阶段，这一时期幼儿对班级或幼儿园开始有所了解，对集体各方面初步感知并进行判断，从而实现对集体各方面信息的收集。二是肯定阶段，幼儿在这一时期对集体的认知达到一定程度，通过判断、分析，深入了解集体与自己的观点和行为准则的异同，逐步适应集体的文化，如开始接纳、顺从班级的规定，并因为自己是班级的一员而感到自豪，实现情感联结。三是同化阶段，这时幼儿的行为和集体中其他幼儿的行为在某些方面趋于同化，并且感到与集体休戚相关，如幼儿会因为班级获得了荣誉而感到自豪。可见，幼儿集体归属感的建立不是一蹴而就的，需要经历一定的时间。因此，一次或几次集体教学活动并不能解决幼儿的集体归属感培养问题，作为幼儿园教师，应当把握好幼儿园一日生活中的各个环节，循序渐进地培养幼儿的集体归属感。

1. 通过专门的社会活动培养幼儿集体归属感

集体教学活动是有目的、有计划开展的活动，相比于其他活动，教师主导的成分更大，有利于增进幼儿对集体的认识（认识阶段），帮助幼儿判断、分析，以便深入了解集体与自己观点和行为标准的异同，从而实现个体与集体情感的联结（肯定阶段）。教师可以关注集体中的"人、物、事"开展相关的教学活动，支持幼儿认识了解集体、感受集体的爱，并用自己的方式去表达自己对集体的爱。

［知识点视频］
如何培养幼儿的集体归属感

对于刚入园的小班幼儿，教师可以组织"老师像妈妈"的活动，帮助幼儿了解老师的工作，缓解分离焦虑；组织"猜猜我是谁"的活动，与幼儿相互认识，增进了解；还可以组织"幼儿园真好玩"的活动，帮助幼儿了解幼儿园的设施与空间环境。对于中班的幼儿，教师可以组织"老师的节日"的活动，让幼儿了解老师工作的辛苦与付出，同时表达自己对老师的爱；还可以通过情景表演等方式组织"保护我们的阅读区"的活动，让幼儿在遵守规则的同时萌发保护集体财物的责任感。大班幼儿喜欢竞赛性的活动，教师可以组织"我是班级小能手"的分组比赛，看看谁能说出自己在一天里帮助班级做了哪些事情；还可以把关注的范围扩大到幼儿园，了解幼儿园其他岗位工作者的工作职责，让幼儿感受幼儿园每一位工作人员对自己的爱。

中班社会活动：我喜欢我的班级

（活动设计：长沙市政府机关第二幼儿园　张玲）

一、活动目标

1．接纳认可自己的班级，喜欢与本班同伴一起活动，愿意为集体出力。

2．尝试为班级做一些力所能及的事情，能大胆表达并说明喜欢班级的理由。

3．对自己班级有一定了解，知道自己所在班级的基本情况。

二、活动准备

经验准备：前期开展"班级之最"活动、幼儿对班级同伴有所了解（通过测量、比较等方式知道班里谁是最高的孩子、谁拍球最多等）、班级开展"我是小帮手"活动、幼儿用绘画的方式记录一件自己为班级做过的事情。

物质准备：PPT课件、绳子（拔河）、小黑板、篮球两筐。

三、活动过程

1．自我介绍，导入活动。

幼儿尝试用"大家好！我是××班的×××"的句式，依次大胆地向他人介绍自己所在的班级和姓名。

2．了解班级，激发对班级的热爱之情。

幼儿自主交流喜欢班级的理由，激发对班级的喜爱之情。

提问：你喜欢你的班级吗？你的班级是什么样的？

小结：中×班真是幸福的大家庭。和蔼可亲的老师，互相帮助的同伴，丰富多样的玩具，优美整洁的环境，都让你们越来越喜欢自己的班级！

3．服务班级，交流自己为班级做过的事。

幼儿结合绘画作品，分享自己为班级、为同伴做过的事情。

讨论：你看到了谁？他们在干什么？谁愿意来说一说。

小结：我们班级的每一个人都为自己的班级做了很多事情。大家都是愿意为班级付出的孩子，在我们大家的努力下，我们中×班肯定会变得越来越好，充满爱和温暖。

4．"班级之最"，进一步加深对班级的了解。

小调查：测测自己对班级情况知道多少。

（1）谁是身高最高的小朋友。

小结：看来你们对班级同伴的身高都很了解，你们真的很了解班级的小朋友。

（2）谁是班级来得最早的人。

小结：小朋友们每天都能早早地来到自己的班级，说明你们真的很喜欢中×班。老师也每天早早地来到班级，布置好环境等待每一个小朋友的到来，中×班真是一个充满爱的班级，让我们每个人心里充满温暖,真的是越来越喜欢中×班。

(3)谁是班级拍球最多的小朋友。

幼儿现场进行拍球比赛,比一比在规定时间内谁拍得最多,谁最遵守规则。

小结:中×班的小朋友们本领真大,有这么多拍球小能手。小朋友们,你们不光了解自己的班级情况,就连自己班级小朋友的本领也很了解。

5. 拔河游戏,感知班级团队的力量。

幼儿与现场的客人老师进行拔河比赛,在体验中进一步激发幼儿的团队归属感和自豪感。

讨论:比赛获胜了心情怎么样?是怎样获胜的?比赛失败了,你还喜欢你的班级吗?为什么?

小结:团结一致会产生强大的力量,恭喜中×班获胜!(中×班这次虽然失败了,但你们为班级努力拼搏的那股冲劲不输客人老师,以后一定有机会再赢!)

6. 观看PPT课件,回顾班级里的快乐瞬间。

教师结合课件中幼儿在班级中与同伴、老师一起快乐生活、游戏、学习的画面,用旁白的方式进行回顾,进一步激发幼儿对自己班级的喜爱和自豪感。

小结:小朋友们和老师一起学本领的快乐瞬间、与小伙伴们一起游戏的幸福时刻,都构成了我们中×班大家庭的幸福时光,让我们继续把快乐带给我们的幼儿园,让我们幼儿园充满欢笑!

活动评析

导入环节短小精悍,开门见山,让幼儿快速进入"我喜欢我的班级"这一主题。"班级之最"环节让幼儿基于前期经验快速了解班级同伴,有助于形成对班级中个体的认识。拔河比赛环节让幼儿在竞争的氛围中提升对班级的归属感。最后的回顾环节,教师做了充足的准备,在旁白与课件的配合下,营造浓浓的幸福大家庭氛围,让幼儿的情感在这种氛围中得到升华。

大班社会活动:幼儿园工作的人们

一、活动目标

1. 通过观察、倾听,知道幼儿园工作人员各自所从事的岗位不同,幼儿园每一位工作人员的辛苦付出与自己是息息相关的。

2. 学会尊重幼儿园工作的每个人,能够运用自己的实际行动去尊重幼儿园每一个岗位人员的劳动成果。

二、活动准备

1. PPT课件"美丽的幼儿园"

2. 匹配图片:老师—教室、厨房阿姨—厨房、保洁阿姨—小花园、门卫叔叔—门卫室(大图卡一份,小图卡人手一份)

3. 轻音乐《夜的钢琴曲十》《快乐大巴》。

4. 微视频《幼儿园工作的人们》。

三、活动过程

1. 走进生活,感受幼儿园的美丽温馨的意境。

(1)观看PPT课件"美丽的幼儿园",在美妙的音乐声中,边观看美丽的幼儿园图片,边听老师有感情地朗诵。

师:美丽的幼儿园温馨的家,这就是我们茁壮成长的地方,阳光灿烂地照在了幼儿园的每一个角落,轻风温柔地抚摸着每一片花瓣。在这里,有着宽敞明亮的教室、干净整洁的厨房、散发出阵阵幽香的小花园,还有那每天开启的小而温馨的门卫室,它们互相簇拥着,露出灿烂的笑脸,好像在对小朋友们说:"你好呀!"

（2）集体梳理并小结："幼儿园的每一个美丽的角落都有着辛勤劳动的工作者。"

师：一所美丽的幼儿园不是自然产生的，它需要不同工作岗位的老师们、叔叔阿姨们共同努力，才能打造出一所美丽的幼儿园。

2. 匹配交流：幼儿园工作的人们与其相对应的岗位。

（1）运用图片，找对应。（初步认知幼儿园的不同岗位）

师：瞧！今天老师给你们带来了一些图片，看图片里都是谁呢？（老师、厨房阿姨、保洁阿姨、门卫叔叔），你们知道他们都分别在幼儿园哪个地方工作吗？幼儿每说出一个，老师逐一出示相对应的图片。

老师还带来了许多幼儿园的图片和幼儿园工作的人们的照片，你们能猜出他们都分别从事着哪个岗位吗？老师逐一出示工作的人的照片，幼儿每说出一个，老师逐一出示相对应的图片。

（2）幼儿集体操作活动（摆一摆、说一说）。

师：刚才这几位小朋友说得真棒！小朋友们仔细想想，自己动手来给他们找对应，幼儿集体进行操作（老师播放轻音乐）。

（3）出示图片：明亮的教室—老师、干净整洁的厨房—厨房阿姨、幽香的小花园—保洁阿姨、小而温馨的门卫室—门卫叔叔。

师：小朋友们都操作好了吗？谁来说一说你都找出了哪些对应的图片？

幼儿每说出一个，老师逐一出示相对应的图片。

（4）幼儿讨论：幼儿园的人们怎样工作。

师：你们知道他们都是怎么去工作的吗？幼儿发表自己的见解，通过交流让幼儿产生兴趣。

师：了解了幼儿园的人们的工作，你们觉得他们辛苦吗？

3. 理解尊重

（1）运用微视频加深幼儿对幼儿园工作的人们辛苦劳动的理解，通过让幼儿来说说自己今后该怎么做，从而在以后的一日行为中能够主动地去尊重幼儿园的每一个工作人员。

（2）学会感谢。

师：你们说得都很好，如果你们能将自己所说的话落实到你们的行动上，它也能给你们带来快乐噢！那我们每人来说上一句感谢的话，乘坐我的"快乐大巴"体验体验好吗？

四、活动延伸

1. 表演区：投放幼儿园工作的人们的服饰供幼儿进行情景表演《幼儿园工作的人》。

2. 益智区：图片匹配（明亮的教室—老师、干净整洁的厨房—厨房阿姨、幽香的小花园—保洁阿姨、小而温馨的门卫室—门卫叔叔）由此开展区域活动，帮助幼儿充分感受并深刻体会"幼儿园工作的人们"的辛苦劳动，从而学会并懂得理解尊重他人的劳动成果。

活动评析

1. 巧用诗歌朗诵《美丽的幼儿园》。为了让幼儿身临其境地感受幼儿园的美丽整洁，教师充分发挥多媒体技术的特点，将PPT课件运用到活动的第一环节，在讲述时配上了优美动听的音乐《夜的钢琴曲十》，让幼儿充分感受美丽的幼儿园的美妙意境，从而调动幼儿对幼儿园认知的积极性。通过图片引发幼儿对幼儿园工作的人们的认知。

2. 实际操作，讨论交流。在此活动的第二环节，教师运用了大量图片让幼儿进行图片匹配，从而能够清晰地辨认幼儿园里不同的工作者。在此环节之后组织幼儿自由讨论，说说幼儿园工作的人们是怎样工作的。在这一系列的实际操作及精心设问下，孩子们情感的闸门逐渐打开，情真意切。

3. 通过"快乐大巴"的游戏让幼儿每人说上一句感谢的话语，从而使得幼儿懂得理解与尊重幼儿园工作的人们。

4. 教师运用了情境体验法、实际操作法等教学方法，调动了幼儿的活动积极性，让幼儿懂得感恩，感谢幼儿园工作的人们，完成了教学活动目标。

2. 通过其他途径培养幼儿集体归属感

在一日生活的各个环节均可渗透幼儿集体归属感的教育。教师可以在环境创设中融入幼儿的作品，或者邀请幼儿一起进行环境创设，增强幼儿的小主人翁意识；在班级管理中，教师可以与幼儿共同制定班规，邀请幼儿做值日生，加强幼儿的责任感和规则意识；对于中、大班的幼儿来说，还可以经常组织团体性质的比赛，在合作与竞争中增强幼儿的集体荣誉感。在具体实施时应注意以下几点。

（1）关照幼儿内心感受，体现幼儿主体地位

在培养幼儿集体归属感时应当尊重幼儿的能力、兴趣和需求。具体表现为：幼儿是活动的主体，培养的目标要根据幼儿的年龄特点和发展需求来制定；活动内容不仅要围绕幼儿集体归属感在认知、行为和情感上的具体指标，还要考虑幼儿的需求和兴趣；活动的实施要以适合幼儿年龄特点及学习方式来进行；活动评价不仅指向幼儿集体归属感的水平变化，也要结合幼儿的个体性差异来进行评价。而教师则为指导活动的主体，在实施主题活动的过程中，充分尊重幼儿的主体性地位，根据幼儿的需求和兴趣及时调整活动内容、活动目标及活动实施的方式，以满足幼儿学习和发展的需要，实现师幼互相促进，共同推进主题发展的状态，促进幼儿归属感的提升。

> **案例分析**
>
> **为什么大班幼儿无视李老师制定的班规？如果你是李老师，你会怎么做？**
>
> **制定班规**
>
> 李老师为大二班的幼儿制定了详细的班规，希望幼儿以后可以遵守这些规则，为了让幼儿更好地理解班规，她让实习老师用彩色卡纸制作了班规板，把每条规则用形象的图形表现出来。午餐前，李老师带领幼儿阅读了每一条规则，同时也将每条规则都解释得清清楚楚。当确保幼儿基本理解了意思后，满意地点点头，并说："孩子们，今后老师就把班规放在班级公约处，老师相信你们都能遵守这些约定，你们能遵守吗？"，孩子们异口同声地回答："能！"然而，接下来的一个月内，绝大多幼儿都无视了班规的存在。
>
> **参考答案**：李老师认识到可以通过制定班规的形式，帮助幼儿意识到班集体的存在并增强幼儿的规则意识。但是在实施过程中却存在一手包办班规的行为，无论是规则的制定、规则的公布还是规则的实施，完全忽略了幼儿的主体地位，以至于幼儿无视班规的存在。其实，从制定班级规则开始，李老师就可以与幼儿共同协商，通过讨论、谈话等形式，一起制定班规；班级制定好后，可以请幼儿将班规用自己的方式"记录"或"画"出来，并公布在班级显眼的位置，让幼儿拥有班级小主人的体验；最后，在班规实施过程中，也可以选派值日生来监督班规的执行情况。

（2）避免教师单一说教，注重多种活动形式的融合

集体归属感是一种心理感受，需要幼儿在充分的体验中获得，单纯地说教只能让幼儿在短时间内机械地认同或服从，但幼儿并未发自内心地认可。因此，在一日生活中应当结合玩游戏、唱歌曲、听故事、实践操作等多种活动形式让幼儿在积极参与、充分感知中获得一系列主观认知和感受。

> **案例分析**
>
> 排队
>
> 今天是大二班小朋友搬到三楼下来做早操的第一天，在下楼之前王老师就已经在班上向全体小朋友提出了新的要求，希望大家在上下楼梯时靠右，排好队，一个跟着一个，不要推挤前面的小朋友，但下楼的时候，还是出现了不少小朋友不排队自己往前冲的情况，王老师就抓住了几位小朋友，站在了楼梯旁，没有让他们跟着队伍下去，王老师留下来训斥违规幼儿，并让违规幼儿罚站了几分钟才让他们去做操。做操结束后发现那几名幼儿排队情况有所好转，但还是有的小朋友等不及，一直在推前面的小朋友，王老师采取了直接点名告知、警告、训斥等处理方式。接下来的一段时间，王老师基本每天都会反复提醒幼儿"上下楼梯做操要排队！不推挤"，对违规的幼儿依然大多采取警告、训斥等处理方式。
>
> **分析：** 在规则的导入与呈现上，教师主要是以提出显性要求为主，通过言语直接将规则内容告知幼儿，而忽视了具有积极意义的融合式教育（如将规则渗透于故事、游戏、视频当中等）。此外，老师在规则修复中，追求某些特定的高效方法，如直接点名、警告和训斥等具有负向性质的方式，而说理、合作解决等方式较少涉及。整体来看，该班老师在这个过程基本遵守"提出要求→反复提醒要遵守→违规给予处理"的流程，每一流程中使用的方式也很单调。其实，用强力实施纪律或使幼儿机械服从，一般效果持续时间短，且不利于幼儿自发主动地遵守规则行为的出现。

（3）关注个体差异，多维度考量幼儿集体归属感

幼儿集体归属感的建立并不是同步的，同一时间，每个幼儿与集体的情感联结程度也是不同的。如何判断幼儿是否建立了良好的集体归属感呢？对幼儿集体归属感的考察可以从幼儿对集体的认同度、幼儿集体的自我体验感、幼儿集体互动参与度、幼儿集体互助倾向四个维度进行。①幼儿对集体的认同度在情感上表现为成员的认同感和荣誉感，在行为上则表现为个体对班级的关心和支持；②幼儿集体的自我体验感主要涉及幼儿自身在班级中获得的感受与体验，以及其自身所展现出的自尊、自信的行为表现；③幼儿集体互动参与度主要包括幼儿对班级活动的参与性，与同伴、教师之间的交往互动等；④幼儿集体互助倾向主要指幼儿在班级中是否愿意主动帮助他人，与班级或与人交往的联结状况和依恋情感。因此，教师可以根据这四个维度基本评估本班幼儿的集体归属感发展程度，并有意识地在个体发展较为薄弱的维度加强。

三、幼儿家乡和祖国归属感培养与活动指导

（一）幼儿家乡和祖国归属感培养的目标

1.《指南》和《纲要》中的目标

关于幼儿家乡和祖国归属感培养的目标，《指南》和《纲要》中都有明确规定。《纲要》明确指出，要"充分利用社会资源，引导幼儿实际感受祖国文化的丰富与优秀，感受家乡的变化和发展，激发幼儿爱家乡、爱祖国的情感""介绍我国各民族和世界其他国家、民族的文化，使其感知人类文化的多样性和差异性，培养理解、尊重、平等的态度"。《指南》中社会领域的子领域

"社会适应"中强调幼儿应对自己的社区、家乡、祖国、民族有所认知，并为家乡的发展、祖国的重大成就感到高兴和自豪。

2. 幼儿家乡和祖国归属感培养的目标

根据《纲要》和《指南》的精神，笔者提出幼儿家乡和祖国归属感培养的目标有以下几点：

①初步认识主要的生活机构和设施及其与人们生活的关系，初步感受具有代表性的家乡人文景观，初步了解家乡特产及家乡风味小吃，萌发喜爱家乡的情感。

②感知我国国名、国旗、国徽、国歌，初步了解我国的著名风景名胜及特产，初步了解国家重大的社会事件，萌发喜爱祖国的情感。

③初步了解本民族的习俗、民间艺术、传统节日，初步知道其他民族和国家的风俗习惯、艺术、传统节日等与自己民族有所不同，萌发对世界文化的兴趣，逐步有尊重其他文化和维护文化平等的粗浅意识，初步有爱好和平的情感。

3. 不同年龄班幼儿家乡和祖国归属感培养的目标

（1）小班

能说出自己家所在的街道、小区（乡镇、村）的名称；认识我国的国旗，知道国歌；初步感知我国常见的传统节日的风俗习惯，体验节日的快乐。

（2）中班

了解周围生活主要的社会机构、社区设施，知道它们与人们生活的关系；能说出自己家所在地的省、市、县（区）名称，知道当地有代表性的物产或景观，具有初步的爱家乡的情感；知道自己是中国人，奏国歌、升国旗时能自动站好；了解重大的节日，感受和体验节日的快乐；初步感知我国的民间艺术和传统文化精品。

（3）大班

幼儿家乡归属感的培养目标：深入了解周围的社会生活，初步了解各社会阶层成员的劳动及其与人们生活的关系，拥有尊敬、热爱劳动者的情感；感知家乡的自然和人文景观。

幼儿祖国和民族归属感的培养目标：深入了解我国的国旗、国徽和国歌，了解我国主要的自然景观和人文景观，认识我国主要的民族文化、主要的物产等，知道国家一些重大成就，为自己是中国人感到自豪，具有爱祖国的情感。

对幼儿世界文化感知的培养目标：初步感知世界著名的人文景观和优秀艺术精品，对世界文化感兴趣，初步认识和了解世界，具有粗浅的多元文化意识与爱好和平的情感。

（二）幼儿家乡和祖国归属感教育的内容

由于幼儿的归属感是一种心理体验，是一种无形的、抽象的情感，但幼儿的年龄特点决定了幼儿需要通过具体的、形象的内容进行学习。因此，教育内容的选择不仅需要依据幼儿家乡和祖国归属感培养的目标，还围绕幼儿的生活，选择具体形象的内容展开，可以从认识家乡、认识祖国、认识民族文化、了解世界文化四大部分进行选择。

1. 认识家乡

（1）幼儿生活的周边环境

如小区的设施设备、公共服务设施等及其与人们生活的关系。

（2）家乡的自然和人文景观

教师可以结合当地具有特色的自然和人文景观开展爱家乡的活动。例如：北京的天安门、故宫、天坛、长城等；湖南的张家界、岳麓山、橘子洲、岳麓书院、凤凰古城等。在介绍景观的同时可以借助图片、视频等素材，还可以根据实际情况开展实地游览的活动。

（3）家乡的特产

家乡的特色物产与小吃作为乡土资源的重要组成部分，对培养幼儿热爱家乡的情感具有独特的优势和重要的价值意义。例如：北京的烤鸭、豆汁儿、涮羊肉；重庆的小面、火锅；武汉的热干面、鸭脖、武昌鱼；长沙的臭豆腐、糖油粑粑；南京的鸭血粉丝汤、桂花鸭、小笼包；西安的羊肉泡馍、肉夹馍等。因为是介绍本地的家乡特产，一般来说，比较容易找到特产的实物。教师在引导幼儿观察了解特产，尝试制作特产，甚至在品尝特产时，幼儿可以自然生发出热爱家乡的情感。

2. 认识祖国

（1）国旗、国歌、国徽

《指南》在教育建议中指出："利用电视节目或参加升旗等活动，向幼儿介绍国旗、国歌以及观看升旗、奏国歌的礼仪。"认识祖国的国名、国旗、国歌、国徽、祖国版图，这个主题可以通过集体教学活动让幼儿认识了解，还可以利用国庆假，在浓浓的节日氛围里认识祖国，形成对祖国的归属感。

（2）祖国的自然和人文景观

由于受到空间和时间的限制，幼儿不可能近距离感受国家的每一个著名景观，教师可以运用幼儿喜闻乐见和能够理解的方式，如观看有关纪录片、收集祖国各地的风景名胜、著名的建筑、独特物产的图片，请去过祖国景观的著名景点的幼儿分享、介绍等方式激发幼儿的自豪感和热爱之情。

（3）祖国的名人

在历史的长河里我国涌现出许许多多为国家和社会发展做出巨大贡献的名人，他们可能在国家政治、经济、文化发展的各个方面贡献了自己的力量，人们现在的生活很可能与他们的智慧息息相关。因此，了解祖国的名人及其事件，能让幼儿为自己是中国人而感到自豪。教师可以通过专门的教育活动，也可以采取名人故居参观的方式进行。

（4）祖国的重大社会事件

幼儿园可以选择当前发生的重大社会事件，也可以选择历史上已经发生的重大社会事件作为教育内容，例如：我国的四大发明、新中国成立、香港回归、澳门回归、北京奥运会、北京冬奥会等社会事件。通过对这些社会事件的了解，幼儿更能感受到祖国的蓬勃发展，进而加深对祖国的归属感。

3. 认识民族文化

（1）节日文化

节日文化分为三大类，一是中国传统节日，二是西方传统节日，三是国际重大节日。幼儿园实施节日教育，通常要根据幼儿的身心发展特点，为幼儿提供具体而生动地感受节日文化，体验节日习俗的生活场景，从而促进幼儿进一步认识和理解相关节日文化及其精神内涵，感受节日中丰富的人际关系，积累社会交往经验，并实现相关情感、行为与能力等方面全面和谐的发展。

中国的传统节日形式多样、内容丰富，是中华民族悠久历史文化的重要组成部分。我国的传统节日，有着深厚的文化底蕴和人文关怀，无论春节、清明、端午、中秋，还是七夕、重阳、元宵，这些传统节日都有内涵丰富、各具特色的礼仪文化、餐饮文化、服饰文化、娱乐文化，并留下了贴对联、放鞭炮、祭祀扫墓、赛龙舟、吃年夜饭、吃粽子、吃月饼等非物质文化遗产。幼儿园可以根据传统节日的主要习俗，创设节日环境，选取适合幼儿体验的具体活动内容，让幼儿感受中国传统节日的氛围（表6-1）。

表6-1　我国主要传统节日习俗与幼儿园相关活动内容

节日名称	节日习俗	幼儿园主要活动内容
春节	吃年夜饭、守岁、放鞭炮、贴对联、拜年	剪窗花、贴春联、买年货、放鞭炮、包饺子、领红包、拜大年、唐装秀等
清明节	祭奠先人、插嫩绿新枝、行礼祭拜	制作菊花、做花环、听烈士故事
端午节	挂艾叶菖蒲、赛龙舟、吃粽子等	听屈原的故事、做粽子、做香包、戴五彩绳
中秋节	赏月、吃月饼	听嫦娥奔月的故事、做月饼、赏月等

西方的传统节日也可作为幼儿社会教育的资源，让幼儿感受不同的节日文化，萌发对不同文化的兴趣，形成初步的多元文化意识。西方的传统节日包括圣诞节、感恩节、母亲节等。

国际重大节日有元旦节、"五一"国际劳动节、"六一"国际儿童节等，不同的节日有不同价值。例如，教师可利用劳动节引导幼儿认识身边的劳动者，了解他们的工作内容与职责，感受他们的辛勤付出，感受自己作为社会中一员的幸福与自豪，从而形成归属感。

（2）生活文化

生活文化与人们的生活息息相关，包括服饰、饮食、建筑、交通等内容。①服饰文化，如我国少数民族的服装、中国的汉服、西方的西服等。②饮食文化，不同的文化背景下饮食结构和饮食习惯大不相同，可以重点关注不同国家、不同民族的餐具和进餐习俗，也可以让幼儿制作、品尝不同国家、不同民族的食物。③建筑文化，由于设计、建造、雕塑、装饰、布置、制作的不同，形成了独具特色的房屋、洞穴、桥梁、墙垣、道路、水利、家具等构筑物。④交通文化，受地理环境的影响，不同地方的人们发展出各具特色的交通工具，如威尼斯小艇、雪橇、香港叮叮车等。这些生活文化既可以帮助幼儿形成对自己民族文化的归属，又能萌发幼儿尊重不同文化的意识。

（3）民间艺术

民间艺术是劳动人民在长期与自然和谐生存与发展的过程中体现劳动人民智慧的结晶。民间艺术包括民间歌曲与戏曲、民间乐器、民间音乐表演、民间美术工艺、民间游戏等。

民间歌曲与戏曲包括适合儿童年龄特点的、节奏鲜明的儿歌、小调、游戏歌、劳动号子、趣味歌、数字歌、问答歌、友情歌、亲情歌、节日歌等民间歌曲，以及那些民间摇篮曲、舞曲、小调、号子、皮影戏、手偶、木偶戏及各地地方戏等民间戏曲。民间乐器包括打击乐器、管乐器、弦乐器、弹拨乐器等各种民间乐器。民间音乐表演包括秧歌、少数民族舞蹈、对歌、赛歌等，都为各民族儿童所喜爱。民间美术工艺由那些花样百出、五彩斑斓、巧夺天工的民间剪纸、竹艺、年画、版画、印染画、工艺画、水墨画、刺绣、泥塑、扎染、中国结、民间雕塑、建筑和民间玩具等构成；民间游戏包括滚铁环、丢沙包、推小车、抽陀螺等。丰富多彩的民间艺术能融入到幼儿的日常生活之中，使幼儿在感受、体验和表现的过程中兴趣盎然、意犹未尽，逐渐形成对民族的归属感。

4. 了解世界文化

对世界文化的了解是为了更好地感知多元文化，尊重不同的民族和文化，为成为合格的世界公民做好准备。世界文化包括了世界上的国家和人种、世界上主要国家的文化和艺术，以及世界上的著名的自然和人文景观等。

（三）幼儿家乡和祖国归属感培养的途径

1. 通过专门的社会教育活动培养幼儿对家乡和祖国的归属感

集体教学活动的主要特点有：幼儿园集体教学活动是幼儿园教师预设和生成的教育活动；是

教师发起幼儿全程参与的活动；是围绕一个主题展开的活动。它的主要功能是：梳理总结并提升幼儿在日常生活中获得的经验，形成相对系统的知识体系，促进知识的迁移和应用。

案例分析

结合下面的案例，思考应当怎样做好集体教学中的幼儿家乡和祖国归属感教育。

【案例1】

大班社会活动：我是中国人

在大班"我是中国人"的主题活动设计过程中，教师了解到班上有很多小朋友都去过北京，认为这是很好的教育资源。所以，教师设计了以北京为主题的集体教学活动，并把活动目标设定为：了解北京的建筑和景点，能够用较连贯的语言来表达自己对北京的认识，萌发热爱祖国的情感。并在活动实施前，请幼儿回家找一找有关北京的标志性建筑或景点的图片。

活动当天，有几位小朋友带来了他们去北京的照片或是北京的标志性建筑图片。教师邀请去过北京的小朋友以小导游的身份来介绍景点，以此激发其他小朋友的兴趣。然而，活动效果并不理想。刚开始还有几个小朋友似乎愿意来做小导游，但当小导游上场时，要么说得很少，要么说不出来，期间还多次出现冷场。其他小朋友也越来越不耐烦，后来干脆自顾自地玩了起来。教师见状便立刻声情并茂地为幼儿做起了介绍，但教师仍可以感觉到孩子们兴趣都不大，更别说萌发他们热爱祖国的情感了。

案例评析： 教师能够在集体教学活动之前请幼儿找寻北京的标志性建筑或景点图片，说明教师有意识地在丰富幼儿的前期经验。但是在活动实施中，老师并未利用好幼儿找到的关于北京的标志性建筑或景点图片，而让去过北京的幼儿当小导游，介绍自己去过的景点。对于当小导游的幼儿来说，对他们的语言表达、记忆力都是挑战；对于作听众的幼儿来说，需要有较强的专注力、理解能力和想象力才能理解同伴对陌生建筑或景点的介绍。此外，该活动的形式也较为单一，幼儿很容易失去兴趣。因此，教师在设计该活动时应当考虑幼儿的前期经验、能力特点、该主题的核心价值等问题，并思考如何在活动实施中用合适的方法达成活动的目标。

【案例2】

品茶大会

中国是茶的故乡，茶文化是中华五千年历史的瑰宝，如今更是风靡全世界。春天到了，李老师在和小朋友一起外出踏青时，小朋友们指着满山的茶树，很是新奇。品茶是一种极优雅的艺术享受，教师为了让孩子们也能接受这样的艺术熏陶，组织了一次"品茶大会"。在这次活动中，教师的活动目标是引导幼儿初步认识生活中常见的茶，品尝它们的味道；欣赏品茶的程序，感受美好的品茶氛围。这不仅仅是因为喝茶对人体有很多好处，更因为品茶本身就能给人们带来无穷的乐趣。

在活动过程中，李老师首先播放品茶视频，并与幼儿交流："小朋友们，知道阿姨们在干什么吗？""你感觉怎么样？"然后李老师示范品茶过程，引导幼儿了解品茶程序；接下来李老师请幼儿展示自己带来的茶叶并介绍相关的知识；最后，李老师完整展示泡茶过程，并与幼儿一起品茶，感受品茶的悠闲氛围以及身心的安宁放松。最后，李老师对茶文化进行总结。该活动的实施过程中幼儿兴趣浓厚，达到了预期效果。

案例评析： 案例中的李老师在与幼儿的相处中善于发现幼儿的兴趣点，并将之转化成幼儿园活动。随后，在"品茶大会"的集体教学活动设计中，李老师通过"导入→引导幼儿了解→组织幼儿操作体验→总结"四个环节，让幼儿对茶叶知识、品茶过程、品茶礼仪等茶文化有了生动的认识。活动中教师借助视频导入，引发幼儿兴趣；通过操作演示、幼儿分享，让幼儿对茶叶与品茶程序有了初步认识；随后请幼儿品茶，感受品茶的氛围；最后进行总结，落脚到对中国茶文化的喜爱。

通过社会领域集体教学活动培养幼儿对家乡和祖国的归属感，教师需要将涉及家乡、祖国的知识体系进行整理提炼，选择适宜的主题，通过集体教学活动开展活动。教师还需要了解幼儿的发展状况，根据幼儿的实际水平来设计教学活动。在组织集体教学活动时，需要注意以下几个问题：①本次集体教学活动的主题选择是否具有前期经验积累？主题有哪些价值？其核心价值是什么？②本次集体教学活动的内容选择是否能够拓展幼儿的经验与知识？③本次集体教学活动的实施过程是否符合幼儿的身体发展特点？如何根据其核心价值来实施本次活动？

（1）专门以家乡和祖国归属感培养为主要目的集体教学活动的基本环节

①引出活动主题，激发幼儿兴趣。导入主题的方式一般可以通过激发幼儿视、听、嗅、味、触五感来进行。具体来说可以通过引导幼儿看图片、欣赏视频资料、表演，引导幼儿听歌谣、音乐，引导幼儿品尝等方式调动幼儿对新鲜事物的兴趣。例如，教师可以请幼儿欣赏具有民族特色的音乐、舞蹈、服饰等方式导入；教师可以请幼儿品尝特色美食的方式引发幼儿的兴趣。

②帮助幼儿理解家乡或祖国的相关知识。一般来说，幼儿对家乡或祖国有粗浅的认识，有一定的前期经验，所以可以调动幼儿以往的知识经验，并让幼儿接触新的、幼儿不熟悉的知识经验。这一环节切忌以教师讲授为主，应当引入游戏、情景表演等方式，让幼儿感受家乡与祖国的美好。例如，在百家姓的活动中，教师让幼儿找找教师中与自己姓氏相同的人与不同的人，引导幼儿发现中国人姓氏的多样性。

③组织幼儿自主体验操作并自由表达。幼儿的表达方式多种多样，他们可以通过语言、绘画、音乐、舞蹈等方式表达自己对家乡或祖国的认识和情感。

④总结家乡或祖国的相关知识。这个环节主要是对所学习的家乡和祖国的相关知识等进行小结。这一环节短小精悍，以教师总结为主，幼儿也可以共同参与。总结的内容要涵盖本次活动的重点，不必面面俱到，最终应落到对家乡和祖国的归属，或对不同文化的尊重。

值得注意的是，该类活动的四个环节仅是基本环节，教师可以根据本班幼儿的兴趣需要、年龄特点、课程资源等进行调整。

（2）幼儿家乡和祖国归属感教育活动设计与组织的注意事项

①依据适宜性发展理论预设与生成教育活动目标。目标是每个活动实施的方向，也是活动评价的标准。教师会根据活动目标选择相应的内容，并根据每一个内容预设相应的活动方案。在每一次的活动过程中教师应以幼儿的适宜性发展为基础，根据幼儿已有经验的获得情况以及幼儿的兴趣和可以利用的相关资源，随时调整活动目标，把握好活动目标的预设与生成，让幼儿得到更多的启示和发展。奥苏伯尔认为应当把学习者原有的知识经验作为新知识的生长点，才能引导学习者从原有的知识经验中生发出新的知识经验。这就说明教师应把幼儿的已有经验作为组织教育活动的基础。在《指南》中，社会领域的教育目标大多数是从社会行为的角度进行表述的，这就要求教师在设计集体社会活动时应以"社会行为"为导向，让幼儿在实践行动中自主获得知识与情感体验，这样的自我建构才是完整的、充分的，从而实现知行合一、知情合一。为此，教师应根据教育目标，设置具体的活动情境，或者让幼儿在真实的生活情境中，通过观察说出自己发现的问题，然后在教师的引导下共同解决这些问题，并讨论解决问题方法的适宜性。教师还可以从

孩子们的表现中抽取典型行为，以其为榜样，为其他幼儿树立包含具体行为的典型，这不仅符合幼儿形象思维的特点，而且符合幼儿爱模仿的心理特点，有助于促进幼儿社会性的发展。

②整合周边文化资源，贴近现实生活选择社会文化教育活动内容。陈鹤琴先生指出，"大自然、大社会都是活教材"，"大自然、大社会都是儿童自己的世界，是儿童生活的环境"；皮亚杰曾经说过：人是在与周围环境的相互作用下发展的。人是社会中的人，人的生存脱离不了真实的生活环境。因此丰富的自然环境、社会文化都可以成为促进幼儿社会性发展的有利资源。每个城市、每个地方都具有其独特的自然与文化资源。教师可以充分利用本土文化资源组织教育活动。例如：可以带领幼儿到市郊，走进田野认识各种农作物，了解他们的生长过程，体验劳动的快乐；利用当地丰富的历史文化资源，使幼儿了解城市以及民族的进化历程等，最大化地挖掘社会文化资源的教育价值，为幼儿提供更大的活动和学习空间，提供更多的机会了解社会、走进社会，培养他们爱家乡爱祖国的情感。

③关注体验与实践，注重拓宽教育的活动方式。《纲要》中对"教育内容与要求"明确指出：在对幼儿进行教育时，不仅要关心幼儿是否学到知识，而且更应关注幼儿是否获得了体验，体验到了什么，应追求什么样的体验，如何来表达自己的体验等。现代儿童心理发展理论揭示：幼儿的学习不同于中小学生的学习，幼儿的学习与其亲身体验密不可分。因此，在幼儿教育中幼儿的体验是至关重要的，是促进幼儿身心发展的一条有效途径。体验是从对事物的感受开始的，体验是最真实的一种心理感受。它来自于生活，又扎根于内心。只有来源于幼儿的生活，并服务于幼儿的生活的教育，才能真正体现教育的真谛。通过实践活动，教师引领孩子走进生活、走进自然、走进社会，在情感体验式的活动实践中，幼儿感受到生活、自然、社会的丰富多彩、快乐有趣。

[知识点视频]
如何培养幼儿对家乡和祖国的归属感

④注重反思与交流，不断提升教师对该类教育活动的实施能力。每次活动结束，教师和幼儿一起说说在活动中发生的所见所闻所想，通过师幼、幼幼的交流，帮助幼儿梳理在活动中的经验认知，提升活动经验，提高活动的能力。为下一次实践活动或者延伸活动做铺垫。比如，说说你在活动中遇到了什么困难？是怎样解决的？你有什么问题吗？等等。在培养幼儿的口语表达能力的同时，也为教师更好地把握孩子的兴趣点，以便进行下一步的活动搭建更好的学习支架。

大班社会活动：家乡变了样

活动目标
1. 感受家乡的变化，为自己家乡的变化感到自豪，有归属感。
2. 能大胆表达，以完整、连贯的语言表达对家乡变化的认识。
3. 尝试畅想未来家乡的变化，以绘画的方式进行表现。

活动重难点
重点：感受家乡的变化，为自己家乡的变化感到自豪，有归属感。
难点：能以完整、连贯的语言大胆表达对家乡变化的认识，尝试畅想未来家乡的新变化。

活动准备
1. 已欣赏过家乡旧貌的图片或视频。
2. 音频《卡农》；"家乡变了样"旧貌与新景的相关图片。

活动过程
1. 相互交流讨论，调动已有经验。
（1）师幼交流：说一说自己的家乡。
提问：你的家乡在哪里？它给你怎样的感觉？你最喜欢家乡的什么？

（2）请个别幼儿在集体中表达，其他幼儿可以补充。

2．观察"家乡变了样"的图片，感受家乡的变化。

（1）教师提问，幼儿分享自己的认识。

提问：你知道家乡以前是什么样子吗？和现在比起来，有什么不同？

（2）幼儿随着音乐欣赏图片，教师做简略介绍。

（3）请幼儿回顾所观察的图片内容。

提问：从前的家乡给你怎样的感觉？从以前至现在，人们的穿着服饰、食物、住的房子、交通分别有了怎样的变化？你更喜欢什么时候的家乡？为什么？

3．大胆表达自己对家乡变化的认识。

（1）引导幼儿讲述自己对家乡变化的感受。

提问：家乡的变化给你怎样的感受，你有什么样的看法？你认为有可能是谁带给了家乡变化，他们做了什么？谁能用一段完整的话来说一说？

（2）相互交流：看了家乡的变化，你想对家乡说什么？

4．愿意为家乡做事，能以绘画的形式表达对家乡的情感，表现自己的创想。

（1）鼓励幼儿交流，激发幼儿的责任意识。

提问：为了让家乡变得更加美好，你想为家乡做点什么？

（2）出示画纸，引导幼儿想象、思考。

提问：家乡还会有怎样的变化，会变成什么样？

（3）幼儿自由作画，教师观察指导，鼓励幼儿相互介绍、展示自己的作品，分享对未来家乡的创想。

活动评析

1．本活动的重点贯穿始终，教师可引导幼儿通过图文或视频等途径，以提问、小结等策略予以实施；同时，活动中运用到的"家乡变了样"旧貌新景的图片，为了更贴近幼儿生活，建议教师根据所在市、县的具体情况进行准备。本次活动难点的突破，教师一是要把握整个活动组织中与语言领域目标的结合，即在各个环节以要求、及时评价等方式，有意识地引导幼儿运用完整、连贯的语言大胆表达对家乡变化的认识；二是要有效利用与艺术领域的整合，即支持、鼓励幼儿采用语言和绘画的方式，尝试创造性地表达、表现未来家乡的新变化。

2．活动中可以引导幼儿多表达自己对家乡的情感，当幼儿不能讲述清楚时，教师应及时鼓励并给予相应的帮助。

3．活动后可在美工区提供绘画材料，帮助幼儿进一步完善《未来的家乡》这一作品。

4．请家长为幼儿寻找老照片（如从前的家、祖父辈时的照片等），与幼儿一同欣赏、交流。

大班社会活动：百家姓

活动目标

1．感受中国姓氏的丰富多样，对中国传统姓氏文化感兴趣。
2．能积极主动地与人交流自己的姓，理解同姓与异姓、单姓与复姓以及姓氏的传承。
3．了解中国人名字中的姓，感知中国姓氏文化的多样性。

活动准备

物质准备：记号笔、白纸、音乐《百家姓》。

知识准备：幼儿已会认读自己的姓、了解家人的姓。

[活动视频]
百家姓

活动过程

1. 介绍自己的名字。

师幼分别介绍自己,引出主题。

2. 知道"百家姓",了解中国姓氏的多样性。

(1) 找自己的姓,引出"同姓"。

指导语:你们有没有发现,刚才我们介绍的名字,都是由姓和名组成的(出示教师的姓名汉字卡),你姓什么?找出自己姓氏的汉字卡。

(2) 找同姓和异性,引出单姓和复姓,感知姓氏文化的多样性。

①寻找幼儿园里与自己同姓和异姓的小朋友、老师,说说他们的姓和名。

②通过与客人老师交流,感知姓氏的多样。

③结合司马光砸缸的图片,引出复姓:司马、诸葛、慕容等。

(3) 通过寻找家人的姓,引出姓的传承。

①寻找家里与自己同姓的人,发现姓的传承。

指导语:你家里人姓什么?有谁和你同姓?有没有想过,为什么你会和你的爷爷、爸爸同姓呢?

②结合图谱,了解姓的传承。

3. 丰富幼儿关于姓氏文化的感知。

(1) 观看《百家姓》的PPT课件。

(2) 引导幼儿了解更多关于中国姓氏文化的内容。

活动延伸

1. 家园共育:引导幼儿回家与爸爸妈妈探讨不同的姓氏,调查家族中每个人的姓氏并找出相同与不同的姓氏。

2. 环境创设:将百家姓中常见的姓氏制作成姓氏墙。

活动评析

中国的姓氏文化博大精深,源远流长。幼儿知道、熟悉自己的姓名,但可能还不了解自己名字是由姓和名组成,也并未发现中国人姓氏中的秘密。教师设计的此次活动与幼儿生活息息相关,幼儿有充足的前期经验,也借助了图片、视频等手段将抽象的文字具象化。但留给幼儿的操作体验机会有待加强,活动趣味性也有待增强。建议加入"听姓氏站起身""姓氏萝卜蹲"的游戏,既考验幼儿对自己和同伴姓氏的熟练度,也增添了活动的趣味性。

大班社会活动:了不起的中国制造

[活动视频
了不起的
中国制造]

活动目标

1. 感受中国制造的强大,萌发对中国的热爱与自豪感。

2. 知道一些中国制造的东西以及国家的一些重大成就。

3. 主动和同伴交流有关中国制造的东西,能大胆表达对中国的热爱。

活动准备

物质准备:PPT课件;"中国制造"短视频;中国传统玩具、亲子收集的"中国制造"相关资料(调查发表、实物等),布置成展览区、体验区;小国旗人手一面;《我爱你,中国》歌曲。

经验准备:幼儿已提前和家人了解一些"中国制造"的相关信息。

活动过程

1. 师幼共读绘本第一部分,引入话题。

引导语：外国的小朋友喜欢哪个国家？为什么？莹莹呢？你们同意莹莹的观点吗？为什么？

小结：外国小朋友喜欢中国，因为他们从早到晚用的东西都是中国制造的，而且中国人民非常善良。莹莹因为看到了外国制造的玩具，就觉得中国不如外国，其实中国也有很多了不起的中国制造！

2. 师幼交流，初步感受中国制造的"了不起"。

（1）幼儿分享调查表及中国制造的物品。

引导语：你介绍的中国制造是什么？它给你的生活带来了什么变化？

（2）教师介绍展览区、体验区，幼儿自由参观、体验。

（3）分享交流：你了解了哪些中国制造？你喜欢哪些中国制造的东西？如果没有它们，我们的生活会怎么样？

小结：原来我们生活中有这么多中国制造的东西，我们吃的、穿的、用的，大都是中国制造，它们给人们的生活带来了便利、乐趣，它们很了不起！

3. 观看"中国制造"的视频/图片，引导幼儿进一步感受中国的伟大。

教师依次播放"中国制造"的视频/图片。

引导语：看完这些中国制造，你们有什么想说的吗？

小结：我们中国制造这么强大，生活在中国可幸福了！作为一个中国人我们感到非常的骄傲和自豪，我们也要好好珍惜现在的生活。

4. 师幼共读绘本的第二部分，自然结束。

引导语：你们爱我们的中国吗？这本书的名字就叫作《我爱你，中国》，你会用什么方式表达对中国的热爱？

分发小国旗，在"我爱你，中国"的音乐声中结束活动。

2. 通过其他途径培养幼儿对家乡和祖国的归属感

（1）区域活动中的幼儿家乡和祖国归属感培养

相比于集体教学活动的统一性，区域游戏作为一种基于结构化的环境创设和材料投放的自主活动，可以给幼儿提供大量的机会，让其了解家乡和祖国，体验社会和世界的多样性。为此，教师需要从以下几个方面着手：

①依据家乡和祖国的特点，进行区域整体环境创设和材料投放。教师可以利用环境创设的时机呈现家乡和祖国的相关特点，比如说在展示区呈现不同国家最具代表性的建筑和景点剪影以及不同国家不同节日的照片；在表演区呈现不同民族的特色服饰；在运动区投放不同地区不同民族特有的运动材料等。

②符合多元文化特点，创设富有地方特色的游戏区域与材料。例如：在手工区域投放有关剪纸、刺绣等有当地特色文化代表性的材料，鼓励幼儿模仿并帮助幼儿创造性地体验剪纸或刺绣等手工艺术的乐趣；在户外活动中可以适当地运用当地文化进行引导，比如舞龙舞狮、踩高跷等极具地方特色的活动等。

（2）在其他领域中渗透幼儿家乡和祖国归属感培养

其他领域教育活动虽然并不是以发展幼儿家乡和祖国归属感为首要目标，但同样能加强幼儿对家乡或祖国的认识与理解。幼儿园集体教学活动是一种整合性的教学活动，每一领域并不是单独实施和运行的，都需要其他领域教学活动的配合与支持。例如，美术集体教学活动也可以运用中华传统民间艺术，如景泰蓝、水墨画等；又如，在音乐活动中开展认识二胡、古筝的活动，可以使幼儿了解中国民族乐器的外形、音色、材质等特点，让幼儿潜移默化地了解中华民族文化之美。

> **案例**
>
> **大班主题活动：快快乐乐过中秋**
>
>   秋季学期开学不久就是国庆和中秋双节。很多家长接送孩子的时候会相互谈到节日安排。家长离开之后，小朋友也围坐在一起谈论起来。小宝说："你们知道中秋节是怎么来的吗？"佳佳说："是因为那天的月亮最大最圆。"童童说："我看过电视，是因为猪八戒要去月亮上面找嫦娥。"……听到这里，张老师觉得小朋友对于我国传统的中秋节的认识有所偏差，正好可以趁着这个机会组织一个有关中秋节的活动。
>
>   **分析：** 上述案例的教师在听到幼儿的交谈后发现幼儿对于我国传统节日的历史不甚了解，如不及时纠正，对幼儿的知识体系的发展会产生负面的影响。一般来看，家长会带领幼儿参与节日活动，感受节日习俗，但忽视了对节日的来历、节日背后的故事的挖掘。教师及时地发现了问题所在，认为大班的幼儿已有一定的知识经验，可以以中秋节的历史发展为主题，与家长、社区合作进行活动组织。

（3）家、园、社区协同共育中的幼儿家乡和祖国归属感培养

  家园协调共育，就是指幼儿园和家庭、社区都把自己当作促进幼儿发展的主体，双方积极主动地相互了解、相互支持，通过幼儿园与家庭的双向互动共同促进幼儿的身心健康发展。《纲要》指出："家庭是幼儿园重要的合作伙伴，应本着平等、尊重、合作的原则争取家长的理解、支持，主动参与并积极支持、帮助家庭提高教育能力。"

  家园合作是幼儿健康成长的需要，幼儿园与家庭的教育优势互补，有利于教育资源的充分利用。一方面，幼儿在园获得的知识、经验能够延续到家庭中，在家庭中得到巩固和发展；另一方面，在家庭中感受到的较为零散的活动经验能够在幼儿园中得以扩展、提升。家庭和幼儿园是影响幼儿身心发展的两大环境，必须同方向、同步调才能达到1+1>2的效果，才能全方位、全学程地增强幼儿对家乡和祖国的归属感。

> **拓展资源**
>
> **大班主题活动：美丽的湖南**
> （长沙师范学院附属第二幼儿园提供）
>
>   在以"美丽的湖南"为主题的主题活动中，教师充分利用家庭和社区资源，与家长、社区相关人员进行合作，形成以下家园合作方案。
>
> **"美丽的湖南"家园合作方案**
>
> | 活动名称 | 关键经验 | 活动内容及建议（家庭或社区） | 活动内容及建议（幼儿园） |
> | --- | --- | --- | --- |
> | 优秀摄影师 | 欣赏、发现生活中的美 | 家长和幼儿一同外出游玩，并分别拍下自己认为的家乡美景，最后由其他家人担任评判，评选出"优秀摄影师" | 请幼儿将拍下的家乡美景图带来幼儿园，为同伴介绍 |

续表

活动名称	关键经验	活动内容及建议（家庭或社区）	活动内容及建议（幼儿园）
湘绣城	丰富认知，在听不懂或有疑问时能主动提问	家长带幼儿前往湘绣城游赏，引导幼儿了解湘绣工艺的制作过程，鼓励幼儿主动提出问题，表达自己的感受，尝试参与制作	开展相关教学活动，邀请家长一同收集湘绣工艺品，师幼共同布置湘绣
说方言	丰富对家乡方言的认识	每天用方言与幼儿进行一定时间的交流，玩"猜方言"的游戏	在语言区设置"方言聊天室"
湖南省博物馆	欣赏不同时期的艺术精品，了解民族文化	带幼儿前往博物馆，提醒幼儿注意倾听讲解员的讲解、介绍，鼓励幼儿大胆提问	在餐后时间，请幼儿分享自己的观察感受，展示拍摄的照片
吃遍湖南	清晰、连贯、大胆地表达自己的见解	邀请几个家庭共同开展湖南特色美食聚会，每组家庭准备不同的特色美食，请幼儿为自己家庭准备的食品做介绍	以"我爱吃的湖南美食"为话题，组织幼儿谈话
我为家乡宣传	丰富对家乡特点的认识，培养自豪感	与幼儿共同商讨、收集图文资料，制作家乡宣传海报	收集幼儿的宣传海报，与幼儿共同布展，并介绍自己的设计
家园同乐会	自信、大胆、富有创造性地进行表演	与幼儿共同排演湖南戏曲、方言相声、歌曲等节目，开展家园同乐会，在集体面前表演	与幼儿共同排演湖南戏曲、方言相声、歌曲等节目，开展家园同乐会，在集体面前表演
名人故里	为自己是湖南人感到自豪	带幼儿前往名人故里（如韶山市毛泽东故居、长沙县杨开慧故居、宁乡市花明楼刘少奇故居、汨罗市任弼时故居、望城区雷锋纪念馆等），为幼儿讲述他们的故事	请幼儿为同伴介绍自己的参观感受，分享旅途故事
小小调查员	运用简单的方式记录和统计数量	家长指导幼儿制作统计表，对父母、亲友及自己喜欢的湖南特色食物、风景名胜区进行调查统计（如最喜欢的湖南特色美食是臭豆腐的有几个人，最喜欢的湖南风景区是岳麓山的有几人等）；统计记录时，家长可与幼儿一同商量各种记录符号或标记	教师可收集幼儿的家庭调查统计表，并进行展示

（4）利用节日活动培养幼儿家乡和祖国的归属感

丰富多彩的节日是人类文化的重要组成部分，其中中国传统节日是中华文化的精髓，幼儿园可以充分利用节日活动，帮助幼儿拓展节日相关文化知识，培养幼儿对祖国的归属感，将中国传统节日文化传承下去。

教师在确定节日活动目标时要兼顾知识、技能与情感三大维度的目标，同时要根据不同幼儿的身心特点，有针对性地制定活动目标，贴近幼儿身心发展规律。例如，同样是针对春节的活动，小班活动目标可以是初步了解春节的基本习俗，能用喜欢的方式表达自己的情绪体验；中班的活动目标可以是在了解基本习俗的基础上认识春节的来历和习俗，主动参与各项春节活动，加深节日体验；大班的活动目标可以是通过多种途径了解我国南北方春节、海外华人过春节的不同，感受春节合家团圆的氛围，理解春节对中国人的重要意义，大胆想象和创造，用不同的形式表达自己的理解和感受。

在活动内容的选择上，同样要根据幼儿的身心发展特点来确定。针对小班幼儿理解、表达能力较弱的特点，教师可以选择通过五感感知的方式让幼儿了解一些粗浅的节日知识；中班幼儿的具体形象思维占有优势，口语表达能力提升，教师可以选择有一定理解难度且更加丰富全面的节日知识，如帮助幼儿熟悉常见节日的来历；大班幼儿的身心发展水平有了较大提升，教师可以拓展不同地域的节日差异，挖掘节日背后的内涵，引导幼儿积极参与节日活动，感受节日的多样性和差异性。

在节日活动的实施过程中要将集体教学活动、游戏活动、环境创设、家园共育、日常生活活动等途径融为一体，让幼儿全方位感受节日文化、体验节日习俗、感受文化的魅力，逐渐在活动中增强对祖国的归属感。

课后练习◎

课后思考：

1. 结合本单元的内容，说说归属感的内涵与意义。
2. 简述幼儿归属感的发展特点。
3. 思考如何在归属感教育中处理好文化尊重与文化自信的关系？

实训练习：

1. 请以幼儿归属感培养为目的，自选主题与年龄班，设计一个幼儿归属感教育的活动方案，并模拟试教。
2. 收集家乡或社区的特色教育资源，分析这些教育资源的价值及融入幼儿归属感教育的策略。

案例分析：

你如何看待以下案例中主班老师的做法？请从幼儿班级归属感培养的角度分析该案例。

调皮的淼淼

大二班的淼淼是班级公认的"调皮大王"。区域活动时间，小朋友们根据大二班的班规进入到区域内游戏，晚到的淼淼看到"小银行"就往里冲，但此时已经有5个小朋友在这个区域了，班级也明确规定，"小银行"最多只能有5个幼儿同时游戏，淼淼不顾该区域中其他小朋友的反对，坚持要待在里面。盥洗时间，小朋友们排队如厕、喝水，淼淼却突然用力推了一把前面的——，——差点跌倒。集体教学活动时，小朋友们正在认真听故事，突然听到教室里有说话的声音，原来是淼淼又开始找旁边的小朋友聊天。

第二天，主班老师决定组织一次班会，让淼淼等几个调皮的孩子轮流做班级值日生，并宣布值日生是老师和班级的小助手，主要负责提醒不遵守班级规定的小朋友。

第七单元 幼儿社会教育评价

学习目标

① 了解幼儿社会性发展评价与幼儿社会教育活动评价的意义和内容。

② 掌握幼儿社会教育活动评价的方法，并熟练运用幼儿社会性发展的评价方法。

③ 能够对具体的幼儿社会教育活动做出分析和评价，并对活动质量提升提出针对性建议。

学习导图

- 幼儿社会教育评价
  - 幼儿社会性发展评价
    - 幼儿社会性发展评价的意义
    - 幼儿社会性发展评价的内容
      - 幼儿自我系统发展评价
      - 幼儿情绪情感发展评价
      - 幼儿社会交往发展评价
      - 幼儿品德发展评价
    - 幼儿社会性发展评价的方法
      - 观察法
      - 情景测验法
      - 谈话法
      - 问卷法
      - 社交测量法
  - 幼儿社会教育活动评价
    - 幼儿社会教育活动评价的意义
    - 幼儿社会教育活动评价的内容
      - 活动目标
      - 活动内容
      - 活动准备
      - 活动过程
      - 活动效果

案例导入

为了培养幼儿的奉献意识，幼儿园教师精心组织了一次为贫困山区孩子捐钱、捐物的活动。在活动的开始环节，教师首先向幼儿介绍了贫困山区孩子的生活状况，并通过多媒体对山区孩子的生活环境做了形象的展示，孩子们看了之后很受感触。紧接着，教师对孩子们说，大家可以通过捐款、捐物的方式来帮助这些贫困山区的孩子，台下幼儿的积极性立刻调动了起来。第二天，有的孩子带来了钱，有的孩子带来了新衣服，还有的孩子带来了文具用品。也有几个幼儿由于家境贫困，捐赠了自己亲手制作的玩具、积攒的零钱等。本来幼儿能够有捐赠的行为应该是值得表扬的，但是在最后的评价环节，教师却以金钱为标准，着重对几个捐钱、捐物多的幼儿做出了表扬，而为了捐赠精心准备的其他幼儿瞬间变得失落起来，可以看出，他们的幼小心灵受到了打击。

理论阐释

该幼儿园老师组织的"捐钱、捐物"活动有哪些优点？有哪些不足及需要改进的地方？在进行幼儿社会教育评价时，应该如何科学评价幼儿的社会性行为？如何客观评价老师的社会教育活动？本单元将走进幼儿社会教育评价。

项目一　幼儿社会性发展评价

幼儿社会性发展评价是根据幼儿社会性发展的目标，运用教育评价的理论和方法，对幼儿社会性发展进行有目的、有计划的价值判断的过程。幼儿社会性发展评价不仅是幼儿发展评价的组成部分，也是幼儿社会教育评价的重要组成部分。对幼儿进行社会性发展评价是科学开展幼儿社会教育的前提。

一、幼儿社会性发展评价的意义

幼儿社会性发展评价的意义主要体现在以下几个方面。

（一）有利于分辨幼儿社会性发展的个别需求，做到因材施教

每个幼儿都是独立的个体，社会性发展的水平也存在着差异，如有的幼儿大胆"自来熟"、有的幼儿害羞不敢与他人交流等。教师关注和承认幼儿社会性发展的个别差异，满足幼儿的特殊需要，才能促进每个幼儿在原有的基础上不断发展。

（二）有助于教师分析幼儿的整体社会性发展水平，制订科学的幼儿社会性发展计划

幼儿社会性发展的教育计划和具体目标，应该建立在了解本班整体幼儿的基础上，正确评价幼儿的社会性发展水平，结合幼儿的实际反馈，不断动态调整幼儿社会性发展计划，使教育工作取得良好的效果。

（三）有利于家园合作，共同促进幼儿社会性发展

评价具有反馈和改进的功能。通过评价，可以为家长提供幼儿社会性发展的信息，为加强和改进家庭教育工作提供依据。幼儿社会性发展水平在一定程度上反映了家庭教育工作的优势和不足，通过对幼儿社会性发展现状及原因的分析，可以有效指导家长改进自己的家庭教育工作，更好地促进家园合作。

二、幼儿社会性发展评价的内容

幼儿社会性发展的内容包括自我系统发展评价、幼儿情绪情感发展评价、幼儿社会交往发展评价以及幼儿品德发展评价四个部分。

（一）幼儿自我系统发展评价

幼儿自我系统主要包括自我认识、自我体验和自我调控。幼儿自我系统发展评价也相应包括这三个方面：一是自我认识的评价，包括自我概念、自我评价等；二是自我体验的评价，包括自信心、自尊心、责任感、成就感等方面的评价；三是自我调控能力的评价，包括自制力、自觉性、坚持性、主动性、独立性等方面的评价。幼儿自我系统发展评价就是对幼儿自我系统的发展水平做客观评价，评价的目的在于全面了解幼儿，以便提供更加适宜的帮助和指导。

当前我国对幼儿自我系统发展的评价主要集中于对幼儿自我概念的发展和自制力与坚持性的发展进行评价，并且多以量化方法为主。有研究表明，"由于认知的局限，幼儿的自我评价具有权威性与依从性等特点，即幼儿对自己的评价直接来源于教师、父母的评价"，所以教师、家

长应慎重评价。还有研究者通过编制"幼儿自我控制能力发展教师评定问卷"对幼儿自我控制能力进行评价后发现，3~5岁幼儿的自我控制能力随年龄增长呈上升趋势，并且存在明显的性别差异。

（二）幼儿情绪情感发展评价

情绪情感的发展包括一般情绪状态、情绪情感的表达与控制、同情心、责任感、好奇心与兴趣等。

当前关于幼儿情绪发展评价的研究较多，而有关幼儿情感发展评价的研究则相对较少。对幼儿情绪发展的评价总是和幼儿社会性发展评价同时进行，目的在于研究两者之间的相关性。研究发现幼儿社会性和情绪发展不仅存在性别差异，而且具有年龄特征；幼儿社会性和情绪发展与行为问题的发生有显著的相关性，幼儿社会性和情绪的健康发展有利于减少儿童行为问题的发生。此外，也有单独针对幼儿情绪情感的发展状况进行评价的，有研究者让教师在悉心观察的基础上对幼儿认识自身及他人情绪的能力、妥善管理情绪的能力、自我激励的能力等做出合理的评价。

（三）幼儿社会交往发展评价

幼儿社会交往发展评价包括对幼儿的交往态度（如交往的意愿）、交往能力（如合作、轮流、分享、遵守规则、解决冲突）、人际关系（如亲子依恋、同伴关系、师幼关系）等进行评价。

当前关于幼儿社会交往发展评价的研究不多，已有的少量相关研究集中于对幼儿交往能力和人际关系的评价上，而对幼儿交往态度的评价甚是欠缺。

（四）幼儿品德发展评价

幼儿品德发展包括爱周围人、爱集体、爱祖国、礼貌、诚实、爱劳动等。

当前有关幼儿品德发展的研究在幼儿社会性发展评价内容中是最少的。少量的相关研究主要是对德育评价体系进行宏观思考以及从微观层面介绍自己幼儿园的品德评价实践。

三、幼儿社会性发展评价的方法

幼儿社会性发展评价的方法主要有观察法、情景测验法、谈话法、问卷法和社交测量法。

（一）观察法

1. 观察法的含义

观察法是指教师或评价人员在自然状态下有目的、有计划地对幼儿社会性行为进行直接观察，从中获得评价资料的方法。由于幼儿的社会性发展主要表现在其社会性行为上，因此观察法是幼儿社会性发展评价中最普遍使用的方法。它特别适合幼儿教师通过日常教育活动搜集幼儿社会性发展的有关信息。例如，教师可在幼儿的游戏和自由活动时间里，观察幼儿的结伴关系、分享行为、互助行为、攻击行为等方面的表现。

2. 观察法的分类

观察法有多种分类方法，其中比较常用的是时间抽样法和事件抽样法。

时间抽样法是指在规定的时间单位内进行观察，对观察内容进行分类或记分。例如，每天观察某些幼儿在30分钟游戏时间里分别有几次互助行为或攻击行为。

事件抽样法是观察者事先确定观察目的，选择某种或某类事件作为观察目标，在观察中等待该种事件的发生并仔细观察事件全过程的方法。事件抽样法注重行为发生的全过程，如行为是如何发生、如何变化、结果如何。例如，想要了解幼儿同情心发展水平，教师可以记录"发生了什么事？幼儿的关注程度如何？幼儿有哪些表情的变化？幼儿遇到了哪些问题，都是如何解决的？"等涉及行为发生全过程的信息。

3. 使用观察法的注意事项

研究者使用观察法时应注意以下问题：

①要创造自然的观察环境和气氛。评价者不应干预和限制幼儿的活动，要尽量避免被幼儿发觉评价者的观察意图，以防止幼儿出现紧张及其他不自然的心理状态，保证观察结果的真实性。

②观察目的要明确。评价者应始终明确每次观察的任务和目的，要选择与观察目的有关的行为和重要事实进行记录。

③观察记录要真实、精确，并且不能忽视当时引发幼儿行为的环境、条件等变量。

④幼儿的社会性行为往往因环境和客观因素的影响而发生变化，因此，要注意避免由偶发行为得出结论。

4. 观察法的优缺点

观察法的优点是不对幼儿的行为进行人为的干预和控制，教师与幼儿都处在自然状态下，因此可以观察到幼儿在日常生活中真实、典型、一般的行为。观察法的局限性是费时、不可重复、无法解决"为什么"的问题。

（二）情景测验法

1. 情景测验法的含义

情景测验法是指在教育实际中，按照研究目的控制和改变某些条件，将幼儿置于与现实生活场景类似的情景中，由教师观察在该特定情景中幼儿社会性行为的方法。例如，为研究幼儿的分享行为，教师故意安排几组玩具有限的主题游戏，然后在游戏中观察幼儿的分享行为。此外，还可以用语言或图片等方式向幼儿提供问题情景，让幼儿判断或解答。

2. 使用情景测验法的注意事项

研究者在使用情景测验法时应注意以下问题：

①应尽量使幼儿处于自然状态，以求得评价资料的真实性。

②所设计的情景应尽量与幼儿的日常活动情景相似，应是幼儿感兴趣的活动。

③设计和选择最适合于研究所需了解的幼儿某一方面发展的活动或问题情景。

3. 情景测验法的优缺点

情景测验法的优点是可与幼儿园教育活动相结合，教师既可控制实验条件，幼儿又处于自然情景中，因而可以观察到幼儿的自然表现。情景测验法的缺点是幼儿在一定情景下的行为反应，不能完全作为幼儿在其他测验和生活情景中行为的精确预测。

（三）谈话法

1. 谈话法的含义

谈话法是研究者通过与幼儿面对面的交谈搜集幼儿社会性发展资料的方法。谈话可以是纯语言的，也可结合图片、图画故事等进行。例如，在研究儿童道德判断时，皮亚杰使用的"对偶故事法"和科尔伯格使用的"两难故事法"均是谈话法。又如，为了了解幼儿对于"好朋友"的理解，研究者可拟定这样的谈话内容：①谁是你最好的朋友？②为什么他会成为你最好的朋友？③好朋友之间能吵架吗？④能骗好朋友吗？

2. 使用谈话法的注意事项

研究者在使用谈话法时应注意以下问题：

①谈话应有明确的目的，且始终围绕目的进行。
②谈话内容在幼儿生活范围内，提问简单易懂。
③情景应自然，研究者态度应亲切自然，以避免幼儿情绪紧张。
④谈话记录应在谈话后追记或把录音设备放在幼儿看不到的地方。

3. 谈话法的优缺点

谈话法的优点是能比较快捷地了解幼儿社会性发展中某些难以表现出来的认识问题，为全面评价幼儿社会性发展提供丰富资料。谈话法的缺点是难以获取幼儿情感态度、行为表现方面的资料。

（四）问卷法

1. 问卷法的含义

问卷法是通过由一系列问题构成的调查表收集资料以测量人的行为和态度的研究方法。问卷法多用于向家长了解幼儿在家庭环境的社会性行为表现。

2. 使用问卷法的注意事项

研究者使用问卷法要注意以下问题：
①让家长或教师了解问卷的意图，消除顾虑，取得他们的信任。
②问卷的语言应明确易懂。
③回答方式越简单越好。

3. 问卷法的优缺点

问卷法的优点是标准化程度高、收效快；能在短时间内用来调查很多研究对象，取得大量的资料，能对资料进行数量化处理，经济省时。问卷法的缺点是得到的信息可能会不够真实和准确。

（五）社交测量法

1. 社交测量法的含义

社交测量法是指研究者通过某种特定方法以了解某一特定团体的社交结构以及该团体内人际交往模式的方法。它主要是用于测量人际交往的一种方法，其主要作用在于可了解某一团体内的人际交往状况、结构以及各成员在该团体中的地位。这种方法有多种不同形式，如提名法、猜人测验、社会关系量表等。

2. 社交测量法的类型

适用于学前儿童同伴关系的社交测量法主要有提名法、配对比较法和同伴评定法。

（1）提名法

提名法是社交测量法中最主要、最常用的方法。具体的操作法是让每一被试根据某种标准（如最喜欢和谁做好朋友或最不喜欢和谁做好朋友？为什么？），从同伴团体中选出3～5名成员。标准可以是正反两方面，最后对提名结果进行统计分析，找出幼儿班集体的社交结构。同时，还需要对幼儿的择友标准进行分析，以查明不同年龄班幼儿择友标准的变化。用提名法获得的分数包括同伴接受分和同伴拒绝分，同伴接受分越高，说明在同伴关系中的地位越高；同伴拒绝分越高，则说明在同伴中地位越低。

（2）配对比较法

配对比较法是指向被试提出某种标准，并将同伴配对呈现在被试面前（可以是名字或照片），让被试对每一对同伴做出比较和选择。指导语为："这两个小朋友中你最喜欢和谁玩？为什么？"标准同样可以是反面的。经过配对比较后，可计算出某一儿童被接受和被拒绝的次数分数。该方法的优点是团体中每个幼儿均有机会获得比较，缺点是费时长。

（3）同伴评定法

同伴评定法是指通过比较直观的方法，让幼儿对同伴的受欢迎和被拒绝程度做出评价。具体操作方法是：事先准备好三个盒子，每个盒子上面贴上代表不同表情的脸谱（快乐的、中性的、悲伤的），它们分别代表不同的分数，如1、2、3分，让幼儿把自己最喜欢的、最不喜欢的、一般的朋友分别放入相应的盒内，最后统计出每个幼儿在班集体中受欢迎和被拒绝的分数。此方法的优点是花费时间少、幼儿感兴趣、能较全面地反映出每个幼儿在集体中的地位，缺点是易忽视了解幼儿择友的标准，运用时应避免出现这种情况。

3. 社交测量法的优缺点

社交测量法的优点是能在比较短的时间内得到较多的幼儿同伴关系、同伴交往情况的信息，了解到不同年龄班幼儿的社会结构和择友标准的发展特征，为教师的教育提供重要的参考。特别是那些处于班集体中较边缘地带的幼儿，教师应引起重视并及时了解原因，找出对策，使其尽快回到班集体的怀抱中。同时，由于幼儿之间接触较频繁，相互观察了解机会多，每个幼儿都参与评价与被评价，因而得出的结果比较真实可靠，从而避免由于受成人观点的影响而造成的主观偏见。

社交测量法的缺点在于只能提供幼儿被同伴接受和拒绝的信息，而不能解释其他因果关系。还由于幼儿年龄小，在做判断时易受情景或某一特定事件的影响，因此在做分析和结论时，还应与其他研究方法相结合。

总之，关于幼儿社会性评价的方法，各有其特点及不足，研究者应根据具体的研究内容选择相应的方法，必要时应多种方法同时使用，以提高研究的信度和效度。此外，对幼儿社会性发展的评价还应结合不同年龄阶段幼儿认知发展的特征进行。

项目二　幼儿社会教育活动评价

幼儿社会教育目标的达成，最终要落实到教育活动的实施上。对幼儿社会教育活动进行科学的评价有利于提高教育活动的效率，促进教师的专业化成长。

一、幼儿社会教育活动评价的意义

幼儿社会教育活动评价的意义主要体现在以下几个方面。

（一）幼儿社会教育活动评价是实现幼儿社会教育质量提升的重要手段

通过评价可以知道教师制定的目标、选择的内容是否符合幼儿的年龄特点、已有的知识经验和现有的水平，教师实施的教育是否达到了预期的效果等。此外，还可以通过评价结果了解并提高幼儿社会教育的质量。

（二）幼儿社会教育活动评价有利于帮助和指导教师不断总结教学经验，提高幼儿社会教育教学水平

在评价的过程中，教师可以反思哪些教学活动比较好，哪些教学活动不够好，为什么不好，以及可以怎样改进。评价的目的不仅仅是为了判断活动本身的优劣，而是希望通过评价、宣传、

学习好的社会教育活动，改进不足，以积累社会教育教学的经验，同时促使教师在教学过程中逐渐形成自己独特的教学风格。

（三）幼儿社会教育活动评价是实施补救教育和个别教育的依据

通过评价，教师可以找到自己教育中的薄弱环节，做好补救工作，避免再出现同一失误。教师也可以通过评价了解幼儿在活动中掌握了哪些知识，发展了哪些能力，哪些幼儿掌握得比较好，哪些幼儿掌握得不够好，有利于开展针对性的个别教育。

二、幼儿社会教育活动评价的内容

对教师组织的幼儿社会教育活动可以从活动目标、活动内容、活动准备、活动过程、活动效果等方面进行评价。

（一）对活动目标的评价

活动目标是教学活动的出发点和归宿，它的正确制定和达成是衡量一个教学活动质量的主要尺度。对活动目标的评价主要包括以下几点。

1. 活动目标是否全面，且符合本领域要求

活动目标的内容一般包括三个维度：情感与态度；能力；知识。幼儿社会领域所包含的内容是所有领域教育中最广泛的。社会领域价值定位更多体现在对幼儿社会性情感、亲社会行为和良好态度的培养上。通常鉴定一个活动是否属于社会领域最显著的标志就是看目标的表述。社会领域教育目标要体现社会认知、社会情感与态度、社会行为技能等。

2. 活动目标是否有操作性

活动目标要有操作性是指目标要具体化、可操作、易于测量。例如，在"我该怎么办"的活动设计中，教师把活动目标制定为"让幼儿知道在日常生活中应怎样与人相处；让幼儿学会思考解决问题的方式方法"。虽然这样的活动目标设计具有灵活性，给教师和幼儿更多的自由发挥的空间，但是这样的目标模糊、过于宽泛，不利于观测教师的教学行为，还会导致教师教育活动的随意性，使得目标难以达成。

3. 活动目标是否适宜，难度是否适中

适宜是指确定的活动目标能以社会领域教育目标为指导，教学重点符合幼儿的年龄实际和认识规律，符合幼儿的现有水平。难度适中是指教学难点落在幼儿的"最近发展区"内，难易适度。

（二）对活动内容的评价

对活动内容的评价主要分析教师是否根据活动目标、幼儿的已有经验、认识规律以及心理特点，对教学资源的内容进行合理调整、充实与组织，是幼儿必要的、能接受的、有益的知识经验；是否科学安排了教学程序，选择了合理的教学方法，突出了重点，突破了难点，抓住了关键。

（三）对活动准备的评价

活动准备可以从幼儿和教师两个层面进行评价。从幼儿角度看，主要包括知识准备和物质准备。知识准备主要是观察幼儿有关本次活动的经验丰富程度，是否引导幼儿提前了解相关的知识；物质准备主要是观察教师是否要求幼儿准备了活动中所需要的材料等。从教师角度看，主要

有物质准备、环境创设准备、知识准备。例如：是否准备了各种教具、玩具等；是否布置了活动环境；是否具有丰富的相关知识，以便随时拓展活动的主题和内容等。此外，还可评价教师的活动准备是否适宜；相关的活动准备是否得到了充分利用等。

（四）对活动过程的评价

幼儿社会教育活动过程的评价主要涉及以下几个方面：

①活动环节设置与开展的适宜性。活动的开展一般都有若干个环节，所以要考虑如下问题：各个环节的存在是否有其必要，是否还缺少什么环节；各个环节的排列顺序是否恰当，结构是否清晰严谨、循序渐进、自然流畅。

②时间分配的适宜性。时间分配是否合理，是否保证了重点内容的教学时间和幼儿参与活动的时间。

③教学方法和策略的适宜性。教学方法是否生动灵活，是否存在可替换或更好的方法；教师面对幼儿的学习状况所采用的旨在激励、指导、传授、帮助、启发的具体策略是否合适；是否引导幼儿积极主动地观察、体验、表达和操作。

④教师对幼儿关注的适宜性。是否面向全体幼儿，尊重个别差异。

⑤活动中互动的适宜性。师幼互动和幼儿之间的互动是否充分而适宜；教师的诱导是否有策略性；指导是否有针对性。

⑥教师总结和评价的适宜性。教师在活动过程中及活动结束后，是否根据需要开展了适当的评价。教师的评价是否从需要出发，是否流于形式。

⑦教师自我监控和调节的自觉性。主要表现为教师能否根据活动的动态情境、复杂性和多变性做出机智的反应，教师能否根据突发事件采取灵活的行动等。

（五）对活动效果的评价

对幼儿社会活动效果的评价主要包括：是否实现了活动目标；幼儿是否了解了相关社会知识、养成了良好的情感态度、表现出一些亲社会行为、掌握了一些社会生活技能和行为规范等；幼儿在活动过程中是否积极主动参与等。

除此之外，还可以对教师素养进行评价。例如：教态是否亲切自然，举止从容；语言是否准确简练，生动形象，有启发性；语调是否高低适宜，快慢适度，抑扬顿挫，富于变化；是否渗透正确的价值观、儿童观与教育观，为幼儿树立真、善、美的榜样等。

关于幼儿社会教育领域活动评价量表的制作可参考表7-1。

表7-1 幼儿社会教育领域活动评价量表

评价项目	评价标准	评价等级			评分
活动目标（共15分，每项3分）	1. 依据《指南》和《纲要》合理制定活动目标。目标完整，体现全面发展幼儿社会性的要求，领域核心目标突出	好	较好	一般	
	2. 结合幼儿经验、兴趣、需要、年龄特点、实际发展水平制定目标				
	3. 目标明确，有层次、易操作				
	4. 注重长远的教育价值，有利于幼儿终身学习和发展				
	5. 有利于幼儿良好行为习惯、兴趣及良好心理品质的形成				

续表

评价项目	评价标准	评价等级			评分
活动内容（共20分，每项5分）	1. 与活动目标要求一致，将活动目标分解、落实到位				
	2. 贴近幼儿生活实际，拓展幼儿的经验和视野				
	3. 难易适当，使每名幼儿都能得到发展				
	4. 尊重幼儿现有社会性发展水平和需要，具有挑战性				
活动准备（共10分，每项2.5分）	1. 物质准备、材料准备充分				
	2. 挖掘并利用多种教育资源，创设支持、互动的精神环境				
	3. 教师对社会领域教育活动的知识准备到位				
	4. 对幼儿社会性知识的掌握情况有充分的了解				
活动过程（共35分，每项5分）	1. 围绕目标组织活动，活动过程安排合理				
	2. 突出社会领域教育的特点，为每名幼儿提供感受、体验的条件和机会				
	3. 及时对幼儿的感受、体验进行有效指导，使幼儿获得社会性发展				
	4. 关注每名幼儿的表现，既能面向全体，又能尊重个别差异				
	5. 教育方法生动多样，师幼之间形成有效互动				
	6. 善于捕捉教育契机，及时调整教育策略				
	7. 充分发挥幼儿的主体性，调动幼儿的活动积极性				
活动效果（共20分，每项5分）	1. 幼儿对活动感兴趣，情绪愉快地参与活动				
	2. 幼儿积极地观察、体验、操作和表达				
	3. 幼儿与周围环境、同伴、教师之间能够积极地互动				
	4. 幼儿在人际交往、社会适应方面有所发展，通过活动获取了新经验				
合计					

被评价人：_____ 评价人：_____ 日期：_____

课后练习

课后思考：

1. 简述幼儿社会教育评价的意义。
2. 幼儿社会性发展评价的内容有哪些？
3. 评价幼儿社会教育活动有哪些注意事项？

实训练习：

1. 请运用两种不同的方法评价某班幼儿的社会交往水平，并分析比较两种方法的结果。
2. 请利用领域教育实习的机会，对幼儿园教师组织的社会活动进行评价。

附 录

《3—6岁儿童学习与发展指南》社会领域目标及教育建议

幼儿社会领域的学习与发展过程是其社会性不断完善并奠定健全人格基础的过程。人际交往和社会适应是幼儿社会领域学习的主要内容,也是其社会性发展的基本途径。幼儿在与成人和同伴交往的过程中,不仅学习如何与人友好相处,也在学习如何看待自己、对待他人,不断发展适应社会生活的能力。良好的社会性发展对幼儿身心健康和其他各方面的发展都具有重要影响。

家庭、幼儿园和社会应共同努力,为幼儿创设温暖、关爱、平等的家庭和集体生活氛围,建立良好的亲子关系、师生关系和同伴关系,让幼儿在积极健康的人际关系中获得安全感和信任感,发展自信和自尊,在良好的社会环境及文化的熏陶中学会遵守规则,形成基本的认同感和归属感。

幼儿的社会性主要是在日常生活和游戏中通过观察和模仿潜移默化地发展起来的。成人应注重自己言行的榜样作用,避免简单生硬的说教。

(一)人际交往

目标1 愿意与人交往

3~4岁	4~5岁	5~6岁
1. 愿意和小朋友一起游戏 2. 愿意与熟悉的长辈一起活动	1. 喜欢和小朋友一起游戏,有经常一起玩的小伙伴 2. 喜欢和长辈交谈,有事愿意告诉长辈	1. 有自己的好朋友,也喜欢结交新朋友 2. 有问题愿意向别人请教 3. 有高兴的或有趣的事愿意与大家分享

教育建议:

1. 主动亲近和关心幼儿,经常和他一起游戏或活动,让幼儿感受到与成人交往的快乐,建立亲密的亲子关系和师生关系。

2. 创造交往的机会,让幼儿体会交往的乐趣。如:
- 利用走亲戚、到朋友家做客或有客人来访的时机,鼓励幼儿与他人接触和交谈。
- 鼓励幼儿参加小朋友的游戏,邀请小朋友到家里玩,感受有朋友一起玩的快乐。
- 幼儿园应多为幼儿提供自由交往和游戏的机会,鼓励他们自主选择、自由结伴开展活动。

目标2 能与同伴友好相处

3~4岁	4~5岁	5~6岁
1. 想加入同伴的游戏时,能友好地提出请求 2. 在成人指导下,不争抢、不独霸玩具 3. 与同伴发生冲突时,能听从成人的劝解	1. 会运用介绍自己、交换玩具等简单技巧加入同伴游戏 2. 对大家都喜欢的东西能轮流玩、分享 3. 与同伴发生冲突时,能在他人帮助下和平解决 4. 活动时愿意接受同伴的意见和建议 5. 不欺负弱小	1. 能想办法吸引同伴和自己一起游戏 2. 活动时能与同伴分工合作,遇到困难能一起克服 3. 与同伴发生冲突时能自己协商解决 4. 知道别人的想法有时和自己不一样,能倾听和接受别人的意见,不能接受时会说明理由 5. 不欺负别人,也不允许别人欺负自己

教育建议：

1. 结合具体情境，指导幼儿学习交往的基本规则和技能。如：
- 当幼儿不知怎样加入同伴游戏或提出请求不被接受时，建议他拿出玩具邀请大家一起玩；或者扮成某个角色加入同伴的游戏。
- 对幼儿与别人分享玩具、图书等行为给予肯定，让他对自己的表现感到高兴和满足。
- 当幼儿与同伴发生矛盾或冲突时，指导他尝试用协商、交换、轮流玩、合作等方式解决冲突。
- 利用相关的图书、故事，结合幼儿的交往经验，和他讨论什么样的行为受大家欢迎，想要得到别人的接纳应该怎样做。
- 幼儿园应多为幼儿提供需要大家齐心协力才能完成的活动，让幼儿在具体活动中体会合作的重要性，学习分工合作。

2. 结合具体情境，引导幼儿换位思考，学习理解别人。如：
- 幼儿有争抢玩具等不友好行为时，引导他们想想"假如你是那个小朋友，你有什么感受？"让幼儿学习理解别人的想法和感受。

3. 和幼儿一起谈谈他的好朋友，说说喜欢这个朋友的原因，引导他多发现同伴的优点、长处。

目标3　具有自尊、自信、自主的表现

3~4岁	4~5岁	5~6岁
1. 能根据自己的兴趣选择游戏或其他活动 2. 为自己的好行为或活动成果感到高兴 3. 自己能做的事情愿意自己做 4. 喜欢承担一些小任务	1. 能按自己的想法进行游戏或其他活动 2. 知道自己的一些优点和长处，并对此感到满意 3. 自己的事情尽量自己做，不愿意依赖别人 4. 敢于尝试有一定难度的活动和任务	1. 能主动发起活动或在活动中出主意、想办法 2. 做了好事或取得了成功后还想做得更好 3. 自己的事情自己做，不会的愿意学 4. 主动承担任务，遇到困难能够坚持而不轻易求助 5. 与别人的看法不同时，敢于坚持自己的意见并说出理由

教育建议：

1. 关注幼儿的感受，保护其自尊心和自信心。如：
- 能以平等的态度对待幼儿，使幼儿切实感受到自己被尊重。
- 对幼儿好的行为表现多给予具体、有针对性的肯定和表扬，让他对自己优点和长处有所认识并感到满足和自豪。
- 不要拿幼儿的不足与其他幼儿的优点做比较。

2. 鼓励幼儿自主决定，独立做事，增强其自尊心和自信心。如：
- 与幼儿有关的事情要征求他的意见，即使他的意见与成人不同，也要认真倾听，接受他的合理要求。
- 在保证安全的情况下，支持幼儿按自己的想法做事；或提供必要的条件，帮助他实现自己的想法。
- 幼儿自己的事情尽量放手让他自己做，即使做得不够好，也应鼓励并给予一定的指导，让他在做事中树立自尊和自信。
- 鼓励幼儿尝试有一定难度的任务，并注意调整难度，让他感受经过努力获得的成就感。

目标 4　关心尊重他人

3~4岁	4~5岁	5~6岁
1. 长辈讲话时能认真听，并能听从长辈的要求 2. 身边的人生病或不开心时表示同情 3. 在提醒下能做到不打扰别人	1. 会用礼貌的方式向长辈表达自己的要求和想法 2. 能注意到别人的情绪，并有关心、体贴的表现 3. 知道父母的职业，能体会到父母为养育自己所付出的辛劳	1. 能有礼貌地与人交往 2. 能关注别人的情绪和需要，并能给予力所能及的帮助 3. 尊重为大家提供服务的人，珍惜他们的劳动成果 4. 接纳、尊重与自己的生活方式或习惯不同的人

教育建议：

1. 成人以身作则，以尊重、关心的态度对待自己的父母、长辈和其他人。如：
- 经常问候父母，主动做家务。
- 礼貌地对待老年人，如坐车时主动为老人让座。
- 看到别人有困难能主动关心并给予一定的帮助。

2. 引导幼儿尊重、关心长辈和身边的人，尊重他人的劳动及成果。如：
- 提醒幼儿关心身边的人，如妈妈累了，知道让她安静休息一会儿。
- 借助故事、图书等给幼儿讲讲父母抚育孩子成长的经历，让幼儿理解和体会父爱与母爱。
- 结合实际情境，提醒幼儿注意别人的情绪，了解他们的需要，给予适当的关心和帮助。
- 利用生活机会和角色游戏，帮助幼儿了解与自己关系密切的社会服务机构及其工作，如商场、邮局、医院等，体会这些机构给大家提供的便利和服务，懂得尊重工作人员的劳动，珍惜劳动成果。

3. 引导幼儿学习用平等、接纳和尊重的态度对待差异。如：
- 了解每个人都有自己的兴趣、爱好和特长，可以相互学习。
- 利用民间游戏、传统节日等，适当向幼儿介绍我国主要民族和世界其他国家和民族的文化，帮助幼儿感知文化的多样性和差异性，理解人们之间是平等的，应该互相尊重，友好相处。

（二）社会适应

目标 1　喜欢并适应群体生活

3~4岁	4~5岁	5~6岁
1. 对群体活动有兴趣 2. 对幼儿园的生活好奇，喜欢上幼儿园	1. 愿意并主动参加群体活动 2. 愿意与家长一起参加社区的一些群体活动	1. 在群体活动中积极、快乐 2. 对小学生活有好奇和向往

教育建议：

1. 经常和幼儿一起参加一些群体性的活动，让幼儿体会群体活动的乐趣。如：参加亲戚、朋友和同事间的聚会以及适合幼儿参加的社区活动等，支持幼儿和不同群体的同伴一起游戏，丰富其群体活动的经验。

2. 幼儿园组织活动时，可以经常打破班级的界限，让幼儿有更多机会参加不同群体的活动。

3. 带领大班幼儿参观小学，讲讲小学有趣的活动，唤起他们对小学生活的好奇和向往，为入学做好心理准备。

目标 2　遵守基本的行为规范

3~4岁	4~5岁	5~6岁
1. 在提醒下，能遵守游戏和公共场所的规则 2. 知道不经允许不能拿别人的东西，借别人的东西要归还 3. 在成人提醒下，爱护玩具和其他物品	1. 感受规则的意义，并能基本遵守规则 2. 不私自拿不属于自己的东西 3. 知道说谎是不对的 4. 知道接受了的任务要努力完成 5. 在提醒下，能节约粮食、水电等	1. 理解规则的意义，能与同伴协商制定游戏和活动规则 2. 爱惜物品，用别人的东西时也知道爱护 3. 做了错事敢于承认，不说谎 4. 能认真负责地完成自己所接受的任务 5. 爱护身边的环境，注意节约资源

教育建议：

1. 成人要遵守社会行为规则，为幼儿树立良好的榜样。如：答应幼儿的事一定要做到、尊老爱幼、爱护公共环境、节约水电等。
2. 结合社会生活实际，帮助幼儿了解基本行为规则或其他游戏规则，体会规则的重要性，学习自觉遵守规则。如：
   - 经常和幼儿玩带有规则的游戏，遵守共同约定的游戏规则。
   - 利用实际生活情境和图书故事，向幼儿介绍一些必要的社会行为规则，以及为什么要遵守这些规则。
   - 在幼儿园的区域活动中，创设情境，让幼儿体会没有规则的不方便，鼓励他们讨论制定规则并自觉遵守。
   - 对幼儿表现出的遵守规则的行为要及时肯定，对违规行为给予纠正。如：幼儿主动为老人让座时要表扬；幼儿损害别人的物品或公共物品时要及时制止并主动赔偿。
3. 教育幼儿要诚实守信。如：
   - 对幼儿诚实守信的行为要及时肯定。
   - 允许幼儿犯错误，告诉他改了就好。不要打骂幼儿，以免他因害怕惩罚而说谎。
   - 小年龄幼儿经常分不清想象和现实，成人不要误认为他是在说谎。
   - 发现幼儿说谎时，要反思是否是因自己对幼儿的要求过高过严造成的。如果是，要及时调整自己的行为，同时要严肃地告诉幼儿说谎是不对的。
   - 经常给幼儿分配一些力所能及的任务，要求他完成并及时给予表扬，培养他的责任感和认真负责的态度。

目标 3　具有初步的归属感

3~4岁	4~5岁	5~6岁
1. 知道和自己一起生活的家庭成员及与自己的关系，体会到自己是家庭的一员 2. 能感受到家庭生活的温暖，爱父母，亲近与信赖长辈 3. 能说出自己家所在街道、小区（乡镇、村）的名称 4. 认识国旗，知道国歌	1. 喜欢自己所在的幼儿园和班级，积极参加集体活动 2. 能说出自己家所在地的省、市、县（区）名称，知道当地有代表性的物产或景观 3. 知道自己是中国人 4. 奏国歌、升国旗时能自动站好	1. 愿意为集体做事，为集体的成绩感到高兴 2. 能感受到家乡的发展变化并为此感到高兴 3. 知道自己的民族，知道中国是一个多民族的大家庭，各民族之间要互相尊重，团结友爱 4. 知道国家一些重大成就，爱祖国，为自己是中国人感到自豪

教育建议：

1. 亲切地对待幼儿，关心幼儿，让他感到长辈是可亲、可近、可信赖的，家庭和幼儿园是温暖的。如：
   - 多和孩子一起游戏、谈笑，尽量在家庭和班级中营造温馨的氛围。
   - 通过和幼儿一起翻阅照片、讲幼儿成长的故事等，让幼儿感受到家庭和幼儿园的温暖，老师的和蔼可亲，对养育自己的人产生感激之情。
2. 吸引和鼓励幼儿参加集体活动，萌发集体意识。如：
   - 幼儿园和班级里的重大事情和计划，请幼儿集体讨论决定。
   - 幼儿园应经常组织多种形式的集体活动，萌发幼儿的集体荣誉感。
3. 运用幼儿喜闻乐见和能够理解的方式激发幼儿爱家乡、爱祖国的情感。如：
   - 和幼儿说一说或在地图上找一找自己家所在的省、市、县（区）名称。
   - 和幼儿一起外出游玩，一起看有关的电视节目或画报等；和他们一起收集有关家乡、祖国各地的风景名胜、著名的建筑、独特物产的图片等，在观看和欣赏的过程中激发幼儿的自豪感和热爱之情。
   - 利用电视节目或参加升旗等活动，向幼儿介绍国旗、国歌以及观看升旗、奏国歌的礼仪。
   - 向幼儿介绍反映中国人聪明才智的发明和创造，激发幼儿的民族自豪感。

参考文献

[1] 陈秀云,陈一飞. 陈鹤琴全集(第二卷)[M]. 南京:江苏教育出版社,2008.
[2] 心理学百科全书编辑委员会. 心理学百科全书[M]. 杭州:浙江教育出版社,1995.
[3] 中国学前教育史编写组. 中国学前教育史资料选[M]. 北京:人民教育出版社,2002.
[4] 甘剑梅. 学前儿童社会教育[M]. 北京:中央广播电视大学出版社,2007.
[5] 郭力平. 幼儿心理发展研究方法[M]. 上海:上海教育出版社,2002.
[6] 张明红. 学前儿童社会学习与发展核心经验[M]. 南京:南京师范大学出版社,2018.
[7] 周世华,耿志涛. 学前儿童社会教育[M]. 北京:高等教育出版社,2011.
[8] 邵巧云,李倩,栗艺文. 幼儿园社会教育与活动指导[M]. 北京:北京师范大学出版社,2017.
[9] 张永红. 学前儿童发展心理学[M]. 北京:高等教育出版社,2011.
[10] 郭本禹. 精神分析发展心理学[M]. 福州:福建教育出版社,2009.
[11] 周梅林. 学前儿童社会教育活动指导[M]. 上海:复旦大学出版社,2010.
[12] 甘波,步宁,孙雁. 学前儿童社会教育与活动指导[M]. 长沙:湖南师范大学出版社,2019.
[13] 古汉语实用词典编写组. 古汉语实用词典[M]. 北京:中华书局,2004.
[14] 中国社会科学院语言研究所. 现代汉语词典[M]. 北京:商务印书馆,2002.
[15] 刘丽. 幼儿社会教育资源[M]. 北京:人民教育出版社,2017.
[16] 纳希. 道德领域中的教育[M]. 哈尔滨:黑龙江人民出版社,2003.
[17] 裘指挥. 幼儿社会教育与活动指导[M]. 北京:高等教育出版社,2014.
[18] 皮亚杰. 儿童的道德判断[M]. 陆有铨,译. 济南:山东教育出版社,1984.
[19] 李幼穗. 儿童社会性发展及其培养[M]. 上海:华东师范大学出版社,2004.
[20] 刘丽. 幼儿社会教育资源[M]. 北京:人民教育出版社,2017.
[21] 冯晓霞. 幼儿园教育活动教师用书[M]. 北京:人民教育出版社,2005.
[22] 姚梅林,郭芳芳. 幼儿教育心理学[M]. 北京:高等教育出版社,2012.
[23] 裘指挥. 规约与天性:幼儿社会规范教育研究[M]. 北京:中国社会科学出版社,2018.
[24] 张明红. 学前儿童社会教育活动设计与活动指导[M]. 上海:华东师范大学出版社,2014.
[25] 张学忠. 好妈妈要掌握的心理学——谁的孩子将会一鸣惊人[M]. 北京:外文出版社,2010.
[26] 陈芝蓉. 学前儿童社会教育活动设计与指导[M]. 北京:机械工业社,2017.
[27] 陈世联. 学前儿童社会教育[M]. 北京:中国人民大学出版社,2017.
[28] 但菲. 幼儿社会性发展与活动设计[M]. 北京:高等教育出版社,2008.
[29] 刘晶波,等. 幼儿园社会领域教育精要——关键经验与活动指导[M]. 北京:高等教育出版社,2015.
[30] 欧赛萍. 至善之路——幼儿园感恩教育探索与实践[M]. 上海:复旦大学出版社,2016.
[31] 李辉. 学前儿童社会教育[M]. 南京:东南大学出版社,2016.
[32] 吴圣钧. 学前儿童品格教育的园本探索[M]. 镇江:江苏大学出版社,2016.
[33] 王子恩,张正贤. 幼儿园社会教育活动及设计[M]. 长春:东北师范大学出版社,2019.
[34] 甘剑梅,刘黔敏. 学前儿童社会教育[M]. 北京:高等教育出版社,2013.
[35] 基础教育教学研究课题组. 幼儿园社会教育活动指导[M]. 北京:高等教育出版社,2014.
[36] 谢露露. 大班幼儿班级归属感培养的行动研究[D]. 重庆:西南大学,2014.
[37] 房玮. 社会科中的规则教育研究[D]. 上海:华东师范大学,2010.
[38] 陈红. 高职院校学生学校归属感、社会支持与主观幸福感的关系研究[D]. 重庆:重庆师范大学,2011.

[39] 于小丽. 基于游戏的幼儿园社会领域教育研究 [D]. 济南：山东师范大学，2019.

[40] 谢灼迪.《指南》背景下幼儿园社会领域课程实施的研究 [D]. 长沙：湖南师范大学，2017.

[41] 陈伦超. 以绘本为载体开展幼儿亲情教育的行动研究 [D]. 重庆：西南大学，2013.

[42] 王婧. 教师在区域活动中培养中班幼儿分享行为的指导研究 [D]. 呼和浩特：内蒙古师范大学，2014.

[43] 李盛. 幼儿园社会领域教育活动目标设计研究 [D]. 重庆：西南大学，2013.

[44] 常宇环. 幼儿园教育中自由与规则的辩证关系及其实践研究 [D]. 大连：辽宁师范大学，2018.

[45] 钱文. 3—6岁儿童自我意识及其发展 [J]. 幼儿教育，2015（5）.

[46] 徐智军. 基于成功体验下培养幼儿自信心的实践研究 [J]. 教师博览（科研版），2016（2）.

[47] 甘剑梅. 学前社会教育的内涵、性质与课程地位 [J]. 学前教育研究，2011（1）.

[48] 李莉. 新中国幼儿园社会领域课程的发展历程 [J]. 学前教育研究，2006（2）.

[49] 庞海波. 初中生学校归属感与心理健康的相关研究 [J]. 心理科学，2009，32（05）.

[50] 陈进玉. 大力弘扬中国传统节日文化 [J]. 文化学刊，2012（06）.

[51] 陶金玲，王婷. 幼儿园传统节日活动开展的策略研究 [J]. 早期教育（教育科研），2020（09）.

[52] 董晓青. 谈幼儿园班级管理中幼儿归属感的建立途径 [J]. 课程教育研究，2018（32）.

[53] 刘萍. 多元文化背景下的幼儿道德教育研究 [J]. 黑龙江教育学院学报，2009.

[54] 韩园，等. 学前儿童同伴交往类型个案分析及对策 [J]. 黑龙江教育学院学报，2019（3）.

[55] 郑三元，殷瑛. 教育社会学视野中的师幼日常交往与师幼教学交往 [J]. 湖南师范大学教育科学学报，2015（11）.

[56] 鲁梦洁，甘剑梅. 引导幼儿解决冲突策略例谈 [J]. 教育导刊，2017（11）.

[57] 张婉莹. 近十年我国幼儿社会性发展评价研究文献综述 [J]. 早期教育（教科研版），2013（7-8）.

[58] 向海英. 幼儿社会性发展评价方法初探 [J]. 山东教育科研，1999（5）.